OS OUTROS SCHINDLERS

Agnes Grunwald-Spier

OS OUTROS SCHINDLERS

AS DRAMÁTICAS HISTÓRIAS DOS HERÓIS ANÔNIMOS
QUE DECIDIRAM ARRISCAR SUAS VIDAS PARA SALVAR
OS JUDEUS DO HOLOCAUSTO

Tradução
MARIO MOLINA

Prefácio de
SIR MARTIN GILBERT

Título original: *The Other Schindlers*.

Copyright © 2010 Agnes Grunwald-Spier.

Copyright da edição brasileira © 2011 Editora Pensamento-Cultrix Ltda.

Publicado mediante acordo com The History Press.

Todos os direitos reservados. Nenhuma parte desta obra pode ser reproduzida ou usada de qualquer forma ou por qualquer meio, eletrônico ou mecânico, inclusive fotocópias, gravações ou sistema de armazenamento em banco de dados, sem permissão por escrito, exceto nos casos de trechos curtos citados em resenhas críticas ou artigos de revistas.

A Editora Pensamento-Cultrix Ltda. não se responsabiliza por eventuais mudanças ocorridas nos endereços convencionais ou eletrônicos citados neste livro.

Coordenação editorial: Denise de C. Rocha Delela e Roseli de S. Ferraz.
Preparação de originais: Lucimara Leal da Silva.
Revisão: Claudete Agua de Melo.
Diagramação: Join Bureau.

Dados Internacionais de Catalogação na Publicação (CIP)
(Câmara Brasileira do Livro, SP, Brasil)

Grunwald-Spier, Agnes
   Os outros Schindlers: as dramáticas histórias dos heróis anônimos que decidiram arriscar suas vidas para salvar os judeus do Holocausto / Agnes Grunwald-Spier ; tradução Mario Molina ; prefácio de Martin Gilbert. – São Paulo: Cultrix, 2011.

   Título original: The other Schindlers : why some people chose to save Jews in the Holocaust.
   Bibliografia.
   ISBN 978-85-316-1142-1

   1. Guerra Mundial, 1939-1945 – Judeus – Salvamento
I. Título

11-08051   CDD-940.5318

Índice para catálogo sistemático:
1. Holocausto judeu : Guerra Mundial, 1939-1945 : História   940.5318

O primeiro número à esquerda indica a edição, ou reedição, desta obra. A primeira dezena à direita indica o ano em que esta edição, ou reedição, foi publicada.

Edição	Ano
1-2-3-4-5-6-7-8-9-10	11-12-13-14-15-16-17-18

Direitos de tradução para o Brasil
adquiridos com exclusividade pela
EDITORA PENSAMENTO-CULTRIX LTDA.
Rua Dr. Mário Vicente, 368 — 04270-000 — São Paulo, SP
Fone: 2066-9000 — Fax: 2066-9008
E-mail: atendimento@pensamento-cultrix.com.br
http://www.pensamento-cultrix.com.br
que se reserva a propriedade literária desta tradução.
Foi feito o depósito legal.

*Dedicado à memória de meus queridos pais,
Leona e Philipp Grunwald.*

*Vi que os judeus estavam sendo destruídos.
Eu tinha de ajudar, não havia alternativa.*

Oskar Schindler, 1956

*Você é uma luz brilhando por entre a escuridão do holocausto;
sua incrível bravura é um testemunho para toda a humanidade.*

Sua Excelência Dror Zeigerman, embaixador israelense em Londres,
ao presentear Henk Huffener com a medalha "Justo entre as Nações".
3 de fevereiro de 1999

Sumário

	Prefácio	9
	Agradecimentos	11
	Introdução	15
1	Voluntários com Motivos Religiosos	27
2	Voluntários com Motivos Humanitários	81
3	Voluntários com Outros Motivos	131
	Conclusões	205
Apêndice I	Justos entre as Nações e o Yad Vashem	255
Apêndice II	Quadros	259
Quadro 1	Detalhes de Resgatadores e Informantes	259
Quadro 2	Justos entre as Nações e Populações Nacionais	262
Quadro 3	Detalhes de Resgatadores e Resgatados	264
	Notas	270
	Bibliografia	295
	Índice	299

Prefácio

Sinto um grande prazer em escrever estas poucas palavras acerca do livro de Agnes Grunwald-Spier sobre os resgatadores. Ninguém pode ler estas páginas sem um renovado sentimento de admiração por aqueles que arriscaram a vida para salvar a vida de judeus. Tanto as histórias em si quanto os motivos dos voluntários são examinados neste livro vigoroso, que nos obriga a pensar, produto de muitos anos de pesquisa e esforço.

Cada história é preciosa. Cada história joga mais luz nos recessos escuros daqueles tempos sinistros. Cada história pode inspirar por sua força de propósito moral.

Agnes Grunwald-Spier faz referência a uma lacuna importante, inevitável, no reconhecimento das ações dos justos. Houve muitas centenas, talvez milhares de atos de resgate que fracassaram, na maioria das vezes por causa da traição de um vizinho ou colaborador local, dos quais nenhum testemunho sobrevive: indivíduos e mesmo famílias inteiras assassinados porque foram surpreendidos salvando judeus. Geralmente no momento mesmo da descoberta, os resgatadores e os que eles estavam procurando salvar eram assassinados por uma selvagem autoridade de ocupação que julgava a tentativa de resgatar um judeu crime punível com a morte. Registros da Polônia ocupada pelos alemães mostram como essas matanças por represália estavam disseminadas.

Onde os nomes não estão registrados, o historiador não pode articular uma narrativa e nenhuma homenagem pode ser prestada; Agnes Grunwald-Spier diz corretamente que isso é um "fato trágico".

Mas não se trata de modo algum de um livro negativo. Suas histórias são inspiradoras. Há grande sofrimento nestas páginas e também grande nobreza. Agnes Grunwald-Spier escreveu um livro que pode oferecer uma perspectiva de esperança à humanidade, um manual dos nossos dias para um código de conduta que contrasta com, e pode redimir, os impulsos egoístas, negativos, destrutivos que continuam hoje conosco num número muito grande de áreas do globo.

Sir *Martin Gilbert*
10 de março de 2010

Agradecimentos

Um obrigado parece inadequado para o grande grupo de informantes cujas histórias de vida tornaram possível este livro. Contudo, estou extremamente grata a eles por sua paciência e tempo, e também pelas informações nas quais este livro está baseado. Comecei minha pesquisa em 1999 e, em muitos casos, mantive contato com eles durante vários anos e desenvolvemos uma forte amizade. Este livro conta suas histórias extraordinárias, e sem elas eu não poderia tê-lo escrito. Infelizmente, alguns de meus informantes originais morreram desde que os consultei pela primeira vez, mas com frequência outros membros da família tomaram seu lugar:

Agradeço a João Paulo Abranches, da Califórnia, pelas informações sobre o pai, dr. Aristides de Sousa Mendes, um voluntário que atuou em Bordéus. João Paulo morreu em fevereiro de 2009, mas o sobrinho, Sebastião Mendes, proporcionou informação adicional; a Olympia Barczynska, de Leeds, pelas informações sobre o tio Józef Barczynski, um voluntário da Polônia; ao juiz Moshe Bejski, por informações sobre Oskar Schindler, tendo ele próprio estado na Lista de Schindler, e a Gabriele Nissim, da Itália, pelas informações sobre o próprio Bejski e o Yad Vashem.* O juiz Bejski morreu em 2008; a

---

* Museu do Holocausto, em Jerusalém. (N. do T.)

Primavera Boman-Behram, de Londres e Nova York, por informações sobre a mãe, Hilde Holger, e a dra. Margit Granz, da Universidade de Graz, por informações sobre a pessoa que a resgatou, Charles Petras, e o exílio na Índia durante a Segunda Guerra Mundial; a parentes e amigos de Bertha Bracey – Alma Cureton, Brenda Bailey, Joan Bamford e Pat Webb – por informações sobre a voluntária Bertha; ao falecido 11º duque de Devonshire (1920-2004) por informações sobre a atitude do pai com relação aos judeus; a Miriam Dunner, de Londres, por informações sobre Jelle e Elizabeth van Dyk, que a resgataram na Holanda. Miriam morreu inesperadamente em 2006; a Betty e David Eppel, de Jerusalém, pelas informações sobre os que resgataram Betty, Josephine e Victor Guicherd, na França. David morreu em 2008; a Charles e April Fawcett, de Londres, por informações sobre o trabalho de Charles como voluntário em Marselha. Charles morreu em fevereiro de 2008; a Otto Fleming, de Sheffield, por informações sobre Mitzi Saidler, uma voluntária de Viena, e os vistos do dr. Ho para Xangai. Otto morreu em 2007. A viúva Dorothy Fleming, que integrou o Kindertransport, por fornecer informação adicional; a Milton Gendel, de Roma, por informações sobre a família Costaguti, que atuou como resgatadora em Veneza; a Lea Goodman, de Londres, por informações sobre Richard Strauch e outros voluntários na Polônia; a Rose Marie Guilfoyle, de Bruxelas, por visitar Robert Maistriau para ouvir sobre seu trabalho como voluntário na Bélgica e por ter me contado sobre o resgate de Gisele Reich, também na Bélgica; a Gerda Haas, de Freiburg, por informações sobre voluntários e por me contar pela primeira vez como o diário de Else Pintus fora escondido na Polônia; a Agnes Hirschi, de Berna, por informações sobre seu padrasto, Carl Lutz, um voluntário de Budapeste; a Manli Ho, de São Francisco, por informações sobre o pai, dr. Ho Feng Shan, um voluntário em Viena; a Henk Huffener, de Guildford, por informações sobre o papel de sua família em resgates na Holanda. Henk morreu em 2006, mas Philip Hardaker forneceu informações sobre a vida de Henk no pós-guerra; a sra. Margaret Kagan, de Huddersfield, por informações sobre Vytautas Rinkevicius, que a resgatou na Lituânia; a Claire Keen-Thiryn, da Bélgica, por informações sobre o trabalho de sua família na Resistência e como resgatadora na Bélgica; a Josie Martin-Levy, da Califórnia, por informações sobre Soeur St Cybard, que a resgatou na França. Ajuda adicional foi fornecida por Daniel Soupizet, de Lesterps, Bernadette Landréa, de Confolens, e Louis

Lacalle, sobrinho-neto de Soeur St Cybard; a Ron Mower, de Hertfordshire, por informações sobre Hermann Maas, que resgatou Martha, sua esposa, e Paul, seu cunhado, na Alemanha. Infelizmente, Ron morreu em 2004, e Paul em 2009. Sou grata a Ron e ao filho de Martha, Paul, pelo apoio; a Henri Obstfeld, de Londres, por informações sobre Jacob e Hendrika Klerk, que o resgataram na Holanda, e a Evert Kwaadgras, arquivista da Grande Loja dos Maçons Holandeses, em Haia, por informações sobre os maçons; a Benedetta Origo, de Siena, por informações sobre a mãe, Iris Origo, que foi voluntária na Itália, e por me dizer para entrar em contato com Milton Gendel; a Frank Auerbach, por informações sobre como Iris Origo o salvou, e a Kate Austin, das Marlborough Galleries, por detalhes biográficos sobre Frank Auerbach; a Monica Porter, de Londres, por informações sobre a mãe, Vali Rácz, voluntária em Budapeste; a Jaap van Proosdij, de Pretória, África do Sul, por informações sobre os resgates que fez na Holanda; a Maria Sanders, de Poole, por informações sobre a vida em Haia durante a guerra, particularmente no "Inverno da Fome" de 1944; a John Schoen, de Glamorgan, no País de Gales, por informações sobre seus pais Joost e Anna, que foram voluntários na Holanda. John morreu em 2007. Estou grata a seu filho, Peter Schoen, ao sobrinho Ed van Rijswijk, de Amsterdã, e a Arleen Kennedy, de Massachusetts, cuja mãe foi escondida pela família Schoen, por informações adicionais; a Lidia Sciama, de Oxford, por informações sobre "Rina", que a resgatou em Veneza; a Angela Schluter, por informações sobre a história do resgate de sua mãe, Edith Hahn-Beer, na Áustria; a Doris e Ernest Stiefel, de Seattle, por informações sobre Else Pintus e os que a resgataram na Polônia; a Naomi Szinai, de Londres, por informações sobre os que a resgataram, em particular János Tóth, na Hungria; a Margarita Turkov, do Oregon, por informações sobre Pani Borciňska, que foi pago para resgatá-la na Polônia; a Henry Walton, de Worksop, por informações sobre os que salvaram seus pais, Siegmund e Grete Weltinger, em Berlim; e à professora Irena Veisate, de Vilna, pelas informações sobre Stefanija Ladigiené, que a resgatou na Lituânia.

Além disso, há várias outras pessoas a quem eu gostaria de agradecer aqui. Três delas, em particular, me encorajaram durante o longo e difícil período entre a pesquisa e a publicação: Aubrey Newman, professor emérito da Leicester University, que também ajudou na revisão das provas; Kevin

Patrick, de Manchester; e minha querida amiga Brenda Zinober. Estiveram sempre ao meu dispor, principalmente quando eu enfrentava dificuldades. Também gostaria de agradecer a *sir* Martin Gilbert por seu apoio durante muitos anos e pela gentileza em escrever o prefácio deste livro, quando ele estava tão ocupado com o inquérito Chilcot.

Agradeço ao pessoal da British Library, da Freemasons' Library, da Friend's House Library, da Wiener Library e a Yad Vashem pela sua ajuda, a Phil Jacobs, Tom Keve, Bernadette Landréa e Hamish Ritchie pela tradução, respectivamente, do italiano, do húngaro, do francês e do alemão.

Este livro jamais teria acontecido sem a contribuição e o encorajamento destes jovens: Robert Smith, que me mostrou como encaminhar uma proposta de livro; Daniel Crewe, que me colocou na direção certa; meu editor na The History Press, Simon Hamlet, e sua equipe, Abbie, Christine e Hazel, que ajudaram a promover o livro e me fizeram acreditar em meu trabalho, tornando a publicação um processo muito prazeroso; e finalmente meu filho do meio, Ben, que me ajudou de inúmeras formas práticas e também me encorajou quando desanimei. Por fim, lembro-me com afeto e gratidão de minha professora de história da Sutton High School, senhorita Lucy Clarke (1903-93), que me fez amar esta disciplina que enriqueceu minha vida.

Inevitavelmente, mesmo com toda esta ajuda, haverá erros e estes, eu temo, são apenas meus.

Agnes Grunwald-Spier
Sheffield e Londres

Introdução

Certa manhã, em Budapeste, durante o outono de 1944, um funcionário desconhecido encarregado de deportar judeus húngaros para Auschwitz mandou todas as mulheres acompanhadas de crianças de volta para suas casas. Minha mãe, Leona Grunwald, foi uma dessas mulheres – e eu era um pequenino bebê nos braços dela.

Não tenho meios de saber quem foi esse funcionário e quais foram seus motivos para fazer o que fez. Não tenho como saber o seu nome ou destino, mas é assustador pensar que, não fosse a atitude dele, eu teria sido, ao chegar a Auschwitz, atirada nas chamas com outros bebês – assassinada antes de ter consciência da vida. Sua atitude ajudou a nós duas a sobreviver ao Holocausto.

Como George Eliot escreveu na sentença final de *Middlemarch*:

> Pois o crescente bem do mundo depende parcialmente de atos não históricos; e o fato de as coisas não estarem tão mal comigo e com você como poderiam estar deve-se em boa parte aos muitos que viveram lealmente uma vida secreta e descansam em tumbas não visitadas.[1]

As ações dos que resgataram pessoas no Holocausto são de fato uma das luzes nessa grande escuridão – muitos deles jazem realmente em "túmulos não visitados", não reconhecidos pelo Yad Vashem ou seja lá por quem for.

A bravura deles não mais será lembrada devido à morte daqueles que resgataram, à mera passagem do tempo ou mesmo pela tentativa do resgate ter fracassado com trágicos resultados para todos os envolvidos. Este livro tenta registrar a coragem deles e compreender a motivação dos que tiveram o discernimento para saber o que era a coisa certa a fazer e a coragem para fazê-la, não importando os riscos pessoais.

Histórias do heroísmo dos que resgataram pessoas têm sido contadas por muita gente nos 65 anos desde que o verdadeiro horror das práticas dos nazistas se tornou evidente. Mesmo agora, contudo, ainda há muitas que não foram narradas. Temos muito pouco tempo, visto que o bebê nascido em julho de 1944 tem agora 65 anos; quem foi uma testemunha adulta do Holocausto terá mais de 80 anos agora. O tempo está se esgotando: por exemplo, uma senhora de Londres, Hilde Holger, que aos 95 anos respondeu a meu pedido de informações, morreu antes que eu pudesse me encontrar com ela. Além disso, muitos dos que forneceram informações e histórias não viveram para ver este livro publicado. Mesmo os filhos de voluntários e sobreviventes estão envelhecendo. Era vital que essa tarefa chegasse a seu término antes que fosse tarde demais e eu, como afortunada sobrevivente, senti-me na obrigação de tentar realizar uma pequena parte dela. O encorajamento veio do Talmude:

> Disse o rabino Tarfon: O dia é curto, o trabalho é grande, os operários são lerdos, a recompensa é muita e o Dono da casa, insistente. Ele também costumava dizer: Não é teu dever completar a obra, mas tampouco tens a liberdade de desistir dela.[2]

Pode ser feita a pergunta: qual é o sentido de investigar histórias que já se passaram há mais de 65 anos? Qual é sua validade no mundo de hoje e para nós no século XXI? Certamente, a história dos voluntários é um dos poucos aspectos otimistas do Holocausto. Meu interesse pelo assunto foi despertado por minha tese sobre Varian Fry para um mestrado em estudos do Holocausto na Universidade de Sheffield (1996-98). Eu deparara com Varian Fry acidentalmente, ao ver um documentário da BBC sobre ele em junho de 1997, e fiquei tão interessada no que Fry realizara que, depois de concluir o mestrado, senti que a motivação dos voluntários em geral era um assunto que eu gostaria de pesquisar mais. Queria examinar o que levava os voluntários a assumir riscos enormes, riscos não apenas para si mesmos, mas também para suas famílias, com o objetivo de salvar a vida de alguém numa época em que os padrões morais normais da vida democrática estavam suspensos pelo domínio nazista.

Varian Fry não era da cepa de que os heróis são tradicionalmente feitos. Contudo, foi durante muitos anos o único norte-americano reconhecido como um Justo Não Judeu – ele optou por se envolver nos infortúnios de outro continente. Cruzou o Oceano Atlântico para se enredar nos horrores da Europa. Era um homem modesto que, após a queda da França em junho de 1940, prontificou-se a ir até a França de Vichy resgatar refugiados para o Comitê de Resgate de Emergência (ERC)*. Só se prontificava a ir se não pudessem encontrar mais ninguém e foi porque ninguém mais foi encontrado. Pretendia resgatar duzentos artistas e escritores que constavam de uma lista preparada pelo ERC, usando vistos obtidos por Eleanor, esposa do presidente Roosevelt. Provavelmente, acabou salvando cerca de quatro mil refugiados. Ao retornar à América, treze meses depois, escreveu sobre suas experiências. Quando o livro foi finalmente publicado, em 1945, explicou por que havia concordado em entrar numa aventura tão perigosa:

> Depois de várias semanas de buscas infrutíferas por um agente adequado para ser mandado à França, o comitê me selecionou. Eu não tivera nenhuma experiência no trabalho com refugiados, muito menos em trabalho clandestino. Mas aceitei a missão porque, como os membros do comitê, eu acreditava na importância da solidariedade democrática.[3]

Contudo, ele também teve outras razões. Escreveu sobre seus calorosos sentimentos para com muitos dos escritores e artistas cujas obras haviam lhe dado prazer:

> (...) romancistas como Franz Werfel e Lion Feuchtwanger; pintores como Marc Chagall e Max Ernest; escultores como Jaques Lipchitz. Por alguns desses homens, embora só os conhecesse por meio das obras, eu tinha um profundo

---

* Iniciais de Emergency Rescue Committee. (N. do T.)

afeto e também um pesado débito de gratidão pelo prazer que haviam me proporcionado. Agora que estavam em perigo, sentia-me obrigado, se pudesse, a ajudá-los; assim como eles, sem o saberem, haviam muitas vezes me ajudado no passado.[4]

Fry mencionou sua simpatia pelos partidos socialistas alemão e austríaco, baseado principalmente em seus excelentes projetos de habitações operárias da década de 1920. "Nem sempre eu concordava com as ideias ou os métodos deles, mas soube, quando vi aqueles projetos de habitação, que eles tinham o coração no lugar certo".[5]

Mas suas experiências anteriores como jornalista exerceram grande influência. Fry visitara a Alemanha nos anos 30 e, graças a isso, tinha uma percepção compartilhada por poucos de seus compatriotas:

> Finalmente, eu sabia por experiência direta o que a derrota nas mãos de Hitler poderia significar. Em 1935, visitei a Alemanha e provei a atmosfera de opressão que o regime de Hitler havia trazido. Conversei com muitos antinazistas e judeus, compartilhei sua ansiedade e sentimento de impotência, experimentei com eles a trágica desesperança de sua situação. E enquanto estava em Berlim, presenciei na Kurfuerstendamm* o primeiro grande massacre contra os judeus, vi, com meus próprios olhos, jovens badernistas nazistas se reunirem e depredarem cafés de proprietários judeus, observei-os com horror arrancando fregueses judeus das cadeiras, empurrando para o meio da rua mulheres que choravam histericamente, investindo contra um senhor de idade e dando-lhe um chute no rosto. Agora que essa mesma opressão se espalhara pela França, não poderia ficar de braços cruzados se tivesse a menor possibilidade de salvar pelo menos algumas de suas próximas vítimas.[6]

Embora parte disso fosse denunciado no *New York Times* de 17 de julho de 1935, com o subtítulo "Editor descreve tumulto em Berlim", o incidente mais terrível foi registrado por sua compatriota norte-americana Mary Jayne Gold. Mary era uma rica *socialite* que conheceu Varian em Marselha e financiou algumas de suas atividades de resgate:

---

* Uma das avenidas mais famosas de Berlim. (N. do T.)

> Num café, Varian viu uma dupla de membros de uma tropa de assalto se aproximar da mesa de um indivíduo de aparência judia. Quando o pobre homem estendeu nervosamente o braço para pegar a cerveja, um deles, com um rápido golpe de faca, pregou a mão do homem na mesa de madeira. A vítima deu um grito e se curvou de dor, incapaz de se mover. O facínora gritou alguma coisa sobre sangue judeu em espadas alemãs, puxou a faca e partiu com ar arrogante. Varian ouviu-o dizer para um companheiro: "Este é um dia de festa para nós". Varian me contou a história numa voz baixa, sussurrante, como muitas vezes falava quando estava profundamente comovido. Acho que a imagem daquela mão pregada na mesa ao lado da caneca de cerveja teve alguma coisa a ver com sua decisão de ir.[7]

Meu estudo sobre Varian Fry e seus colegas, como Charles Fawcett, mostrou-me que os motivos dos voluntários não eram tão simples como eles às vezes afirmavam. Embora dessem às vezes uma única razão para suas ações, sem dúvida elas se baseavam em premissas muito mais complexas. Meu estudo também cristalizou uma verdade simples e óbvia que pode ser subestimada ante as estatísticas das vítimas do Holocausto: uma pessoa pode fazer diferença.

Por outro lado, o estudo também realçou a tragédia do Holocausto. Se um número maior de espectadores tivesse feito resgates, milhões de vítimas teriam sobrevivido e prosperado. Oskar Schindler salvou 1.100 judeus e, no final do filme de Spielberg, *A Lista de Schindler*, apareciam os descendentes desses sobreviventes –, em número, eles são aproximadamente 6 mil. Não sou matemática, mas, sob a mesma base, se os 6 milhões de judeus assassinados pelos nazistas tivessem sobrevivido, teriam agora 32 milhões de descendentes.

O Yad Vashem, o museu israelense e memorial vivo do Holocausto para o povo judeu,[8] já reconheceu 23.226 não judeus como Justos entre as Nações[9] (ver Quadro 2). Devemos sublinhar aqui que não apenas Justos Não Judeus ajudaram judeus na guerra. Um reconhecimento atrasado está agora sendo concedido a judeus que ajudaram judeus, mas muitos judeus travaram outras batalhas. O programa dos Justos Não Judeus foi projetado especificamente para reconhecer voluntários não judeus e critérios muito estritos têm de ser aplicados. Ele não pode premiar outras formas de coragem, como na controvérsia sobre Dietrich Bonhoeffer, que o Yad Vashem reconhece como "mártir na luta contra o nazismo", mas que ainda não se comprovou ter "especificamente ajudado judeus".[10]

Em 2 de fevereiro de 1996, Varian Fry foi citado como o primeiro norte-americano "Justo entre as Nações" pelo Yad Vashem. O secretário de estado americano, Warren Christopher, agradecendo a honra póstuma quase trinta anos depois da morte de Varian em 1967, disse: "Devemos a Varian Fry nossa gratidão mais profunda, mas também lhe devemos uma promessa – a de jamais esquecer os horrores contra os quais ele lutou tão heroicamente, a promessa de fazer o que for preciso para garantir que tais horrores nunca mais aconteçam".[11]

Walter Meyerhof, que com a ajuda de Varian escapou com os pais da França, pelos Pirineus, criou a Fundação Varian Fry em 1997. Seu objetivo é ensinar às crianças em idade escolar a lição resumida por Warren Christopher e, como Walter me explicou, demonstrar que "uma pessoa pode fazer diferença".[12] O pai de Walter, Otto Meyerhof, compartilhou o prêmio Nobel de medicina de 1922 com A. V. Hill, que se tornaria mais tarde, de 1935 a 1945, secretário da Royal Society. Em 1933, Hill começou a participar do Conselho de Assistência Acadêmica [Academic Assistance Council, AAC], que ajudou estudiosos e cientistas do exterior a escapar dos nazistas.

Muitos voluntários parecem surpresos por terem feito algo que pudesse interessar a mais alguém. Expressões de modéstia como "o que se fez foi normal ou qualquer um teria feito o mesmo" são bastante comuns; a lealdade para com velhos amigos ou bons empregadores são razões frequentemente evocadas, assim como a oposição às políticas nazistas ou meramente a vontade de salvar judeus. Outros viam tal resgate como parte constituinte do fato de estarem na Resistência ou como resultado lógico da criação que receberam dos pais. Muitos livros examinaram os antecedentes dos voluntários, tentando encontrar padrões de comportamento baseados em classe, educação ou razões sociológicas similares. Perry London foi um dos primeiros a estudar esse tópico nos anos 60. Ele destacou três características principais dos voluntários: especificou um espírito de aventura, um sentimento de ser socialmente marginal e a identificação intensa com um pai ou mãe de forte caráter moral. Essa classificação é insatisfatória porque para cada voluntário que se encaixa nas nítidas fronteiras de sua categoria, brota outro que as desafia. As razões mais comumente observadas são crenças religiosas ou a noção de que a pessoa tinha o dever de ajudar outra em dificuldade. Razões adicionais são o caráter sagrado da vida, a obediência aos preceitos da consciência ou a vergonha de não ajudar um próximo.

Examinando a motivação de inúmeros voluntários, sobre quem talvez até agora nada tenha sido escrito, é possível esclarecer por que certos espectadores do Holocausto se dispuseram a resgatar pessoas e por que tantos continuaram sendo espectadores. Uma compreensão do que influenciou o comportamento deles tem relevância hoje, quando a necessidade de nos apoiarmos mutuamente na sociedade ainda existe, mesmo se as circunstâncias são, felizmente, bem diferentes. Naturalmente, estou consciente de que, embora os judeus, em termos numéricos, fossem de longe o principal alvo das políticas raciais nazistas, muitos outros grupos foram marcados para perseguição e assassinato. Minha concentração no holocausto judeu não pretende subestimar ou ignorar o sofrimento destes.

Eu estava determinada desde o início a escrever sobre voluntários e resgatados cujas experiências não fossem exatamente de domínio público. Como autora isolada morando em Sheffield, precisava encontrar um meio de fazer contato com pessoas que não tivessem sido obrigatoriamente contatadas antes. Em agosto de 2000, voltei-me para jornais e revistas supostamente lidos por pessoas que teriam experiências pessoais do Holocausto, ou que poderiam saber de outras com uma história para relatar, e pedi-lhes para publicar detalhes de minha pesquisa. Foram eles:

Common Ground – periódico do Conselho de Cristãos e Judeus (CCJ);
Jewish Telegraph – jornal judaico regional distribuído em Glasgow, Leeds, Liverpool e Manchester;
Menorah – uma revista para membros judeus do HM forces* e pequenas comunidades judaicas;
Information – revista da Associação de Refugiados Judeus.

Também compareci a dois grandes eventos, em que consegui que cada delegado recebesse uma cópia com detalhes de meu projeto em suas pastas.

---

* Site de relacionamento social e orientação profissional das forças armadas britânicas. (N. do T.)

Foram eles a Conferência sobre o Holocausto de Oxford, *Lembrando para o Futuro*, realizada em julho de 2000, e o Conselho Europeu da Conferência de Presidentes de Comunidades Judaicas, realizado em Barcelona, em maio de 2000. Um dos delegados italianos na última conferência escreveu um artigo para o *Shalom*, o jornal da comunidade judaica de Roma.

Além disso, fez-se contato com a comunidade judaica sul-africana por meio de minha amiga Brenda Zinober, e todos os membros da Associação de Amizade dos Sobreviventes do Holocausto [Holocaust Survivors Friendship Association, HSFA] , com sede em Leeds, também foram informados.

Em 2002, o Centro Cultural Judaico, de Londres, realizou uma exposição chamada "Visas for Life" sobre diplomatas que salvaram, no total, cerca de 250 mil judeus dos nazistas. O evento de abertura deu-me a oportunidade de encontrar João Paulo Abranches, filho de Sousa Mendes,[13] que morava na Califórnia, e Agnes Hirschi, enteada de Carl Lutz,[14] que mora na Suíça, com quem já me correspondia há algum tempo.

Outras histórias de resgate foram reunidas por meio da imprensa, em particular do *The Jewish Chronicle* e de obituários em *The Times*. Algumas surgiram meramente como resultado de conversas sociais e simples coincidência. Participo de muitas reuniões e quando, em resposta a perguntas sobre o que faço, falo às pessoas da minha pesquisa, com bastante frequência elas podem mencionar alguém que eu devia contatar. Certamente, houve um efeito bola de neve nos últimos poucos anos. Fiquei surpresa ao ser criticada por declarar que essas histórias foram recolhidas ao acaso – acho isso estranho. Recolher histórias sobre os que resgataram pessoas durante o Holocausto não pode ser feito do modo como se pesquisa o consumo de empanados de peixe. Histórias extraordinárias aparecem dos modos mais improváveis.

Em julho de 2004, eu estava em Bruxelas para um encontro na União Europeia e me perguntava se alguém bilíngue falaria em meu nome com Robert Maistriau,[15] um resgatador que só falava francês. Um dos secretários da União se ofereceu e, subsequentemente, contou numa conversa com o motorista designado para nós o que tinha concordado em fazer. De maneira totalmente espontânea, o motorista contou-lhe que a mãe, Gisele Reich, fora salva em 1941, aos 5 anos de idade, da deportação para Auschwitz, porque o oficial nazista do campo de trânsito de Malines (Mechelen) teve pena dela

– era uma criança enferma, que sofria de uma doença pulmonar. Com exceção da família, o motorista nunca havia falado daquilo com ninguém, e a história não teria vindo a público sem meu pedido de ajuda e sem essa conversa casual.

Meus esforços resultaram na criação de um grupo de cerca de trinta resgatadores/resgatados de vários países, no qual eu tivera contato pessoal com o resgatador, com o resgatado, com um filho ou outro parente próximo. Isso me permitiu perseguir diretamente a questão da motivação, interrogando alguém extremamente próximo ou realmente envolvido nos acontecimentos descritos. Algumas dessas pessoas também escreveram livros sobre o que aconteceu e eles foram citados no texto. Não obstante, informação específica adicional tem sido sempre obtida por entrevista (pessoalmente ou por telefone), e-mail ou carta, todos enumerados nas notas.

O livro consiste de quatro partes. As primeiras três contêm as narrativas dos voluntários e daqueles que eles resgataram. São classificadas pela motivação expressa: convicções religiosas, motivos humanitários, ser membro da resistência, sentimentos de lealdade para com o resgatado e resgates pagos. A seção final discute a relevância desses acontecimentos para nossa vida hoje e procura entender o que transforma um espectador num voluntário.

Este livro é uma tentativa pessoal de mostrar ao leitor comum a realidade do Holocausto. Isso é particularmente importante agora, quando o Holocausto está sendo constantemente negado e sua extensão continuamente banalizada. Além disso, temos assistido a uma guinada para a política de extrema direita. Quando falo aos jovens sobre o Holocausto, peço que se lembrem de quatro coisas:

1. Seis milhões de judeus inocentes foram perseguidos e assassinados devido puramente ao ódio, incluindo 1,5 milhão de crianças;
2. Eles foram mortos de muitas diferentes maneiras e nos mais diferentes lugares. O Holocausto não aconteceu apenas em Auschwitz, mas incluiu guetos, campos de trabalho e ataques especiais de fuzilaria;
3. Os sobreviventes e suas famílias ainda sofrem o impacto do Holocausto mais de 75 anos depois;

4. Uma simples mudança de atitude ou comportamento pode assegurar que isso não acontecerá de novo – um pequeno ato de compaixão e decência mostra que vocês aprenderam as lições do Holocausto.

Este livro tem como objetivo registrar as histórias incríveis que me foram confiadas. Na verdade, muitos dos informantes que contatei já morreram. Espero ter sido capaz de fazer justiça às suas histórias e também de permitir uma percepção do que fez esse grupo notável de pessoas passarem de espectadoras passivas a resgatadoras durante um dos períodos mais sombrios da história humana.

Em 10 de março de 2010, o primeiro-ministro Gordon Brown honrou uma promessa que fizera numa visita a Auschwitz no ano anterior. Reconheceu 28 heróis britânicos do Holocausto, que foram agraciados com uma medalha de prata com os dizeres "a serviço da humanidade" gravados sobre um aperto de mão. Tive o prazer de estar presente quando, ajudados por um poderoso *lobby* feito por mim, Bertha Bracey (ver p. 28) e Henk Huffener (ver p. 139) foram incluídos na lista. A sobrinha-neta de Bertha, Pat Webb, com o marido Donn e a filha Delia receberam a medalha de Bertha e as filhas de Henk, Clare e Josephine, que só localizei na sexta-feira, 5 de março, receberam a medalha do pai.

Enquanto revisava minha pesquisa para publicação durante os últimos meses de 2009, estava esperando o nascimento de meu primeiro neto e, inevitavelmente, pensava nos meus pais e em suas experiências no Holocausto. Também me interrogava sobre meu avô materno, Armin Klein, que se recusou a deixar a terra natal e morreu em Auschwitz, mais ou menos na época de meu nascimento. James Harry Spier nasceu em Londres, em 1º de janeiro de 2010 – tataraneto de Armin e Rosa Klein, e de Eugenie e Malkiel Grunwald, e bisneto de meus queridos pais. Se o funcionário desconhecido não tivesse mandado eu e minha mãe de volta, nossa linhagem teria acabado em 1944. Com isso em mente, peço que o leitor siga a exortação bíblica que, por toda parte, os judeus leem a cada ano na ceia da Páscoa, contando a história da fuga do Egito. No livro do Êxodo (13. 18) é declarado: "E contarás a teu filho nesse dia...". Se o verdadeiro horror do Holocausto e a coragem assombrosa dos perseguidos e dos que os resgataram forem lembrados e relatados à geração seguinte, não é possível que as pessoas possam refletir sobre suas opiniões e atitudes, criando talvez um mundo muito melhor para todos?

Meu pai, Phillipp Grunwald, ficou tão amargurado por suas experiências como trabalhador forçado que não quis trazer mais nenhum filho ao mundo depois da guerra e cometeu suicídio em 1955, deixando minha mãe, Leona, sozinha para me criar. Eu, contudo, fui abençoada por três filhos maravilhosos, Daniel (pai de James), Ben e Simon, e uma nora adorável, Michelle. Só espero que o mundo em que eles criam suas famílias jamais torne a ver esses horrores. Talvez, então, todas as vítimas dos nazistas – como meu avô Armin Klein e todos aqueles outros milhões – não tenham morrido em vão.

1

Voluntários com Motivos Religiosos

Os *quakers* estavam entre o grupo mais ativo de voluntários que salvaram judeus no Holocausto. Isso foi reconhecido em 1949 pela concessão de um prêmio Nobel pelos esforços humanitários deles em favor tanto do British Friends Service Committee [Comitê Britânico de Serviço dos Amigos] quanto do seu equivalente americano.[16] Os *quakers*, assim chamados pelo juiz Bennet, de Derby, porque tremiam ante a palavra de Deus,* têm uma história de ajudar causas sociais e os que precisam de apoio humanitário. Voltam-se apenas para o todo-poderoso em busca de orientação e não têm padres nem uma hierarquia de clérigos agindo como conduto para Deus:

> Fundamentalmente, o culto *quaker* excluiu toda a hierarquia e transcendeu princípios de governança política. A busca primária era pela iluminação divina e não pela liberdade secular. A crença predominante era que o espírito divino pode tocar a pessoa e se comunicar com ela, dando fim a qualquer separação entre o indivíduo e Deus. Sem sermões ou sacramentos, sem intercessão clerical, cada participante no encontro silencioso fala intimamente com Deus e, ao mesmo tempo, com o seu próximo. A teologia *quaker* começa e termina como experiência pessoal.[17]

---

* *Quakers*, isto é, "tremedores", em tradução literal. (N. do T.)

A religião *quaker* é diferente da maioria das religiões no sentido de não ter uma estrutura formal; os seguidores assumem responsabilidade por si mesmos. Não esperam que lhes digam o que fazer nem a condução de um clérigo; nem ficam à espera de que os outros resolvam os problemas.

Bertha Bracey (1893-1989) foi uma inglesa *quaker* que teve profunda influência no resgate de crianças judias do Holocausto, no que ficou conhecido como Kindertransport [Transporte de Crianças]. Ela nasceu e foi criada em Birmingham, onde se tornou *quaker* aos 19 anos de idade.

> Quando me juntei ao British Friends Service Committee [Comitê Britânico de Serviços dos Amigos] fiquei profundamente grata pela alegre descoberta do modo como os *quakers* tratavam dos seus assuntos, que, sob sua melhor forma, reúne a virtude da democracia, sendo, no entanto, teocrático. Nossas vidas como seres humanos são postas em duas dimensões espirituais. A ascendente voltada para Deus e a exterior voltada para a comunidade e para a vida do nosso mundo.[18]

Foi a sétima de oito filhos. Toda a família era inteligente, mas apenas Bertha recebeu instrução, porque na época em que ela nasceu a família tinha algumas economias. Além disso, todas as crianças, exceto uma, herdaram o caráter do pai. Ele era muito franco e sempre achava que estava certo.[19] Sem dúvida, essas qualidades seriam bastante úteis a Bertha nos anos que vinham pela frente.

Ela frequentara a Birmingham University e passara cinco anos como professora. Em 1921, deixou de lecionar e foi para Viena, para ajudar voluntários *quakers* que organizavam associações para crianças deficientes. Enquanto esteve lá, seu alemão melhorou e, em 1924, mudou-se para Nuremberg para atuar como jovem obreira. De 1926 a 1929, estabeleceu-se em Berlim. Posteriormente, foi chamada de volta ao Friends House [Casa dos Amigos], em Londres, para fazer trabalho administrativo relacionado com os centros *quakers* na Europa. Chegando à Grã-Bretanha, ela se tornaria o ponto central de uma rede de auxílio a judeus perseguidos.[20]

Em virtude do tempo que passou na Alemanha, Bertha tinha uma visão muito clara da situação que havia lá. Já em abril de 1933, ela reportou: "Por ora, as forças do liberalismo têm sido derrotadas e, nas eleições de março, 52% dos eleitores votaram no nacional-socialismo". Foi talvez mais perceptiva que muitos comentadores quando, a semanas da eleição de Hitler, com base numa visita recente a Frankfurt para o comitê executivo alemão dos *quakers*, falou sobre a tragédia dos judeus na Alemanha:

> O antissemitismo é um terrível câncer que tem espalhado seu veneno há décadas em muitos países centro-europeus. Atingiu o clímax em 1º de abril, na Alemanha, quando esse país recaiu na crueldade da psicologia de "gueto" da Idade Média. As próprias marcas amarelas usadas para indicar as coisas e casas judaicas é um velho símbolo medieval. Palavras não são adequadas para expressar a angústia de alguns de meus amigos judeus, particularmente daqueles que até agora se sentiam muito mais alemães que judeus; que tinham de fato quase esquecido o sangue judeu. Que cruel destino é esse que, de repente, os extirpa do solo alemão e os deixa estupefatos, feridos e desarraigados, vendo-se cercados por ódio irracional e por uma crueldade interesseira? Médicos, professores e assistentes sociais judeus, que contribuíram generosamente com sua habilidade e dedicação, se veem de repente tratados como párias, privados de qualquer meio de sobrevivência.[21]

Isso mostrava uma compreensão muito plena e uma enorme empatia pela situação dos judeus perseguidos. Seus laços fortes de amizade com os Friedrichs influenciaram seu conhecimento. Leonhard Friedrich, de Nuremberg, tinha uma esposa inglesa chamada Mary. Haviam se encontrado quando ele estava trabalhando na Inglaterra antes de 1914 e se casaram na Sheffield Friends' Meeting House [Casa de Encontro dos Amigos de Sheffield] em 3 de agosto de 1922. Eram *quakers* atuantes e se envolveram com um centro *quaker* de ajuda humanitária financiado pelo American Friends Service Committee (AFSC), o Comitê Americano de Serviço dos Amigos, instalado graças à intervenção do presidente Hoover, ele próprio um *quaker*, que estava preocupado com o impacto na Alemanha das reparações impostas pelo Tratado de Versalhes. Como essas reparações causavam grande miséria e subnutrição, o presidente Hoover pediu que o AFSC organizasse um esquema em larga escala de alimentação escolar e 11 mil centros foram abertos. Essa ajuda era muito necessária e continuou quando a hiperinflação dos anos 20 agravou a situação.[22]

Os Friedrichs sofreram consideravelmente por sua fé e a filha deles, Brenda Bailey, descreveu a reação da mãe às primeiras atividades antijudaicas:

Em 1º de abril de 1933, Hitler ordenou um boicote contra todos os negócios judeus. Minha mãe, Mary Friedrich, decidiu que naquele dia mostraria solidariedade aos comerciantes judeus. Fomos ambas para a cidade. Naquela data era fácil reconhecer as lojas de judeus porque elas estavam marcadas com um círculo amarelo sobre um fundo negro e um homem das SA, de uniforme marrom, montava guarda na entrada. Quando tentamos entrar numa delas, o guarda nos advertiu sobre o boicote, mas Mary passou por ele, dizendo que precisava falar com o proprietário. Naquela noite o cinema exibiu uma reportagem sobre o boicote, onde Mary e eu éramos vistas entrando nas lojas, enquanto o locutor dizia que algumas pessoas anônimas e desleais preferiram desafiar o boicote.[23]

Foi um ato extremamente corajoso de Mary Friedrich, mas novas dificuldades iam surgir. Os *quakers* mostraram tão cedo simpatias pelos judeus porque muitos *quakers* alemães perderam seus empregos em 1933 por não terem assinado o juramento de lealdade; entre eles estava Leonhard Friedrich. Um fundo de previdência foi criado para ajudar esses *quakers* desempregados e os que ainda estavam trabalhando contribuíram.

Bertha foi muito atuante na Europa nos anos 30. "Foi tarefa de Bertha interpretar o que estava acontecendo na Alemanha para o mundo exterior. Assim, ela viajava três ou quatro vezes por ano para ouvir e para reforçar os elos *quakers* na Alemanha, Holanda, França, Áustria, Tchecoslováquia, Suíça, Noruega e Suécia."[24]

Suas experiências levaram-na a se envolver na criação do notável empreendimento do Kindertransport. Tornou-se evidente na Alemanha que pais desesperados estavam dispostos a mandar os filhos para outros lugares, se isso os salvasse dos nazistas. Wilfrid Israel, membro de uma rica família de lojistas judeus, proprietária do N. Israel, uma das mais antigas e mais respeitadas lojas de departamentos de Berlim, participou do planejamento inicial. Sua mãe era inglesa, o que significava que, quando os judeus alemães ficaram em perigo, ele foi capaz de tirar partido tanto de seus negócios quanto de seus contatos ingleses para ajudá-los a fugir.[25]

Judeus querendo fugir poderiam recorrer à Seção Palestina da Agência Judaica para chegar à Palestina ou à recém-criada organização geral Representação no Reich de Judeus Alemães (*Reichsvertretung der Deutschen Juden*), finalmente estabelecida em setembro de 1933 e dirigida, por comum acordo, pelo rabino Leo Baeck. Os dois grupos maiores eram um Comitê Central para Ajuda e Reconstrução e a *Hilfsverein der Deutschen Juden* [Organização de Assistência para os Judeus Alemães]. A *Hilfsverein* ajudava judeus nos procedimentos de emigração, aconselhava sobre vistos, contatava parentes no exterior e, se necessário, arrecadava dinheiro para passagens e assim por diante. Wilfrid Israel era um dos membros mais proeminentes da *Hilfsverein*.[26] O sobrinho do rabino Leo Baeck, Leo Adam, era um dos empregados de Wilfrid na loja. Um de seus amigos era Frank Foley, cujo trabalho como oficial de controle de passaportes era um disfarce para seu verdadeiro papel de chefe de base do MI6 na capital alemã. Wilfrid e Frank eram amigos desde os anos 20 quando Frank, como jovem funcionário consular, ajudara o pai de Wilfrid, Berthold Israel, a obter um visto para reunir-se à esposa em Londres, onde a filha Viva (irmã de Wilfrid) estava morrendo. A amizade dos dois iria se mostrar extremamente útil para os judeus alemães em fuga e hoje se credita a Foley o salvamento de 10 mil judeus.[27]

Em 15 de novembro de 1938, Wilfrid Israel passou um cabograma para o Conselho dos Judeus Alemães, em Londres, com "detalhes dos problemas enfrentados pela comunidade e propôs o resgate imediato das crianças judias alemãs e dos jovens com até 17 anos de idade". Como resultado disso, o primeiro-ministro Neville Chamberlain foi abordado e, embora ele não tenha se comprometido, as propostas foram discutidas no gabinete no dia seguinte. O Conselho decidiu que alguém precisava se encontrar com Wilfrid Israel e, como era arriscado um judeu viajar para a Alemanha, cinco *quakers* concordaram em ir e se encontrar com ele em Berlim. Ben Greene, que foi um dos cinco, acompanhou Bertha Bracey no encontro com o ministro do interior, Samuel Hoare, em 21 de novembro de 1938. "Greene testemunhou o apelo dos pais alemães e sua disposição em se separar dos filhos".[28]

Naquela mesma noite, na Câmara dos Comuns, Samuel Hoare anunciou que o governo concordara em admitir as crianças refugiadas com base no testemunho de Ben Greene e o primeiro grupo de 200 crianças chegou da Alemanha em 2 de dezembro de 1938. Enquanto isso, Ben Greene retornou de uma segunda visita à Alemanha e reportou que "a taxa de suicídio judeu era agora tão alta que 'as autoridades da cidade de Mainz tinham cortado o gás de todas as casas judaicas'".[29]

A própria Bertha mencionou seus esforços mais modestamente:

> Depois do pogrom de novembro de 1938, fui com lorde Samuel até o ministro do interior, *sir* Samuel Hoare, e obtive permissão para trazer dez mil crianças "não arianas" para este país. Quando os campos de concentração estavam sendo abertos no final da guerra europeia, fui com Leonard Montefiore até o ministério da guerra e persuadi-os a pôr à nossa disposição dez grandes aviões bombardeiros, que, com os portas-bomba removidos, permitiram que trouxéssemos trezentas crianças de Theresienstadt, em Praga, para a Inglaterra.[30]

O Reino Unido e seu governo não tinham desculpas, mesmo no 1939 préguerra, para alegar não saber o que estava acontecendo na Europa. Já em 1936, um livro detalhando "a criminalização de meio milhão de seres humanos: uma coleção de fatos e documentos relativos a três anos de perseguição a judeus alemães, obtidos principalmente de fontes nacional-socialistas, muito cuidadosamente reunidos por um grupo de investigadores" foi publicado por Victor Gollancz. A introdução foi escrita pelo bispo de Durham, Hensley Henson. Ele concluía em 12 de fevereiro de 1936:

> Como alguém que nutriu razões bastante especiais para ter a Alemanha em alta consideração, que tem uma sincera admiração por suas realizações intelectuais, que no passado visitou frequentemente, com grande satisfação, suas cidades históricas e recordou os prodígios de sua história, não posso me obrigar a crer que a perseguição de minorias, e entre elas especialmente os judeus, que agora mancha o nome nacional, possa ser mais que uma aberração passageira. A publicação deste livro, eu acho, apressará o retorno da sanidade ao tornar ainda mais sonoro e insistente o protesto da própria consciência civilizada, esse protesto a que nem mesmo o nacionalismo mais apaixonado pode permanentemente resistir e do qual finalmente irá se ressentir.[31]

O ministro das relações exteriores publicou um *command paper** em 1939 que incluía vários documentos enumerando os horrores que estavam ocor-

---

* Documento apresentado ao Parlamento por ordem da Coroa. (N. do T.)

rendo na Alemanha. A introdução se refere à desculpa fornecida pelo governo alemão quando o embaixador de sua Majestade, em Berlim, fez uma queixa, em 1933, contra a "violência e brutalidade dos nazistas". Eles afirmaram que lamentavam os incidentes, "mas os encaravam como inevitáveis no primeiro ardor de fervor revolucionário":

> Essa alegação não pode ser apresentada para desculpar acontecimentos que tiveram lugar cinco anos após a chegada ao poder do Partido Nacional-Socialista. Fica evidente, a partir dos documentos publicados, que cobrem apenas o período de 1938 para a frente, que nem a consolidação do regime nem a passagem do tempo mitigaram de alguma maneira sua selvageria.[32]

Contudo, mesmo essa evidência não conseguiu encontrar apoio universal. O *Daily Express* comentou que "existe crime e crueldade entre os cidadãos de toda nação" e o semanário de extrema direita *Truth* insinuava que tudo podia ser "uma invenção judaica".[33]

Depois de 1939, o papel de Bertha mudou e ela se ocupou dos refugiados que haviam chegado ao Reino Unido e estavam sendo internados como estrangeiros inimigos. A política do governo mudou em seguida à queda da França, da Bélgica e da Holanda. Havia um medo maior de invasão e daquilo que foi chamado de atividade da "quinta coluna", levando ao internamento de milhares de pessoas, o que incluía tanto homens quanto mulheres, e alguns estavam doentes. Isso causou a esses refugiados tremendos problemas pessoais, e os órgãos de refugiados combinaram-se para criar uma Divisão Central para Refugiados Internados [Central Department for Interned Refugees, CDIR]. Bertha Bracey tornou-se sua presidente e negociou com diferentes departamentos do governo para resolver questões como "a inadequação de prisões comuns para o internamento, a possibilidade de crianças unirem-se às mães como estrangeiras, a provisão de alojamentos para os casados e todo o quadro da ajuda humanitária no internamento".[34]

A área mais importante era a Ilha de Man, onde a maioria dos estrangeiros estava internada – houve um máximo de 10 mil internos durante a Segunda Guerra Mundial. Bertha visitou os acampamentos de duas mulheres para ver por si mesma a verdadeira situação. Descobriu que havia apenas uma equipe de seis membros lidando com centenas de internados e sugeriu que usassem voluntários como medida provisória. Ela também descobriu que aqueles que eram libertados não tinham dinheiro para a viagem de volta da ilha e os idosos e enfermos, ou os que falavam muito pouco inglês, precisavam de ajuda na chegada. Bertha persuadiu o CDIR a ajudar a resolver isso e, como resultado, os que tinham necessidades especiais passaram a receber assistência financeira.

Bertha Bracey foi uma mulher corajosa que tinha um instinto infalível para o que precisava ser feito. Começara seu trabalho na Europa, quando moça, no início dos anos 20: "Seu principal desafio era incentivar os jovens a adotar novas atitudes com relação à paz internacional, assumindo responsabilidades pessoais na nova e democrática república de Weimar".[35] A fé como *quaker* a tornava forte e uma de suas expressões favoritas era "segure firme".

Essa expressão poderia ser lembrada como um comando da mãe ao filho ou uma instrução necessária nos primeiros dias do automóvel; mas Bertha também a recomendaria como um lembrete de que há momentos em nossa vida que temos de nos segurar bem firme à nossa fé. E, quando refletimos sobre os tempos sombrios em que ela viveu, sabemos que falou com base em suas experiências mais profundas.[36]

O conhecimento da Alemanha deu-lhe grande influência nos primeiros dias do regime de Hitler. "Bertha foi uma das três ou quatro Amigas Britânicas* capazes de exercer pressão por intermédio de pessoas de destaque na Igreja e no Estado, tanto na Grã-Bretanha quanto na Alemanha, para conseguir a soltura de indivíduos presos por razão política". Ela foi agraciada com a OBE,** em 1942, em reconhecimento por seu trabalho com os refugiados e obteve reconhecimento geral pelo muito que realizou ao criar o Comitê de Emergência Alemão (GEC),*** do qual foi secretária desde abril de 1933. Em 25 de abril foi designada uma comissão de processos, que em 3 de maio reportou ter 18 casos sob exame. Em setembro de 1939, havia 22 mil.[37]

O trabalho de Bertha com o GEC desde abril de 1933 foi assim resumido:

> Bertha Bracey tinha arcado com a responsabilidade maior pela implementação da organização e pela direção de seu trabalho. Sua visão criativa, a simpatia pelos desamparados e perseguidos, que convidava muitos outros a comparti-

---

* Isto é, uma das três ou quatro *quakers* britânicas. (N. do T.)
** Order of the British Empire [Ordem do Império Britânico]. (N. do T.)
*** Sigla do nome inglês da entidade: Germany Emergency Committee. (N. do T.)

lhar, e um amplo conhecimento do problema dos refugiados exerceram uma influência muito além dos limites da Friends House e da Bloomsbury House e lhe trouxeram a gratidão de grandes contingentes daqueles que havia ajudado.[38]

Perto do fim de uma longa vida (tinha 95 anos quando morreu) lutou com a doença de Parkinson e, quando a situação estava particularmente incômoda, Bertha se referia serenamente a ela dizendo: "O sr. Parkinson nos visita de novo".[39] A família não sabia muita coisa sobre suas ações. Há menção, na correspondência da família, de Bertha indo para a Polônia após a ocupação nazista e tirando de lá mães e filhos. Sua sobrinha Alma escreveu:

> Bertha era muito reservada e nunca falava sobre os compromissos que impusera a si própria. Esse último episódio – com relação à Polônia, que não pode ser verificado, eu acho – vem de uma espécie de boca a boca. Os Amigos certamente apoiavam Bertha e sua equipe de resgate, mas era tudo obviamente feito na calada, e a família realmente nada sabia sobre suas atividades... Uma brava mulher, de grande visão, com notável capacidade organizativa. Ela possuía elevados padrões.[40]

Bertha foi uma inspiração para muitos, mesmo perto do final da vida. Uma carta que lhe foi enviada, com a data de 1º de abril de 1988, refere-se às palavras de um de seus cuidadores na casa para idosos: "Ela é maravilhosa, nós devemos lhe dar assistência, mas ela é que dá assistência a nós. Sempre que me sinto um pouco deprimido, basta uma visita a Bertha para que, num instante, fique mais animado."[41]

> "Há alguma coisa que eu possa lhe trazer?", perguntou alguém que a visitou na casa para idosos em seus dias finais. Bertha despertou de um meio cochilo para a prontidão de que nos lembramos tão bem. "Sim", respondeu, "traga-me belas notícias de coisas muito alegres".[42]

Em julho de 2001, uma escultura, representando a família, foi instalada e inaugurada no pátio da Casa dos Amigos em Londres. Fora esculpida por Naomi Blake, uma das vítimas dos nazistas salvas pelo Kindertransport. A placa diz:

Em honra de Bertha Bracey (1893-1989)
que proporcionou liderança prática aos *quakers* silenciosamente resgatando e
reinstalando milhares de vítimas do nazismo e crianças
desamparadas entre 1933 e 1948.

Charles Fawcett (1919-2008) nasceu na Virgínia, nos EUA, numa família privilegiada. Teve um começo difícil, pois a casa da família ardeu completamente cinco dias após seu nascimento e a mãe morreu quando ele tinha 5 anos, seguida pelo pai dois anos mais tarde. Por esse motivo, Charles foi criado como episcopal pela irmã da mãe – tia Lily Shumate – em Greenville, uma pequena cidade da Carolina do Sul. A família era originalmente composta de huguenotes que chegaram à Virgínia na década de 1660. Consequentemente, ele cresceu como um cavalheiro sulista da velha escola:

> Seu romantismo, senso de honra, atitude com relação às mulheres, imenso charme, modéstia, antiquados modos de cortesia, tudo é produto da face aceitável do velho sul. O sotaque continua sendo o do cavalheiro da Virgínia e ele aderiu de coração, durante toda a vida, a seu rígido código de honra – que é o oposto da intolerância estreita frequentemente atribuída ao sul.[43]

Charles, que morou muitos anos em Chelsea, contou-me que foi criado para ajudar pessoas e para ser um bom samaritano. Disse que sua cidade natal era um lugar de apenas uma religião, onde embora houvesse segregação, as pessoas negras eram bem tratadas porque não havia *plantations**. Charlie recordava que a tia possuía duas criadas negras que viviam na casa da família e ele, ao voltar da escola, ia vê-las antes de ir ver a tia. Todos na sonolenta cidadezinha tinham a mesma ética, e ele cresceu sabendo que precisava fazer o que era certo. Os habitantes de Greenville "eram realmente boas pessoas que se ajudavam umas às outras".[44]

April Fawcett, esposa de Charles, descobriu uma carta da mãe de Charles, Helen Hortense. Helen tinha se casado tarde e tivera quatro filhos depois dos 40 anos. Ela desenvolveu câncer no seio e foi tratada na clínica Mayo, em Baltimore. Um mês antes de morrer, escreveu para a irmã Lily confiando-lhe a criação dos filhos. Na comovente carta, datada de 5 de junho de 1922, ela

---

* Grandes propriedades agrícolas que produziam para exportação. (N. do T.)

escreveu: "Agradeço a Deus por poder deixar meus bebês com alguém que se importa com eles, que os amará e também os educará para serem responsáveis. Por favor faça com eles sempre a obedeçam, querida, e quando estiverem crescidos eles vão lhe falar com gratidão de como você soube educá-los para serem pessoas responsáveis".

Acho que a pobre Helen Hortense teria ficado espantada ao saber do trabalho maravilhoso que fez a irmã Lily na criação de Charles. Teria ficado realmente impressionada ao ver quanta gente ele ajudou durante uma vida longa e vibrante. Tem sido sugerido que as primeiras experiências de Charles influenciaram toda a sua vida:

> Não é de todo fantasioso sugerir que o padrão de sua vida inteira – a busca pela mais elegante e elevada das mulheres, a imersão no romance e *glamour* de Paris e Roma, assim como em trechos remotos das selvas do Congo e do Amazonas – foi moldado a partir de memórias da infância infeliz. Sempre respondendo a causas dos menos favorecidos, buscando deliberadamente privações e perigos – inquieto e intrépido, tratava os nativos do Saara com a mesma cortesia que mostrava aos membros das várias famílias reais com quem estabeleceu, no correr dos anos, fortes laços de amizade –, ganhou a confiança e a admiração de todos.[45]

Charles era um estudante de arte de 22 anos em Paris, quando os alemães invadiram a França. Trabalhara para bancar suas viagens pela Europa usando variados talentos para se manter: parece que ganhou gorjetas tocando Louis Armstrong no trompete e aprendeu luta romana com um profissional. Ingressara na American Ambulance Corps em 1938 e, um dia, o rapaz com quem dividia um apartamento, Bill (William Holland), disse-lhe que uma grande quantidade de tropas de feridos britânicos iam, daí a alguns dias, ser mandadas para a Alemanha. Bill era meio alemão por parte de mãe, que era uma aristocrata alemã, e era aparentado com o comandante supremo da França ocupada, por meio de quem soube o que estava acontecendo. Bill e Charles, então, tomaram uma ambulância "emprestada" na garagem da Unidade de Ambulâncias, resgataram as tropas do hospital e partiram para a França livre. Afirma-se que, ao deixar o hospital, Charles disse aos prisioneiros de guerra: "Cavalheiros, considerem-se libertados". Uma voz britânica gritou: "Você é um ianque". Charles respondeu: "Nunca confunda um cidadão da Virgínia com um ianque".[46]

Depois de várias peripécias, foram parar em Marselha, e Charlie se lembrou de que conhecia uma condessa chamada Lily Pastré, cuja casa da família ficava bem na entrada de Marselha. Ela recebeu os prisioneiros, mas mandou Charlie para a cidade, onde ele se deparou com Varian Fry.[47] A condessa de Charlie tinha dado início a uma organização chamada *Pour que L'Esprit Vive*, que hoje ainda existe. Foi criada durante a crise econômica e social dos anos 30 para ajudar artistas e intelectuais que, com frequência, estavam vivendo em condições precárias. À medida que a guerra e a ocupação progrediam, a condessa empregou sua magnífica casa e sua fortuna para dar abrigo a artistas exilados, que eram principalmente judeus. Protegeu a harpista Lily Laskine (1893-1988), as pianistas Youra Guller (1895-1981) e Monique Haas (1909-1987); o pintor tcheco Rudolf Kundera (1911-2005) morou três anos com ela. A condessa também pagou cuidados médicos para a pianista romena judia Clara Haskil (1895-1960) e, em 1942, ajudou-a a fugir para Vevey, na Suíça. Desde 1963 é concedido, a cada dois anos, um prestigioso prêmio de piano em nome de Clara Haskil.[48] Diz-se que a condessa também alojou o violoncelista espanhol Pablo Casals, que era católico (1876-1973), e a famosa dançarina norte-americana negra Josephine Baker, que conheceu a fama na França.[49] Após a guerra, Josephine foi homenageada pelo governo francês com a mais alta Medalha da Resistência (com a roseta de oficial) e nomeada Cavaleiro da Légion d'Honneur pelo trabalho na Resistência – que incluía contrabandear mensagens secretas escritas em suas partituras musicais.[50]

Charlie diz que não sabia nada sobre os judeus quando era rapaz, pois antes de se tornar um jovem estudante de arte em Paris não se deparara com qualquer um deles. Um dia, estudantes judeus se envolveram numa briga e, para ajudá-los, Charlie chutou e derrubou uma mesa. Um considerável tempo depois, tornou a encontrá-los, em Marselha, e eles lhe falaram sobre Varian Fry e seu trabalho com os refugiados. Charlie ficou impressionado com o trabalho de Fry e juntou-se à sua equipe de voluntários. Contou a Fry como ficara chocado ao descobrir o antissemitismo alemão. Embora sua história não fosse tão dramática quanto as experiências de Fry em Berlim, em 1936, ela obviamente o chocou. Estivera num bar onde havia judeus tomando café. Quando eles saíram, Charlie viu dois oficiais alemães apontarem para as xícaras dizendo: "Tirem elas daqui e esterilizem".[51]

Varian escreveu sobre Charlie com um óbvio e grande afeto:

> Charlie era um jovem do sul – Geórgia, eu creio – que andara mexendo com "arte" em Paris antes da guerra. Usei a palavra entre aspas porque, pelo que pude ver, a concepção que Charlie tinha de arte consistia de desenhos de belas moças, de preferência nuas. Tinha muitas admiradoras e havia sempre pelo menos uma delas no escritório enquanto trabalhou para nós...
>
> Como porteiro, Charlie tinha uma grande desvantagem. A única língua que sabia falar era inglês, e a maioria dos refugiados não compreendia absolutamente nada de inglês. Mas seu uniforme de motorista de ambulância infundia respeito aos mais agitados e a amabilidade encorajava os deprimidos. Se poucos entendiam o que dizia, ninguém antipatizava com ele. De fato, acho que foi provavelmente o membro mais popular da equipe.[52]

Charlie era uma figura impressionante em seu sobretudo do exército. Mary Jayne Gold, a jovem herdeira norte-americana que bancou boa parte do trabalho de Varian Fry, descreveu o primeiro encontro que teve com ele no Hotel Continental, ao se aproximar, num final de tarde, de um amplo lance de escada que levava ao saguão do hotel:

> (...) no alto da escada se agitou uma grande peça cáqui de evidente corte militar. Dentro havia um rapaz muito alto com um cabelo mais ou menos da mesma cor ruiva que o capote. Um outro indivíduo, de proporções e roupas normais, o seguia. Instintivamente, recuei alguns passos. O alto se apresentou como Charles Fawcett, apresentando depois o amigo, Dick Ball. Olhou em volta para ver se alguém nos ouvia e me fez dar mais alguns passos para trás, até me imprensar contra a parede. Inclinando-se do meu lado como se já estivéssemos nos escondendo da polícia, disse-me ter ouvido que eu tinha um avião, por isso resolvera me abordar diretamente. Observei seus bem talhados traços de menino, o cabelo crespo e louro enquanto ele expunha, com um leve sotaque da Geórgia, que queria voar com o amigo para Gibraltar. Ficou visivelmente desapontado quando eu lhe disse que deixara meu avião em Paris.[53]

Ela o descreveu como "porteiro e recepcionista" do novo escritório da rua Grignan. Charlie disse a ela que mantinha a ordem quando as pessoas ficavam "nervosas" e depois se curvou e falou num tom mais baixo: "Só sou realmente o leão de chácara quando entra alguém que nada tem a fazer ali". Ele se aprumou "e fechou o magnífico capote cáqui. 'Está vendo? Isso não deixa de impressionar as pessoas. Tive de arrancar os botões dourados... mas ele ainda parece oficial... ou quase.'" Mary disse: "Por certo parece".[54]

A situação tinha de ser incerta e Charlie não era apenas um leão de chácara. Em setembro, ele e seu camarada Dick Ball estavam escoltando grupos dos mais jovens e mais experientes voluntários da Resistência sobre as baixas montanhas perto da costa para a fronteira franco-espanhola. Esta se tornou uma das rotas regulares de fuga, frequentemente liderada por Lisa e Hans Fittko. Segundo Varian, calculou-se que pelo menos 100 pessoas tenham escapado por lá nos seis meses que se seguiram.[55]

> Em dezembro de 1940, Charlie deixou Marselha enquanto Varian estava em Vichy, tentando ajudar os nomes de sua lista que estavam presos em campos. A área da França de Vichy continha 120 campos de concentração, com cerca de 60 mil civis internados e entre 25 a 35 mil trabalhadores forçados e mão de obra estrangeira, frequentemente em condições aterradoras. "Era como se a totalidade da zona não ocupada fosse uma grande e impiedosa prisão."[56]

Charlie ficara ciente de que a polícia sabia de seu trabalho na Resistência francesa e, por motivos de segurança, estava na hora de partir. Mais tarde, Varian descreveu os preparativos para a partida de Charlie:

> Tinham carregado Charlie de documentos e relatórios secretos, incluindo alguns para os britânicos (...) Como era escultor, tiveram simplesmente de pôr alguns dos relatórios nas cabeças que ele modelara e Charlie tinha derramado gesso molhado para selá-las. Um dos relatórios mais secretos, com a lista dos refugiados republicanos espanhóis escondidos na França e um pedido urgente de vistos para eles, entrara no terceiro pistão do trompete de Charlie. Charlie havia apertado todos os pistões com uma chave inglesa coberta com um pano e, para o caso de serem feitas perguntas, tinha memorizado alguns dos trechos musicais que podia tocar sem jamais ter de usar o terceiro pistão. Outros relatórios, ainda, foram colados na borda de sua mala.[57]

Ele passou com isso pela fronteira, mas foi atentamente interrogado pela polícia francesa. Charlie, sempre o inventivo estudante de arte, viu uma prostituta perambulando pela estação ferroviária e teve a ideia de fazer alguns desenhos pornográficos que distribuiu pela bagagem. Ao revistar suas posses, a polícia francesa foi distraída por esses desenhos e, divertindo-se com o que haviam descoberto, deixaram de procurar outros itens e fizeram sinal para que passasse. Durante a travessia, Charles não sabia ao certo sobre como se comportar.

> Comecei a pensar que a melhor coisa era fingir (pensei num cachorro com a cauda entre as pernas) que estava envergonhado. Tudo que eu queria era sair de lá e desaparecer. Quando cheguei à cancela que levava à Espanha, olhei para trás e eles estavam passando os desenhos uns para os outros, dando muitas gargalhadas...[58]

Embora chegasse em segurança ao hotel Barcelona, foi detido mais tarde pela polícia secreta espanhola. Levaram-no de volta à França e o entregaram à Gestapo em Biarritz – Charlie Fawcett, 21 anos, contrabandista de documentos secretos para a Resistência.[59]

Durante as horas em que esteve sentado num corredor esperando para ser interrogado, Charlie chegou a acreditar que os documentos que carregava pudessem fazer com que fosse executado. De repente, uma porta se abriu e ele viu um oficial alemão de alto posto avançar rapidamente pelo corredor, seguido de perto por alguém que era, de forma bem óbvia, um informante francês. Charlie não perdeu a chance: "Os alemães eram tão arrogantes que não se dispunham sequer a olhar para as pessoas que estavam colaborando com eles". Charlie abriu a porta de saída para o oficial alemão que, evidentemente, o ignorou. Ele se juntou à dupla, com sua bagagem e trompete; simplesmente caminhou atrás deles como se fosse parte do grupo e ganhou a rua. Andou até a estação, embarcou num trem para Madri e, no dia seguinte, estava entregando os documentos ao adido militar da embaixada britânica, coronel William Wyndham Torre – conhecido por seus camaradas como "Bunny"*.[60]

---

* Coelhinho. (N. do T.)

Mary Jayne também contou esta história: "Ele foi detido na Espanha e libertado provavelmente porque, como eu, tinha uma aura de inocência e ficou tocando melodias compostas apressadamente de maneira tão encantadora que nem mesmo um músico treinado ia notar que jamais apertava o terceiro pistão".[61]

Alguns dias depois, quando já estava seguro em Lisboa esperando um navio para a Inglaterra, encontrou uma de suas esposas: Lilian Fawcett. O casamento foi um dos métodos peculiares adotados por Charlie para resgatar mulheres judias confinadas em campos:

> Quando estavam passando pelo Hotel Ritz, quartel-general nazista em Paris, encontrou uma mulher que suspeitava ser uma colaboradora. Ela lhe perguntou se continuava solteiro, o que ele achou um tanto estranho. Quando disse que sim, ela lhe pediu que se casasse, por intermédio de um advogado francês, com uma moça que estava num campo. De fato, casou-se com cinco moças, de campos franceses e holandeses, no decorrer de cerca de dez dias. O advogado era do movimento clandestino. Duas esposas eram húngaras, uma polonesa e outra búlgara.

Charles Fawcett disse sobre Hitler: "Algumas pessoas achavam uma sorte que Hitler jamais tivesse conseguido a bomba atômica; eu acho que foi uma sorte que ele nunca tenha conseguido o computador ou", explicava Charlie, "poderia monitorar quem estava casando com quem. Nesse caso", continuava Fawcett, "a Gestapo teria chegado de surpresa ao meu segundo casamento; e não como 'madrinha'"![62]

Gaston Deferre era um jovem advogado que estava ajudando Varian Fry em seu trabalho de resgate. Na década de 1980, ele se tornou ministro do interior de François Mitterand, mas uma de suas tarefas mais estranhas deve ter sido ajudar a organizar os papéis que possibilitaram que Charlie se casasse com as seis mulheres judias em campos de concentração. Uma vez casadas com um norte-americano, eram automaticamente autorizadas a deixar a França com um visto norte-americano. Charlie desposou seis mulheres em três meses. Após a guerra, Charlie conheceu uma pessoa que tinha trabalhado no consulado em Lisboa e que estranhara o desfile interminável de "sras. Fawcetts".[63]

Lilian Fawcett era uma cantora de ópera, filha de um famoso maestro húngaro, dr. Alfred Sendrey. Quando viu o cartaz com o nome dela em Lisboa:

> Charles se perguntou, com pouca possibilidade de conseguir descobrir, se não poderia ser uma de suas muitas primas do sul. Na noite seguinte foi ao teatro, onde uma bela mulher, com uma voz soberba, cantava árias operísticas populares. Charles procurou-a no camarim para "tentar sua sorte". A bela criatura deu uma olhada nele e arfou de emoção – era uma das mulheres com quem casara para resgatá-las dos campos, agora com a saúde plenamente restaurada e com os cabelos crescidos. Isso resultou na única lua de mel que teve com qualquer uma delas – consumada no carro-leito de um trem correndo através da noite tempestuosa em rota para o Porto.[64]

Só depois de já estarem casados no papel, Charles conheceu pessoalmente duas de "suas esposas". Encontrou a outra mais tarde, em Israel, quando foi hóspede de Shimon Peres. Contudo, soube que duas delas haviam aparecido ao mesmo tempo em Lisboa, e a esposa do embaixador de Portugal, sra. Herbert Pell, ajudou Charlie nessa época: "Ela achou tudo muito romântico".[65]

Charles sempre deixou claro que foi Varian Fry quem o inspirou – "Varian Fry era integralmente idealista e corajoso – inspirou a todos nós".[66] Em abril de 1991, Varian Fry foi homenageado pelo United States Holocaust Memorial Council [Conselho Memorial do Holocausto nos Estados Unidos] e por um livro de depoimentos escrito por seus colegas de Marselha. Charles Fawcett escreveu como Varian inspirara todos eles, inclusive ocasionalmente encorajando alguns agentes da Gestapo a ignorar alguma coisa. O poeta Walter Mehring, que escrevera poesia antinazista e teve dez de seus livros publicamente queimados, juntou-se ao grupo de Varian e disse: "O simples fato de estar com ele dá esperança... coragem... Eu ficava quase todo o tempo morrendo de medo. Posso honestamente dizer que não fiz nada movido pela coragem. Fiz porque tinha vergonha de decepcionar Fry".[67] Charlie sempre disse que era apenas um instrumento; ele concluía: "Um homem valente é aquele que compreende o perigo, teme-o, mas não deixa que isso o impeça de fazer o que ele tem de fazer. Varian compreendia. Mas fazia".[68] April Fawcett revelou depois da morte de Charlie: "Varian e Charlie sentiram muito medo durante todo o tempo em que estiveram em Marselha, pois embora não fossem judeus aquilo era incrivelmente perigoso para eles e suas vidas estavam em grande risco".[69]

Charles Fawcett foi um voluntário que passou a vida inteira ajudando pessoas. Em 1945, lutou com a Legião Estrangeira Francesa na Alsácia e foi condecorado com a Cruz de Guerra; lutou com guerrilheiros gregos contra comunistas invasores em 1947-48; em 1956 ajudou refugiados húngaros a fugir para a Áustria; quatro anos mais tarde, estava resgatando refugiados do Congo belga com um amigo que tinha um avião[70] e, em 1979, foi para o Afeganistão ajudar os afegãos a combater os invasores soviéticos.[71] Ficou ocupado lá pela maior parte dos anos 80 e, quando morreu, lorde Salisbury escreveu a April enaltecendo a influência de Charles no que acontecia no mundo naquela época.[72]

Charles sofreu a vida inteira de tuberculose, o que o fez passar um considerável tempo hospitalizado. Ele nunca permitiu que a doença detivesse suas corajosas aventuras, que se entrelaçaram com uma vibrante carreira cinematográfica. Fez mais de 100 filmes num período de 25 anos, atuando duas vezes com Sophia Loren. Conheceu Orson Welles, William Holden e afirma-se que, em Roma, onde nos anos 60 ficou conhecido como "prefeito da via Veneto", foi amante de Hedy Lamarr.[73]

Em janeiro de 2006, Charles e April estiveram presentes no Dia em Memória do Holocausto, que teve lugar em Cardiff, onde a coragem de Charlie foi homenageada e o casal foi apresentado ao primeiro-ministro Tony Blair e à esposa dele, Cherie (*ver lâmina 2*). Tony Blair também escreveu a April quando Charlie morreu, enaltecendo sua coragem e falando da honra que fora conhecê-lo.[74]

Helen Hortense, mãe de Charlie, teria se sentido muito gratificada ao saber como seu pedido fora bem atendido. Charlie foi certamente educado para ser "responsável" e agiu assim toda a vida, tendo o mundo como sua preocupação. Quando morreu em fevereiro de 2008, aos 92 anos de idade, tinha completado uma vida realmente plena e notável. O charme pessoal conservou-se nele até o fim e tenho orgulho de tê-lo conhecido.

Carl Lutz (1895-1975) nasceu em 30 de março de 1895, sendo o nono filho de Johannes e Ursula Lutz. Batizado Karl Friedrich, passou a chamar a si mesmo de Charles quando esteve na América e mais tarde, na Palestina, tornou-se Carl. O pai tinha uma pedreira de arenito bem perto de onde moravam em Walzenhausen, no nordeste da Suíça. Foi criado como metodista. Sua mãe, que era muito devota e professora ativa na escola dominical da localidade, foi uma influência muito forte durante toda a vida dele. Quando ele se viu no dilema de tentar salvar os judeus de Budapeste, rezou a Deus e concluiu que Ele o enviara naquela missão.[75] Embora tenha criado a enteada Agnes como metodista, ela diz que Carl perdeu a fé e se distanciou da religião. Para enfatizar que a mãe dele não era uma fanática religiosa:

> Insistia para que os filhos concluíssem os estudos e aprendessem uma profissão, para que não tivessem de depender dos outros. Refletindo sobre a pobreza da região montanhosa de Appenzell, advertiria os filhos de que era mais importante ajudar os necessitados do que estar sempre correndo para encontros de oração. Seu pietismo estava combinado com um espírito de protesto social contra os "figurões" que permitiam que as injustiças subvertessem o que fora um modo de vida democrático.[76]

Johannes morreu de tuberculose em 1909, quando Carl tinha 14 anos. Carl não era uma criança estudiosa e deixou a escola aos 15 anos para ser aprendiz numa fábrica têxtil do povoado vizinho. Quando já era um rapaz de 18 anos, em 1913, Carl Lutz deixou a Suíça, emigrando para os Estados Unidos. Quatro anos mais tarde, quando a América se mobilizou para a Primeira Guerra Mundial, ele não quis ser convocado e durante três meses virou um fugitivo, evadindo-se dos agentes de recrutamento. "Escreveu mais tarde que, quando olhou nos rostos dos judeus de Budapeste, quase trinta anos depois, soube o que significava ser capturado."[77]

De 1918 a 1920, ele estudou no Methodist Central Wesleyan College, no Missouri central, mas logo ficou entediado com o limitado alcance da "universidade rural" e, em 1920 abandonou-a, juntando-se à equipe da legação suíça em Washington DC. Tinha iniciado a carreira diplomática. Aos 29 anos, estava pronto para retornar à Europa, mas o destino o manteve na América e, em 1934, ele conheceu sua primeira esposa, Gertrud. Após um namoro traumático, casaram-se em janeiro de 1935 e estavam programados para se instalarem em Londres quando uma emergência fez o ministro do exterior suíço mandá-lo para Jaffa, na Palestina, na noite mesma do casamento.

Curiosamente, pouco antes de eles partirem, no final da recepção de casamento, Ursula pôs um pedaço de papel na mão do filho. Ela estava agora na faixa dos 80 anos e sua letra ia ficando trêmula. No papel, ela havia escrito um trecho do profeta Isaías: "E ele será um pai para os habitantes de Jerusalém e para a casa de Judá". Talvez sua mãe tivesse um pressentimento.[78]

Gertrud e Carl gostaram muito da temporada na Terra Santa e viajaram intensamente no primeiro ano que passaram lá. Contudo, em 1936, irromperam distúrbios e, na Jaffa árabe onde viviam, eles eram frequentemente confundidos com judeus. Um dia, trancados em seu apartamento, viram um trabalhador judeu desarmado ser linchado por uma multidão árabe. Ficaram assustados demais para sair e tentar salvá-lo. Sentiram-se traumatizados pela incapacidade de salvar o homem e pela brutalidade do ataque. "Durante o mesmo período, Lutz ouvia relatos de horrores nazistas dos judeus alemães recém-chegados. Por que o supostamente esclarecido século XX estava caindo numa brutalidade tão execrável? A simpatia dele se voltou para os judeus."[79]

Foi Moshe Krausz, chefe da Seção Palestina em Budapeste e responsável pela distribuição "dos poucos certificados legais para a Palestina que a JA [Agência Judaica] conseguiu mandar para Budapeste antes da ocupação alemã",[80] quem primeiro conseguiu persuadir o vice-cônsul Carl Lutz a emitir documentos de proteção. Foi também Krausz quem usou 7.800 salvo-condutos supostamente individuais para salvar 7.800 famílias – cerca de 40 mil pessoas. Esses documentos foram mais tarde copiados por Raoul Wallenberg para os suecos e por outras nações neutras para menores efetivos de judeus. De fato, não havia emigração, mas a ideia de emitir documentos de proteção foi reconhecida como um meio de salvar grandes contingentes de judeus em Budapeste.[81] Contudo, deve ser lembrado que foi Carl Lutz quem iniciou essa prática em Budapeste.

Como cristão dedicado, ele realmente lutou contra a situação que encontrou em Budapeste. O governo húngaro tinha posto em prática sua própria legislação antissemita antes mesmo da invasão nazista em março de 1944. Homens como meu pai foram recrutados para trabalho forçado desde março de 1942. Já em 1920, o governo havia introduzido a Lei XXV, que impunha o "*numerus clausus*" sobre as universidades, restringindo o montante de judeus a 6% do efetivo estudantil. É mencionado no obituário do professor Tibor Barna, que foi para Manchester em 1937, que "um dos benefícios de uma universidade estrangeira era a chance de escapar do antissemitismo institucionalizado da Hungria do pré-guerra, que impunha uma cota para o número de judeus que ingressavam na universidade".[82]

Os protestantes locais não prestaram ajuda. Laszlo Ravasz era bispo da Igreja Reformada Húngara e ardente nacionalista magiar. Já em 1938, como membro da câmara alta do parlamento, tinha votado a favor de medidas antijudaicas. Seus sermões eram irradiados semanalmente pelo rádio e continham sempre uma declaração antissemita, seja se referindo aos judeus como os que mataram Cristo ou como os que se recusam a aceitá-lo como o Messias:

> Além disso, o bispo disseminava que os judeus eram estranhos à sociedade húngara; e que dominavam a economia da nação e as profissões liberais numa proporção que ultrapassava em muito seu verdadeiro número. Não havia nada em tudo isso que não estivesse sendo dito por outros. Mas os sermões radiofônicos de Ravasz, que entravam no ar semana após semana, ano após ano, ajudaram a transformar o comum preconceito popular antijudaico num antissemitismo teológica e intelectualmente aceitável.[83]

Sua influência foi grande quando Horthy era membro de sua paróquia e foi catastrófica:

> Sem percebê-lo, durante os anos fatais do pré-guerra, Ravasz ajudou a remover as barreiras intelectuais contra a eliminação física dos judeus. Se Ravasz e alguns dos outros líderes da igreja tivessem seguido o exemplo da Igreja Confessional Germânica e de outros movimentos religiosos de resistência nas partes da Europa dominadas pelos nazistas, os anais da cristandade húngara e talvez da nação húngara durante a Segunda Guerra Mundial poderiam ter sido diferentes.[84]

Nessas circunstâncias, as transmissões feitas da Inglaterra pelo arcebispo de Canterbury em maio de 1944 (e outras na primavera e verão de 1944) para a Hungria pedindo ajuda e apoio para os judeus foram provavelmente ineficazes. Os húngaros foram advertidos de que, no caso de se entregarem a atrocidades em escala alemã, seriam tratados como criminosos de guerra e foram encorajados a seguir o exemplo dos dinamarqueses, que ajudaram seus 7 mil judeus a fugir.[85]

Muitos protestantes saudaram a nomeação de Hitler como chanceler como um dia de libertação, mas a imposição de políticas nacionalistas e a tentativa de subordinar a independência das igrejas a uma igreja centralizada do Reich levou a tensões que dividiram os protestantes alemães. A Igreja Confessional Alemã emergiu em 1933 da "Liga de Emergência dos Pastores", do dr. Martin Niemöller, que foi criada precisamente para defender o dogma protestante ortodoxo.[86]

A Igreja Católica ficou dividida em sua reação. O núncio papal Angelo Rotta encaminhou um protesto ao ministro do exterior húngaro em 27 de abril de 1944:

> O Santo Padre, disse ele, estava muito triste por ver que a Hungria, uma nação cristã, estava se voltando contra os ensinamentos dos evangelhos. Em 15 de maio, ele tornou a protestar contra as deportações, que haviam apenas começado. Mas não conseguiu persuadir o cardeal primaz, Justinian Seredi, que ao contrário escreveu uma carta pastoral aprovando medidas antissemitas e pretendia proteger os judeus convertidos ao cristianismo da deportação. A carta teve a divulgação proibida pelo governo, embora tenha sido lida em algumas igrejas, tardiamente, em 1º de julho.[87]

Credita-se a Carl Lutz ter salvado 62 mil judeus quando era cônsul suíço em Budapeste. A situação em Budapeste ameaçava sua fé religiosa e o traumatizava. Quando no final da primavera de 1944 ele percebeu o que estava acontecendo aos judeus, as premissas em que tinha baseado sua vida desmoronaram e a existência de Auschwitz despedaçou seu conceito de vida:

> O universo bem-ordenado e cheio de sentido tinha desaparecido e nada mais estava tomando seu lugar. Na visão de mundo devota e humanista de Carl Lutz, cada acontecimento, por insignificante que fosse, tinha sido parte de um quebra-cabeça expressivo, um movimento da história que, essencialmente, se completaria no fim dos tempos, quando Jesus Cristo retornasse.[88]

No final da vida, Carl Lutz não escreveu muita coisa sobre suas experiências do tempo da guerra em Budapeste, mas em 1961 preparou um artigo para o principal jornal suíço, o *Neue Zuercher Zeitung*, conhecido como *NZZ*.[89] Descreveu uma situação em que se encontrou no final de 1944:

> Cinco mil dessas pessoas infelizes estavam paradas numa fila, congelando, tremendo, famintas, com minúsculos pacotes nos ombros, estendendo suas cartas para mim. Nunca, nunca vou esquecer aqueles rostos desesperados tomados pelo horror. A polícia teve de intervir repetidas vezes para que não me rasgassem as roupas pelas costas. Para aquelas pessoas, tratava-se do último raio de esperança; para nós, aquele quadro foi a pior forma de tortura espiritual. Vimos as pessoas sendo fustigadas com açoites para cães e jogadas no barro e na lama com as faces ensanguentadas. Sempre que tentávamos ajudá-las éramos, por nosso lado, ameaçados com fuzis. Sempre que possível, eu dirigiria ao longo dessas pessoas a caminho dos campos de concentração para tentar mostrar a elas que ainda havia esperança, até meu caminho ser bloqueado pelos guardas.[90]

Contudo, os esforços de Lutz começaram até certo ponto a se revelar. Os fascistas da Cruz Flechada* perceberam que muitos judeus tinham forjado documentos e, no final de novembro de 1944, "o governo declarou que não iria mais reconhecê-los". Em certa ocasião, chegaram a obrigar Lutz e sua esposa a irem para um ponto de concentração, onde estavam sendo reunidos judeus para uma marcha [forçada], e separaram os documentos falsos dos verdadeiros.[91]

Para que não se presuma que os diplomatas estavam a salvo do perigo, Lutz descreveu as últimas semanas da ocupação alemã. Ele foi forçado a permanecer em Budapeste, visto que os nazistas húngaros tinham prometido não atacar as protegidas casas suíças desde que ele permanecesse na cidade. Lutz e a esposa estavam morando no prédio da legação britânica, no alto de Buda.

> Durante semanas tivemos de viver num porão úmido e sem aquecimento em pleno inverno, frequentemente sem velas ou água, e com muito pouca comida. Tivemos de suportar ataques aéreos ferozes por horas a fio. Recebemos 19

---

* O partido nazista húngaro. (N. do T.)

impactos diretos de artilharia e aeronaves. Certa vez, duas bombas incendiárias puseram fogo em nosso prédio, que ardeu por dois dias e duas noites enquanto permanecíamos no porão embaixo dele. E enquanto o incêndio ocorria, vinte nazistas armados arrombaram o prédio e nos roubaram a maior parte de nossos pertences.

Quando emergiram numa Budapeste ocupada pelos russos, "era como estar numa cidade fantasma". Um dos empregados da legação suíça foi deportado para a Rússia, e Carl só escapou de ser baleado pulando por uma janela.[92]

Sua enteada resumiu assim a motivação de Carl Lutz:

> As leis da vida são mais fortes que as leis feitas pelo homem. Meu pai foi criado numa família metodista na parte oriental da Suíça e foi o segundo mais jovem dentre dez filhos. Sua mãe, que era uma mulher muito forte, que tinha compromissos éticos e sociais, foi a pessoa principal e o exemplo durante toda a vida dele.
>
> Mais tarde, em Budapeste, como cristão atuante, não podia tolerar ver os judeus serem perseguidos e mortos, não podia tolerar a injustiça. Era um homem profundamente religioso e achou que tinha de proteger e ajudar aquelas pessoas. Não nasceu como herói; era um tanto tímido e introvertido. Abraçou a missão de salvar os judeus em Budapeste a partir de convicções religiosas e morais. Arriscou a vida e a carreira; arruinou a saúde trabalhando e se preocupando dia e noite com o destino dos portadores de *schutzbrief**. Meu pai sempre considerou o período que passou em Budapeste e o resgate de judeus inocentes como a parte mais importante de sua vida.[93]

Agnes Hirschi observou que, embora o pai tivesse sido amargo ante a omissão das autoridades suíças em reconhecerem suas atividades no tempo de guerra, ele jamais lamentou suas ações. "Era um cristão comprometido e sentiu que tinha sido mandado para Budapeste com um propósito."[94]

Hermann Maas (1877-1970) foi um pastor de Heidelberg que ajudou muitos judeus a fugir da Alemanha durante o Holocausto. Suas ações fizeram o

---

* Passes protetores. (N. do T.)

rabino Leo Baeck descrevê-lo como "nosso mais fiel amigo cristão durante todo o período de Hitler".

Hermann Maas veio de uma família de pastores luteranos, mas, quando criança, seus melhores amigos foram meninos judeus. Era um jovem vigário em férias na Suíça, no verão de 1903, quando viu "um grupo de judeus barbados, com capas de gabardina, que falavam uma língua estrangeira, caminhando pelas ruas de Basileia". Seguiu-os por mera curiosidade e se viu no Sexto Congresso Sionista Mundial, onde presenciou um momento decisivo da história sionista. Foi o chamado "Congresso Uganda", no qual o encarniçado Theodore Herzl instigava seus seguidores a aceitar a oferta do governo britânico de terras na África Oriental. Contudo, Chaim Weizmann liderou a oposição a esse plano, persuadindo o congresso a aderir ao plano original de reivindicar a Palestina como lar nacional. "O dr. Maas ainda recorda a memorável cena em que Herzl, erguendo a mão direita e recitando as palavras imortais 'se eu de ti me esquecer, oh Jerusalém...', admitiu a derrota jurando fidelidade a Sião".[95]

Hermann Maas partiu de Basileia como sionista convicto e assistiu a todos os congressos subsequentes onde lhe foi possível chegar. Tornou-se amigo de intelectuais judeus e, em 1933, visitou a Palestina, onde foi recebido pelos Weizmanns e conheceu o poeta Bialik. No mesmo ano, sua filha mais velha, Brigitte, que tinha por profissão a tecelagem artística, foi para Jerusalém, onde em conjunto com Ahuva Pickard, filha de David Yellin, o escritor e educador, abriu uma loja de tecelagem que administrou até o irromper da Segunda Guerra Mundial, época em que foi deportada devido à nacionalidade alemã.

Hermann foi convidado a permanecer na Palestina, mas sabia que teria trabalho a fazer e retornou para casa em Heidelberg, onde tropas de assalto o provocaram, tentando impedi-lo de entrar em sua igreja. Só com a ajuda de amigos ingleses influentes conseguiu manter a paróquia, mas atravessaria um período muito difícil nos próximos seis anos.

Já em 1935 fora visto como um franco dissidente na questão da posição de protestantes não arianos (judeus que tinham se convertido ao cristianismo). As duas facções principais do protestantismo alemão decidiram não dar apoio aos convertidos judeus e "isso torna os casos de dissidência individual entre os clérigos ainda mais ruidosos".[96] Entre as "igrejas independentes", apenas os *quakers* e as testemunhas de Jeová apoiaram aquelas almas infortunadas: "Os batistas endossaram a legislação excluindo os judeus da sociedade nacional; os mórmons colocavam placas 'não queremos judeus' nas portas de suas igrejas; os metodistas concordavam que os judeus eram uma ameaça para a sociedade alemã; e os adventistas evitavam membros comprometidos por linhagem judaica".[97]

De fato, as testemunhas de Jeová sofreram extremamente em virtude dessa política. Sentiram-se incapazes de se ajustar às exigências nazistas por causa de suas crenças. Em julho de 1933, foram proscritas por se recusarem a ingressar no partido nazista e, em 1935, por se recusarem ao serviço militar. As testemunhas de Jeová "se recusaram a fazer a saudação a Hitler porque suas crenças religiosas lhes ensinavam que uma saudação como aquela estava reservada apenas para seu Deus", e isso também os levou a se recusarem a pegar em armas.[98] Seus homens foram levados para campos de concentração, marcados por triângulos roxos, e 5 mil pessoas, mais de um terço de seus efetivos, foram mortos:

> Se observamos o comportamento de outros grupos seculares e cristãos minoritários no Terceiro Reich, vemos, no conjunto, uma revolução razoavelmente rápida e ideológica. Alguns membros de pequenos grupos religiosos saudavam Hitler como o Messias e outros eliminavam da liturgia todas as referências a qualquer coisa "judaica". Assim, hinos e liturgias foram alterados para omitir as palavras "sabá" e "Jerusalém". Outros foram preparados para entregar aos nazistas os nomes de quaisquer de seus membros que tivessem sangue judeu.[99]

O comportamento das testemunhas de Jeová mantém-se único entre os protestantes alemães, que abandonaram os convertidos judeus:

> Como um médico anteriormente judeu, que tinha se convertido ao protestantismo em 1916, coloca em 1933: "[Meus filhos] perderam a proteção que o povo judeu sempre e por toda parte concedeu a seus membros. Não [receberam] proteção da igreja cristã [*sic*] e, imagino, não podem esperar nenhuma. São criminosos como cristãos; são criminalizados como alemães. Pode alguém imaginar um destino mais cruel imposto ao inocente?[100]

Contudo, foi precisamente esse o destino de Paul Rosenzweig, sua mãe e a irmã – repudiados tanto por cristãos quanto por judeus. O pastor Maas foi um dos poucos que ajudou os não arianos necessitados com fundos fornecidos pelos cristãos e um dos que ele ajudou foi Paul Rosenzweig, hoje conhecido como Reginald Pringle.

Paul Rosenzweig nasceu em 18 de fevereiro de 1920 em Altleiningen, na Renânia-Palatinado. A irmã Martha nasceu em 1927. A mãe nasceu judia, mas ela e os filhos foram batizados na Igreja Protestante Evangélica.[101] Ela os havia criado como cristãos, embora eles tenham vivido com o avô, um judeu praticante – Heinrich Rosenzweig. Contudo, "após 1933, foram todos encarados como judeus. A única família judaica na localidade".[102]

Depois da *Kristallnacht*,* em novembro de 1938, uma multidão atacou a casa do patrão judeu de Paul e ele percebeu que logo chegaria sua vez.[103] Naquela mesma noite, dois policiais corpulentos vieram para levá-lo, mas tentaram tranquilizá-lo: "Vai voltar para casa em um ou dois dias. É só uma investigação".[104] Depois de 48 horas traumáticas, ele se viu no campo de concentração de Dachau. Passou três meses e meio encarcerado lá, só sendo libertado em 23 de fevereiro de 1939, cinco dias após seu décimo nono aniversário. Experimentou terríveis privações e viu serem perpetradas tremendas crueldades, que ficaram registradas em sua memória. Ao ser solto, teve de assinar um termo de compromisso de não divulgar o que tinha visto em Dachau. Enquanto estava encarcerado, a irmã Martha "foi expulsa da escola e não recebeu mais educação formal na Alemanha".[105]

A mãe e a irmã de Paul ficaram muito satisfeitas ao vê-lo, e ele disse:

> Eu tinha sido solto porque minha mãe, seguindo o conselho de alguém, advertiu as autoridades de que eu tinha todos os meus papéis prontos para emigrar da Alemanha. Perguntei se ela sabia de alguma coisa que eu não soubesse e ela confessou que tinha inventado aquilo para me trazer para casa. Perguntei-me quanto tempo demoraria antes que alguém quisesse saber por que eu ainda estava aqui.[106]

---

* *Noite dos Cristais*, uma referência às vidraças partidas. Foi um pogrom que ocorreu na noite de 9 de novembro de 1938 em diversos pontos da Alemanha e da Áustria, então sob o domínio nazista. Houve ataques a pessoas identificadas como judias e depredações de lojas, sinagogas e casas particulares. (N. do T.)

À medida que o tempo avançava, Paul percebeu que sua mãe tivera razão – ele teria de partir. A casa da família fora "arianizada". A casa fora vendida sem a concordância deles e o novo proprietário, *herr* Frank, queria-os fora de lá:

> Toda semana, sem falhar uma, a mulher dele batia em nossa porta segurando seu filhinho pela mão, perguntando quando íamos sair. Certa vez, perdi a calma e gritei com ela: "Espero que logo. Não só daqui, mas também deste país". O garotinho que segurava a mão de sua mãe, Otwin Frank, é agora prefeito de Altleiningen.[107]

Paul tentou encontrar um meio de todos os três partirem. Procurou o centro comunitário judeu local, onde disseram que, embora ele não fosse judeu e não pudessem oferecer ajuda direta, poderiam dar alguns nomes e endereços. Dois eram em Berlim e o terceiro era Hermann Maas, em Heildelberg. Paul escreveu para os dois em Berlim e tomou a decisão de ir a Heidelberg no dia seguinte, para falar com Hermann Maas. Ele contou:

> Fui até a casa dele para encontrá-lo pela primeira vez. Tinha um ar de tristeza. Os modos eram diretos e senti que ali estava um homem em que podia confiar. Fomos para seu escritório e, assim que se sentou, ele foi direto ao ponto: "O que posso fazer por você?", perguntou. Sem nenhuma reserva, descarreguei nossa história em cima dele. Quando acabei, ele me encarou bem no olho. As palavras simples que falou estão gravadas na minha memória: "Suas preocupações acabaram. Seu caso e o de sua irmã estão agora em minhas mãos. Vou tentar tirá-lo daqui o mais depressa possível". Foi um momento maravilhoso. Tive a sensação de o peso do mundo ter sido tirado dos meus ombros.[108]

Maas disse que a Inglaterra era o melhor lugar para eles e que todo mês visitava Londres para se encontrar com *quakers* e arranjar as coisas para pessoas como Paul e a irmã. Contudo, quando Paul perguntou se sua mãe poderia ser incluída, Maas disse que a prioridade eram as crianças e gente jovem. Maas perguntou sobre sua situação financeira e, quando Paul admitiu que não era boa, pôs na mesa 15 marcos alemães, para que Paul os pegasse, e disse que, se ele precisasse de mais enquanto estivesse à espera da partida, bastava mandar-lhe um cartão postal e especificar a soma de que precisava. "Quando saí, ele me disse que entraria em contato comigo pelo correio assim que tivesse alguma informação. Expressei meu mais sincero agradecimento e parti com a profunda impressão de que encontrara um anjo disfarçado de ser humano."[109]

Fiel à sua palavra, o pastor Maas lhes disse que Martha partiria a 12 de junho de 1939, de Frankfurt, num dos Kindertransports. Em menos de uma semana, souberam que ela estava seguramente instalada com uma sra. Kennedy – uma viúva em Ayrshire. Enquanto isso, Paul conseguiu aprontar todos os seus papéis, com exceção do precioso salvo-conduto. Quando ficou impaciente, retornou ao centro comunitário judeu em busca de ajuda. A atitude do funcionário deixou Paul mudo de espanto:

> Ele fez uma chamada telefônica direta para a sede da Gestapo: "Vocês têm alguma coisa para fazer agora?" Ouviu-o dizer: "Aqui está um inimigo do Estado, um rapaz de quem vocês estão tentando se livrar, que está fazendo o que pode para forçá-los a isso e vocês o estão mantendo na expectativa, esperando pelo salvo-conduto". Desligou o telefone. "Deve consegui-lo num prazo de poucos dias", ele me disse. E estava certo.[110]

Paul teve de deixar a mãe para trás, na esperança de que conseguiria tirá-la de lá mais tarde – mas ela foi deportada para Auschwitz em 1942. Na estação, ao partir, ele viu na banca de jornal o que descreve como "um típico bota-fora nazista: 'Estamos felizes em anunciar a partida deste país do judeu Rosenzweig. Bons ventos o levem! Menos uma boca para alimentar'."[111]

Uma das coisas realmente notáveis e valentes que Hermann Maas fez foi prender uma mezuzá[112] no umbral da porta de sua casa, indicando que todos os judeus estariam a salvo com ele. Maas escreve sobre esse tempo: "Com plena consciência, eu, nessa época, entrelacei firmemente minha vida e meu destino com o terrível destino do povo judeu".[113] Ele foi incrivelmente corajoso e:

> se destacou por não fazer distinção entre batizados e não batizados, fazendo questão de se mover ostensivamente entre as vítimas da "Noite dos Cristais" e se arriscar com destemor à prisão e possível morte, para ser capaz de dar um último adeus e dizer palavras de consolo a seus velhos amigos judeus, totalmente sob os olhares dos guardas da SS.[114]

O pastor Hermann Maas foi parte de uma rede de cristãos que, sob enormes riscos pessoais, ajudou os proscritos pelos nazistas. A rede foi comandada por Heinrich Grüber, que era um dos líderes da Igreja Confessional – a parte da igreja cristã alemã que se opôs às tentativas feitas por Hitler de subverter sua fé. "Hitler era visto por muitos dentro da igreja cristã como o salvador de uma nação ameaçada pelo bolchevismo ateu e corroída em sua confiança por mau governo, finança judaica internacional e a vontade que tinham seus antigos inimigos de mantê-la em sujeição." Esses cristãos pressionaram de bom grado pela adoção da cláusula ariana na igreja. "Essa cláusula, introduzida para excluir do culto público todos de descendência judaica ou parcialmente judaica, podia agora ser usada para expelir todos os clérigos cristãos que tivessem um mínimo que fosse de sangue judeu. Foi contra isso que Dietrich Bonhoeffer primeiro se manifestou".[115]

O pastor Grüber nasceu de mãe holandesa na Renânia e, em 1938, ao fazer o juramento do servidor público de fidelidade a Hitler (agora também exigido do clérigo), acrescentou a ressalva: "desde que isso não entre em conflito com a vontade evidente de Deus". Gradualmente, ele se viu envolvido na ajuda a cristãos não arianos e, depois da *Kristallnacht*, ficou integralmente comprometido com esse trabalho – finalmente empregando 35 pessoas em seu *Büro* Grüber. Bonhoeffer conheceu George Bell, bispo de Chichester (1883-1958), em 1933 e passou a chamá-lo de "tio George". Como fruto da amizade e respeito mútuo, e a despeito da diferença de idade de 23 anos, Bonhoeffer encarava George Bell como uma das duas maiores influências que sofreu e "foi para George Bell, de Chichester, que Bonhoeffer mandou a última mensagem de sua vida ao ser levado para o local de execução" em 9 de abril de 1945.[116]

Como resultado deste relacionamento, George Bell transformou-se numa influência preponderante sobre a opinião pública britânica e subsequentemente, em 1937, sua cunhada Laura Livingstone foi trabalhar em Berlim em benefício de cristãos não arianos, ingressando no *Büro* de Heinrich Grüber. Ela escreveu sobre essa época e concluiu que, embora o pogrom de novembro de 1938 (sua descrição da *Kristallnacht*) tivesse terríveis repercussões para os judeus:

> (...) trouxe, surpreendentemente, um resultado muito positivo, forçando os fatos a se revelarem para o público no exterior, de modo que, da noite para o

dia, foram concedidas oportunidades de emigração para crianças e até mesmo para adultos. Alguns meses antes, a Igreja Confessional, que vinha se tornando cada vez mais consciente de sua posição, decidiu entrar em ação e designou Pfarrer (agora Probst) Grüber para organizar a proteção dos cristãos não arianos por toda a Alemanha. Probst Grüber se incumbiu dessa tarefa difícil e perigosa com o maior entusiasmo, dedicando todo o dinamismo das suas energias a ela, com leal e firme suporte de outros pastores e a generosa cooperação dos *quakers* alemães.[117]

Trabalhavam extremamente ligados aos *quakers* e, segundo Brenda Bailey, "a principal parceira do pastor Grüber na Grã-Bretanha era Bertha Bracey".[118] Hermann Maas foi um dos colaboradores de Grüber por toda a Alemanha. Em 1938, ele advertiu uma assembleia de clérigos da Igreja Confessional que "o cristianismo na Alemanha tinha se tornado uma coisa exatamente tão forasteira quanto os judeus".

Em 19 de dezembro de 1940, o pastor Grüber foi detido e confinado ao campo de concentração de Sachsenhausen por dois anos e meio. Teve sorte – seu auxiliar, o pastor Sylten, foi levado para Dachau em fevereiro de 1941, onde morreu em 1942 e onde também morreram outros sete membros da equipe de Grüber.[119] Heinrich Grüber sobreviveu à guerra e foi testemunha no julgamento de Eichmann em Jerusalém, em 1961.[120] Maas também não fora esquecido. Ficara impedido de fazer o trabalho paroquial durante a guerra, não podendo sequer visitar escolas, hospitais ou prisões.

Em 1944, os nazistas despacharam o clérigo de 67 anos, sua esposa e a filha mais nova para um campo de trabalho na França ocupada. Ele foi libertado pelos norte-americanos em 1945 e conservou sua dedicação aos assuntos judeus, frequentando a sinagoga em Heidelberg nos Grandes Dias Santos e inclusive fazendo jejum no Dia do Perdão.[121] Tanto Hermann Maas quanto o pastor Grüber participaram ativamente dos primeiros anos da criação do Conselho de Cristãos e Judeus (CCJ) e estiveram presentes à primeira conferência internacional em Oxford, em 1946, cujo relatório foi intitulado "Liberdade, Justiça e Responsabilidade". Havia 150 participantes de todos os cinco continentes e está registrado: "Entre eles havia dois pastores cristãos da Alemanha, Probst Grüber, de Berlim, e Hermann Maas, de Heidelberg. Escrevendo muitos anos mais tarde sobre a presença deles, um dos participantes judeus descreveu-a como 'profundamente impressionante – poder-se-ia mesmo dizer, traumática'".[122]

O CCJ tinha se originado do Conselho Britânico de Cristãos e Judeus, que por sua vez nascera da cooperação entre cristãos e judeus na Grã-Bretanha para auxiliar as vítimas da perseguição nazista.[123] Era inteiramente apropriado que esses dois homens corajosos acabassem fazendo parte desse grupo inovador, com o rabino Leo Baeck, velho amigo dos dois, agora instalado em Londres. Em 1947, Maas escreveu a Martha, expressando sua grande satisfação pelo sucesso da emigração dela e de Paul para a Inglaterra. Ele assim encerrava a carta:

> Que pena eu não ter podido rodar com você por Londres na parte superior dos ônibus ou passear com você pela margem do Tâmisa. Quanta coisa haveria para dizermos um ao outro. Tudo que a guia cabe nas palavras: "A intenção das pessoas era fazer o mal, mas Deus o transformou em bem". E Ele enviou cada um de vocês, você também minha querida, pessoas generosas. Assim, você agora encontrou sua querida mãe numa amiga maternal. Passe a ela o agradecimento profundo de um alemão que nunca deixou por um segundo de odiar a loucura de Hitler.[124]

Hermann Maas foi o primeiro alemão convidado a visitar o novo Estado de Israel em 1949 e, em 1953, um pequeno bosque de árvores foi plantado no Monte Gilboa, em Israel, em sua homenagem, o que o agradou particularmente.[125] Hermann morreu em setembro de 1970.

A própria Martha esteve presente com o irmão Paul e o marido Ron Mower quando quatro pessoas criaram a Fundação Hermann Maas em Heidelberg, em 1988. Ela quis expressar seus sentimentos a respeito de Maas dizendo: "Viajei até Heidelberg para homenagear esse homem que foi nosso amigo quando tão terrivelmente precisamos de um amigo".[126]

Os estatutos da fundação especificam seu objetivo de "promover a cooperação judeu-cristã numa ampla base internacional". Uma das formas era proporcionar a um estudante alemão de teologia a oportunidade de estudar numa universidade em Israel. O dr. Meister, um dos criadores da fundação, descreveu Maas como "uma pessoa admirável, com grande carisma".[127]

Foi posteriormente decidido que, com o suporte da Fundação Hermann Maas, a medalha Hermann Maas seria concedida a cada quatro anos em

Gengenbach, local de nascimento de Maas. Os agraciados deveriam ser indivíduos que tivessem se destacado na promoção da compreensão entre cristãos e judeus.

Em 1995, em Rehovot, cidade parceira de Heidelberg em Israel, uma rua foi batizada com o nome de Hermann Maas.

Infelizmente, Ron Mower, meu principal informante, morreu em 2004 e o irmão de Martha, Paul, cujas memórias não publicadas mostraram-se de um valor inestimável, morreu em setembro de 2009. Contudo, eu fizera contato com seu filho, também Paul, que ficou feliz ao saber que a história deles está sendo contada.

Hermann foi sempre modesto acerca de si mesmo e sem dúvida ficaria surpreso com o nível de atenção e as homenagens que recebeu postumamente. Quando Alfred Werner lhe solicitou informação biográfica adicional em 1948, ele a enviou com uma nota que se pode aproximadamente traduzir como: "Será que mereço realmente tamanho esforço?"

Valérie Rácz (1911-97), conhecida como Vali, foi uma mulher católica cuja carreira como cantora estivera sempre entrelaçada com judeus. Foi também atriz, fez vinte filmes entre 1936 e 1956 e simplesmente transpirava *glamour*. Era conhecida como a "Marlene Dietrich húngara". Seu pai, Ferenc Rácz, era diretor de uma escola do interior, mas tinha um passado de camponês. A mãe, Gizella Sohonyay, era membro da velha pequena nobreza húngara. Tinham se mudado para Gölle, um povoado agrícola no sudoeste da Hungria, depois de se casarem em 1910.

Ferenc havia fugido de casa aos 14 anos. Era o mais jovem de 12 filhos e o único que não queria ter uma vida de camponês. Foi abrigado por um pároco de outro povoado que começou a instruí-lo e, finalmente, seus pais amoleceram, concordando em pagar para que o padre cuidasse dele e levasse à frente sua instrução. Quando se mudou para Gölle, Ferenc tornou-se professor e solista na igreja. "Era muito religioso, o que talvez se deva, ao menos parcialmente, ao fato de que fora a igreja, na forma de seu antigo padre-mentor, que lhe fornecera uma rota de fuga da vida camponesa e a alternativa que tão desesperadamente procurava."[128]

A carreira de Vali como cantora foi muito influenciada por judeus. Quando jovem, era uma pianista talentosa, mas foi a voz harmoniosa que cativou as pessoas. Logo após sua graduação, foi chamada para recepcionar um hóspede na casa dos pais. Tratava-se de Géza Wéhner, professor na Academia de Música Franz Liszt, em Budapeste, e organista-chefe da imensa sinagoga da rua Dohány, também em Budapeste. Ela o impressionou de tal modo que Wéhner a convidou para uma audição na Academia de Música de Budapeste e, em setembro de 1932, Vali deixou o povoado natal para dar início a uma notável carreira. Géza Wéhner foi a primeira de muitas influentes figuras judaicas que tiveram um papel decisivo no rumo que tomou a carreira de Vali. Outro judeu que teve uma forte influência foi Paul Ábrahám, um bem-sucedido compositor de operetas e trilhas de filmes. Foi por intermédio dele que Vali conseguiu sua primeira grande oportunidade: cantar no renomado ponto de encontro da alta sociedade de Budapeste, o Café Negrescó. Isso levou a uma temporada de dois anos no famoso teatro de revista de Budapeste – o Terézköruti. Aqui ela foi uma das poucas intérpretes não judias e trabalhou com alguns dos mais talentosos artistas do momento. Esse período deve ter sido decisivo para a definição de sua atitude com relação aos judeus.[129]

O famoso costureiro judeu Sándor Gergely ofereceu-se para desenhar-lhe um vestido logo no início de sua carreira, sob a condição de que, se gostasse dele, teria todos os vestidos que usasse no palco feitos em seu ateliê. Ela aceitou, e o vestido foi uma sensação, pois era muito diferente dos trajes normais de outros cantores. Gergely colocou-a sob sua proteção e "vestiu-a como se ela fosse um de seus modelos, com criações que eram tão formidáveis e lhe caíam tão bem quanto qualquer coisa que se pudesse encontrar em Paris". Esses vestidos foram fonte de reminiscências durante décadas.[130]

Gergely foi mais perceptivo que a maioria dos que tinham a mesma religião dele com relação à introdução, em 1941, da Terceira Lei Judaica:

> Ele não compartilhou o otimismo ingênuo da maioria dos outros judeus húngaros, que se convenceram de que as coisas eram suportáveis, que não ficariam piores e que bastava se manterem firmes para suportar a tempestade do nazismo. Gergely sentia instintivamente que as coisas podiam ficar e ficariam piores. Desde 1940, tinha havido uma série de leis e decretos relativos ao recrutamento de mão de obra judaica que, para a maioria dos homens recrutados, equivaliam a uma sentença de morte. No final de 1942, ele recebeu seus papéis de convocação para o trabalho. Fechou o ateliê e deu a Vali, como

presente de despedida, um vestido de veludo negro que acabara de terminar. Logo depois, ele se envenenou.[131]

Sua morte não foi apenas um terrível golpe pessoal para Vali, mas também outro exemplo de como as coisas estavam terríveis para os judeus de Budapeste, embora muitos ainda não conseguissem compreender isso. Eles tinham sido levados a acalentar um falso senso de segurança pela recusa do novo primeiro-ministro, Miklós Kállay, a implementar muitas das exigências nazistas e por sua recusa em fazer os judeus usarem a estrela amarela. Inevitavelmente, essa situação não poderia durar e descobriu-se que Kállay estava tentando negociar uma paz em separado com os Aliados enquanto anunciava num discurso em maio de 1943 que: "A Hungria jamais se desviará daqueles preceitos de humanidade que, no curso de sua história, sempre manteve em questões raciais e religiosas". Foi então apenas uma questão de tempo para os nazistas determinarem o controle "desse Estado influenciado por judeus", o que aconteceu em março de 1944.[132]

O maior sucesso de Vali se deu ironicamente durante a guerra, quando foi a estrela sensual das tropas húngaras que lutavam na frente oriental. Além disso, tornou-se cantora permanente do Hangli Kiosk, um famoso clube noturno de Budapeste com vista para o Danúbio, cujos proprietários eram os irmãos Rónay – pai e tio do crítico de gastronomia Egon Rónay.[133]

Em maio de 1944, Vali recebeu o telefonema de um velho amigo, Bandi Schreiber, em cujo hotel conhecera grande sucesso como cantora nos verões de 1940 e 1941. Bandi era judeu, mas tinha uma esposa cristã. Ele descreveu a Vali o pânico na cidade de Budapeste quando as notícias de deportações em massa de judeus das áreas rurais chegaram lá. Tentativas desesperadas de obter documentos de identidade falsos estavam sendo feitas:

> Mas a opinião pública fora envenenada pelos anos de propaganda raivosa e sistemática feita pela minoria de extrema direita na Hungria. E agora os judeus estavam sendo evitados por seus amigos e vizinhos não judeus, e os que viviam com falsos documentos cristãos estavam sendo denunciados. Os não judeus humanitários que tentavam ajudá-los eram rotulados de traidores.[134]

Bandi queria que Vali escondesse seu primo e a esposa dele, que tinham sido denunciados e estavam desesperados para encontrar um lugar onde se esconder. Vali sabia dos riscos e disse que teria de pensar um dia ou dois no assunto. Consultou o ex-amante e agora confidente e amigo íntimo, Paul Barabás, autor de roteiros cinematográficos e ardente antinazista. Foi ele que concebeu o plano de esconder os judeus na metade de trás de um enorme guarda-roupa, construindo uma divisão falsa no meio e criando um compartimento secreto, para quando houvesse uma batida nazista. No restante do tempo, ficariam escondidos no porão.

Os Mandels eram um tranquilo casal de meia-idade. Assim que chegaram, Vali discutiu com eles certas precauções essenciais: só poderiam sair para tomar ar fresco no jardim depois de escurecer; deviam ficar longe das janelas da frente; e na eventualidade de amigos ou visitantes serem recebidos na casa, deviam permanecer em silêncio no porão até as visitas partirem. Ninguém deveria descobrir a presença deles.

Os Mandels eram ortodoxos e sua fé inabalável salvou-os do abatimento. Apesar das imensas diferenças religiosas e culturais, Vali e os Mandels se compreendiam muito bem. Ela tornou as coisas o mais confortáveis possíveis para eles numa das alas do porão, onde, a cada noite de sexta-feira, eles acendiam velas e celebravam o sabá.[135] Logo juntou-se a eles uma amiga de Vali, Margit Herzog, com uma filha de 14 anos, Marietta. Em certa ocasião, a pobre Marietta teve de ficar horas escondida atrás de uma enorme estante enquanto a Gestapo dava busca na casa (*ver lâmina 12*). Os Herzogs eram uma família grande e extremamente rica, e o marido de Margit, Dezsõ, já sofrera terrivelmente durante dezoito meses de trabalho forçado na frente oriental. A casa da família em Budapeste ficava na avenida Andrássy, o endereço mais nobre da cidade, e eles possuíam fazendas e vinhas que produziam alguns dos mais famosos vinhos da Hungria. O irmão mais velho de Margit, Sándor, tinha proposto casamento a Vali, mas, embora ela gostasse muito dele, não aceitou sua oferta.[136]

Os Herzogs estavam entre as primeiras pessoas em que Vali pensou quando os alemães ocuparam o país. Ninguém na família tinha pensado em tomar providências para se antecipar aos perigos de uma conquista nazista. Como muitos outros judeus, ricos ou não, queriam acreditar que, a despeito dos traumas políticos passageiros, a liderança tradicionalmente tolerante da aristocracia húngara iria, no final, protegê-los. Além disso, estavam fortemente amarrados à sua terra e fortuna. Simplesmente não poderiam abandoná-las. Seria um erro fatal.[137]

O irmão de Margit, Imre, era um herói condecorado da Primeira Guerra Mundial. Tinha perdido um braço na frente russa em 1915, mas sua reputação de valente lhe permitia andar sem ser molestado por Budapeste, mesmo no regime da pós-ocupação. Era conhecido como "Imre de um Braço", mas sua liberdade teria vida curta. Como os detentores da Cruz de Ferro na Alemanha, seu orgulho da imunidade como herói não iria fornecer proteção por muito tempo. Um dos primeiros atos do governo Szálasi, que chegou ao poder em 15 de outubro de 1944, foi revogar todas as isenções para judeus, mesmo heróis de guerra, e "Imre de um Braço" teve de se esconder.[138]

A filha de Vali, Monica Porter, escreveu sobre voluntários como sua mãe:

> Simplesmente fizeram o que acharam que tinham de fazer e, do ponto de vista deles, não se tratava absolutamente de "heroísmo" (...) Como ela bem sabia, o castigo por abrigar um judeu era a execução sumária. Mas como poderia não ajudá-los quando, lá fora nas ruas, os judeus da cidade estavam sendo arrebanhados, deportados, torturados ou baleados?[139]

Não obstante, a motivação de Vali era complexa. Era uma mulher sofisticada, que passara toda a vida adulta envolvida com o *show business*. Em Budapeste, esse mundo teatral estava repleto de judeus; ela havia, portanto, conhecido judeus e trabalhado com eles a vida inteira, e tinha amado alguns. Quando ficaram ameaçados, não pôde deixar de ajudá-los. Vali fora criada para ser católica, e o pai era extremamente devoto. Os pais a tinham mandado para estudar num convento desde os 10 anos de idade. Ali aprendeu três coisas importantes: "uma disciplina de ferro, uma firmeza de objetivo e autodomínio, que não apenas ajudaram a garantir-lhe mais tarde o sucesso como cantora e atriz, mas ajudaram a salvar sua vida".[140] Sua filha também reconhece o envolvimento profissional e romântico com Paul Barabás, seu amante desde 1938, como uma influência fundamental. Barabás estava trabalhando para a Resistência e concebeu o esconderijo do guarda-roupa para sua preciosa "Valikó". Conseguiu facilitar os arranjos e, sem ele, talvez Vali não tivesse sido tão bem-sucedida em esconder os "hóspedes" judeus.[141] A casa em que Vali estava vivendo quando escondeu os judeus – o nº 47d da avenida Budakeszi – acabou se tornando a embaixada do governo da Colômbia.[142]

Essas atividades corajosas trouxeram-lhe ansiedades e perigos. Ela ficou sob suspeita, foi detida pela Gestapo, aprisionada e interrogada durante duas semanas, mas foi solta sem revelar nada. Após os russos terem libertado Budapeste, um grupo de guerrilheiros judeus acusaram-na de colaboração e a sentenciaram à morte. Diz-se que um coronel do Exército Vermelho, com quem estava tendo um caso, interveio e a salvou, horas antes do seu já marcado fuzilamento.[143]

Todas as pessoas que ela escondeu sobreviveram à guerra e algumas emigraram para Israel. Vali se casou com um escritor, Peter Halász, em 1946. O filho Valér nasceu em 1950 e a filha Mónika, em 1952. Quando a revolução húngara de 1956 fracassou, a família de quatro membros fugiu para os Estados Unidos. Chegaram a Londres em 1970 e, em 1975, Vali e o marido se mudaram para Munique, onde ela morreu em fevereiro de 1997.

Vali foi reconhecida como um Justo entre as Nações em 1991. Quando estiveram em Jerusalém, Monica e a mãe se depararam com alguns dos residentes do guarda-roupa salva-vidas e com gerações de uma família que não teria existido sem a coragem de Vali.[144] Disse ela sobre suas atividades do tempo da guerra: "Fiz apenas o que tinha de fazer". Hoje há um site dedicado a ela: www.valiracz.com.[145] Sua filha, Monica Porter, jornalista *freelance*, mora agora em Londres e tem como companheiro Nick Winton, filho de Nicholas Winton, que resgatou 669 crianças judias da Tchecoslováquia em 1939.

Soeur St. Cybard (1885-1968). Josie Martin nasceu como Josephine Levy na Alsácia-Lorena, em 1938, onde a família vivia há gerações. Em seguida à queda da França, a pequena família fugiu para uma aldeia na França de Vichy, onde foram aceitos e onde Josie foi para a escola maternal. Contudo, em 1944 estavam ocorrendo varreduras nazistas. Isso era bastante ruim, mas o maior perigo vinha da polícia francesa: a verdadeira superGestapo, que estava sempre tentando mostrar sua lealdade aos nazistas alemães denunciando franceses que estivessem ajudando judeus.[146]

Eles fugiram para se esconderem numa fazenda das proximidades, e amigos da família, um agricultor e a esposa, se ofereceram para adotar a Josie de 5 anos de idade, mas os pais não conseguiram reunir coragem para concordar com isso. Então ouviram dizer que uma freira, Soeur St. Cybard, estava dirigindo uma escola de meninas a cerca de 50 quilômetros de lá. Fizeram contato com ela, que concordou em pegar Josie. Era um externato, e Josie ia ser a única interna. Ela permaneceu ali durante sete meses sob o nome falso de Josie L'Or e as palavras de despedida dos pais para Josie foram um pedido para que jamais revelasse seu verdadeiro nome. Josie ficou no convento até a libertação de Paris em agosto de 1944, quando foi reunida aos pais, que tinham ficado escondidos em outra parte, na zona rural.[147]

Dez anos atrás, Josie recordou:

> A freira era uma pessoa séria e uma mulher de grande importância na pequena aldeia. Era muito política e estava muito envolvida com a ajuda aos aldeões. Por exemplo, era ela quem escrevia para o *front*, pedindo notícias sobre filhos desaparecidos. Sob certos aspectos, era quase como uma assistente social. Criou-se em mim uma tremenda admiração por essa mulher, que era forte, importante e muito diferente da típica lavradora francesa da região. Até eu experimentava um sentimento de importância por ser "sua" filha.[148]

Foi uma sorte que ninguém soubesse que a moça que a freira inicialmente escolheu para cuidar de Josie fosse uma colaboradora nazista. Elas não gostavam uma da outra:

> Ela não sabia que eu era judia. Isso foi uma sorte, porque se comprovou que era uma colaboradora nazista – um fato que meus pais não souberam até bem mais tarde. Seria demais ante seus esforços para me deixarem num lugar seguro! Naturalmente, a freira também não sabia sobre a ligação nazista dessa mulher. Na época em que se deu conta disso, não pôde fazer nada por causa de sua própria vulnerabilidade.[149]

A freira era uma mulher notável. Josie escreveu:

> Posso apenas supor que Soeur St. Cybard foi um ser humano piedoso e sincero que levou a prática de suas crenças religiosas bem além dos ditames de seus superiores imediatos. Tinha servido como orientadora/diretora de uma escola para meninas em Angoulême antes de ser designada para o retiro de Lesterps. Ao que parece, ao se desincumbir daquela tarefa, se engajara em certas atividades subterrâneas, clandestinas, de assistência à Resistência francesa. No início

dos anos 40, parece que estava correndo risco pessoal e foi, portanto, mandada para o interior, para sua própria segurança e, talvez, porque alguém queria tirá-la do caminho. Todos sabemos que nem todos os católicos estavam dispostos a correr riscos ou a criar problemas.[150]

Embora Josie nunca tenha voltado a ver sua salvadora, a irmã foi muito ativa até morrer em 1968. Nasceu como Marie-Elizabeth Lacalle em 14 de janeiro de 1885 em Marsous, no sul, perto de Lourdes e da fronteira com a Espanha. Tornou-se freira com a idade muito prematura de 14 anos, adotando o nome de Soeur St. Cybard em 1899. Tornou-se professora dedicada, começando a lecionar em 1901, em Abzac, na Gironda. Em 1918, estava no Saint-André Institute, em Angoulême, ficando lá até 1942, quando foi designada diretora da Escola Santa Bernadette, em Lesterps, onde permaneceu até 1958. Foi durante esse período que cuidou de Josie.

> Em Lesterps, não se contenta em simplesmente administrar a escola; dedica-se inteiramente à comunidade local. Nas tardes de quintas e domingos, viaja pelo campo como uma freirinha dos pobres, sendo sucessivamente enfermeira, conselheira, secretária e terapeuta: luta contra a pobreza. Infatigável, abre uma oficina de costura que se dedica à confecção de paramentos sacerdotais e roupa de cama e mesa para a igreja, assim como à confecção de artigos para a observância religiosa na escola.
> Além disso, organiza grupos convencionais de teatro compostos de pais de alunos e também um coro para os jovens da paróquia; ela própria conduz os ensaios do coro para a missa de domingo e para festas religiosas.[151]

Josie estava presente quando Soeur St. Cybard foi homenageada em Lesterps, em 1999, e foi plantada uma árvore em sua memória. Josie recebeu cidadania honorária do povoado. Mostrou-se muito satisfeita por estar ali, mas expressou preocupações: "Eu esperava que, homenageando a mim e por meu intermédio os feitos de uma corajosa freira, eu ajudasse a desfazer o registro, em geral desanimador, da cumplicidade e colaboração francesa com os nazistas na Segunda Guerra Mundial".[152] A visita feita a Lesterps possibilitou que encontrasse outras pessoas que conheceram Soeur St. Cybard, e esses encontros levaram-na a concluir: "Está claro que foi uma mulher muito forte e independente, que viu sua tarefa ultrapassar as estritas definições do que as freiras deviam fazer. Foi também descrita como alguém extremamente inteligente e progressista para sua época".[153] Josie descobriu que Soeur St. Cybard era lembrada com amor e afeto na região.

> Também me pergunto se eu podia ter sido uma voluntária. Quando penso nisso, fico sempre impressionada pelo heroísmo dessa freira – não só pela óbvia razão de arriscar a vida acolhendo o inimigo ou suposto inimigo. Penso também no alvoroço que deve ter causado essa mulher ao acolher uma criança![154]

Ela não entende por que os pais não se mantiveram em contato com a freira. Escreve que, depois de retornar à casa, era como uma estranha:

> Silenciosa, terrivelmente polida e retraída. Não me recordo de sentir falta da freira. Será que Soeur St. Cybard sentiu falta de mim? Meus pais não mantiveram contato com a freira após a guerra. Será que temiam meu apego a ela? Será que ficavam com medo que eu tivesse me tornado uma boa criança católica quando me viam rezar para um misterioso anjo da guarda?[155]

Nada se sabe dos pais de Soeur St. Cybard, mas ela tinha uma irmã que morreu muitos anos atrás. Seu sobrinho-neto, Louis Lacalle, foi depois encontrado e ele se recorda da tia-avó vindo passar feriados com a família. "Em suas memórias de criança ela era um tanto severa e queria que eles fizessem tarefas escolares durante as férias..."[156] É bem notável que, até receber minha carta de 21 de novembro de 2003, gentilmente traduzida por madame Landréa, ele não tivesse a menor noção das ações corajosas da tia e achasse que ninguém mais na família sabia disso.[157] Descreve a vida da família de produtores rurais em que ela nasceu como muito dura e diz que tinha quatro irmãos e três irmãs:

> A vida diária desses lavradores era apenas muito trabalho para um rendimento muito baixo, por isso eram rigorosos no trabalho e extremamente frugais, mas ao mesmo tempo se mostravam solidários com a comunidade. Uma assistência mútua era muito natural para eles quando tinham de ajudar um pai ou uma mãe, um vizinho e assim por diante... que precisasse temporariamente de ajuda.[158]

Louis escreve que eles tinham convicções religiosas profundamente arraigadas, expressas na vida religiosa do povoado. "Por mais duras que fossem as necessidades da vida diária, meu avô jamais teria esquecido de ir aos cultos religiosos do domingo ou faltado a algum evento importante do calendário religioso."

Uma carta traduzida não é grande coisa para se basear uma teoria, mas é só o que tenho. Parece justo concluir que Soeur St. Cybard aprendeu duas coisas em sua casa quando criança: que dependemos uns dos outros e a importância de uma vida religiosa. Bernadette Landréa ficou extremamente impressionada com o fato de ninguém da família saber sobre a coragem de Soeur St. Cybard até minha pesquisa me levar a escrever a Louis. Ele ficou visivelmente muito emocionado e honrado quando tomou conhecimento das ações da tia. Bernadette me escreveu: "Não é maravilhoso que um homem de cerca de 55 anos [Louis Lacalle] possa ter sido informado por sua tese sobre a vida importante da tia-avó?".[159]

Josie foi para a América com os pais em 1947 e, à medida que crescia, a mãe tendia a descartar suas experiências: "Vamos, vamos esquecer isso... não foi nada". Em comparação com os horrores que outros sofreram, ela tinha razão, mas o trauma de Josie só foi tratado quando ela chegou à faixa dos 30 anos e se tornou "uma psicóloga que entrou na profissão provavelmente para curar a si mesma".[160] A guerra e sua infância estavam entrelaçadas de maneira bem intrincada e a guerra estava sempre presente.

> Sem que eu percebesse, a guerra havia se tornado aquilo contra o qual tudo que era "terrible" era medido. Mas ao mesmo tempo ela também estabeleceu um marco de generosidade. A guerra, por mais devastadora que tenha sido, fora também para mim, graças a Soeur St. Cybard, a experiência de um raro tipo de conduta moral contra a qual eu iria sempre comparar todas as outras virtudes (...).
>
> Gosto de pensar que o que Soeur St. Cybard fez não apenas me salvou, mas me contemplou com um raro exemplo de grande bondade. A força desse exemplo persistiu no presente. Vive em alguns poucos voluntários, nos poucos não judeus honrados que arriscaram tudo para salvar judeus e outros fugitivos dos nazistas, do Holocausto.
>
> Esses exemplos de "luz rompendo as trevas", faróis de moralidade, âncoras de bondade... são algo para nos agarrarmos quando nada mais nos sustenta.[161]

Numa data tão recente quanto 23 de novembro de 2009, Josie soube por intermédio do Yad Vashem, após três anos de correspondência, que Soeur St. Cybard seria reconhecida como um Justo entre as Nações por ter salvado Josie dos nazistas. Em resposta à minha indagação sobre se a freira havia resgatado mais alguém, Josie escreveu:

> Não vi a citação, mas estou razoavelmente certa de que se trata apenas do fato de ter cuidado de mim.
>
> Sei que suas atividades durante a guerra foram bastante investigadas. Não muita coisa pôde ser desenterrada. Ela era modesta, discreta (um pré-requisito para realizar trabalho clandestino) e certamente não encarava o que fazia como heroico. Mesmo a história que meus pais me contaram sobre as razões de ter sido transferida para o pequeno povoado de Lesterps após ter servido na Escola Santo André em Angoulême, muito mais prestigiada (supostamente por estar envolvida com a Resistência), não pôde ser confirmada.
>
> Ela de fato cumpriu sua missão de cuidar de crianças necessitadas após a guerra, insistindo por exemplo para que dessem a uma criança deficiente que era sempre mantida em casa uma instrução adequada... esse tipo de coisa. Essa criança, agora uma mulher, ainda mora em Lesterps. Muitos de seus antigos alunos falaram de sua integridade e coragem, assim como contaram histórias de sua severidade, frequentemente acompanhada por um "oh là là" e um sacudir do punho para acentuá-la.
>
> Uma personalidade complexa. Gostaria muito de que tivéssemos mantido o contato.[162]

Josie diz que esse êxito com o Yad Vashem deve-se em parte aos esforços de seu editor francês, François Julien Labruyere, e "agora seu nome e coragem não serão esquecidos".[163]

Aristides de Sousa Mendes (1885-1954) foi também um diplomata profundamente religioso que resgatou milhares de judeus. Foi o cônsul-geral português em Bordéus de agosto de 1938 até ser chamado de volta a Lisboa em junho/julho de 1940. Ajudou mais de dez mil judeus a fugir dos nazistas. Como Carl Lutz, pagou pelo que tinha feito, sendo acusado de desobediência pelo ditador Salazar, que governou Portugal de 1933 a 1968. Tanto Aristides quanto sua esposa, Angelina, morreram prematuramente, na pobreza, como resultado direto da coragem e das ações humanitárias de Sousa Mendes. A família levou mais de 50 anos para conseguir reabilitá-lo.

Aristides era um católico devoto, com ancestrais judeus que haviam se convertido ao cristianismo 400 anos atrás. Era um homem extremamente humanitário e estava sempre ajudando as pessoas. Seu filho, João Paulo Abranches, escreveu:

> Meu pai era um homem muito cheio de compaixão, sempre disposto a ajudar alguém necessitado. Enquanto viveu era capaz de ajudar um desempregado a encontrar trabalho ou dar dinheiro a alguém sem recursos. Era hábito de meus pais abrir a cozinha aos necessitados uma vez por semana em nossa casa de campo, quando estávamos lá, passando as férias anuais. Quando moramos na Bélgica, estudantes portugueses que estavam na universidade eram sempre bem recebidos em nossa casa aos domingos, para uma boa refeição portuguesa, fora as canções, a dança e a conversa.[164]

Em 1940, Aristides era cônsul-geral em Bordéus, representando o presidente Salazar, que estava reivindicando a neutralidade de Portugal, mas numa posição nada invejável. A Inglaterra poderia reivindicar o seu apoio, visto que a aliança anglo-portuguesa era a mais antiga das uniões diplomáticas – remontando ao Tratado de Windsor, assinado em 1374 como resultado das negociações feitas por João de Gante, cuja filha Filipa posteriormente se casou com o rei João I. Salazar; contudo, estava também amarrado pelo Tratado de Amizade, de março de 1939, com o general Franco. Tinha receio que qualquer iniciativa pró-Eixo da Espanha arrastasse Portugal para mais perto da Alemanha e trabalhou para evitar isso: "Pôr um freio nas tendências pró-Eixo do ditador espanhol, com exibições da solidariedade ibérica, era a preocupação básica de Salazar. Ele usou a diplomacia, suplementada por doações de trigo e aveia. E aderiu prontamente à política de isenção de Franco com relação a refugiados da agressão de Hitler".[165]

O ditador enfrentou a situação de milhares de refugiados tentando entrar em Portugal emitindo o que ficou conhecido como Circular 14. Em 13 de novembro de 1939, todos os diplomatas portugueses receberam uma circular do ministério das relações exteriores em Lisboa que "colocava radicalmente em xeque a tradição secular de hospitalidade de Portugal e introduzia oficialmente um até então desconhecido elemento de segregação racial ou religiosa na questão da imigração".[166]

A circular era muito específica com relação a três categorias de pessoas às quais os cônsules estavam proibidos de conceder passaportes ou vistos sem uma consulta prévia ao ministério das relações exteriores em Lisboa:

– Estrangeiros de nacionalidade indefinida, apátridas ou portadores de "passaportes nansen"*;
– Estrangeiros que, na opinião do cônsul, fossem incapazes de fornecer razões válidas para entrar em Portugal;
– Judeus expulsos de seus países e despojados de sua nacionalidade.

Sousa Mendes se viu em conflito quando percebeu que as instruções do governo iam contra a constituição de Portugal, que garantia os direitos de todos independentemente da religião que professassem. Isso o deixou tenso e lhe provocou grande conflito interior. Era muito vulnerável, com uma família de dez filhos na escola; não podia se dar ao luxo de colocar em risco sua carreira e sua renda:

Estava tão exausto e transtornado que passou três dias na cama. No terceiro dia, acordou revigorado, dizendo que ouvira uma "Voz" declarando que devia seguir adiante e emitir visto para todos que o requeressem, independentemente de nacionalidade ou religião, e iria fazê-lo sem custos. Perguntado por que faria isso, declarou: "Prefiro estar com Deus contra o homem do que com o homem contra Deus".[167]

Ele foi influenciado por um rabino belga, Chaim Kruger, cuja congregação ficava em Antuérpia, embora Kruger fosse originário da Polônia. O rabino Kruger tinha deslocado a família de cinco filhos em meados de maio, despejando-a num trem cheio de refugiados alemães. Quando atingiram Bordéus, Kruger e Sousa Mendes se encontraram por acaso e Aristides imediatamente o convidou a passar a noite em sua casa. O rabino contou o seguinte:

---

* Passaportes para refugiados emitidos pela Liga das Nações. (N. do T.)

Nossos filhos estavam então entre os 2 e 10 anos de idade. O cônsul-geral me disse que tinha treze filhos. Mandou que usássemos sem cerimônia tudo o que havia em seu apartamento, mas tive de explicar que isso seria impossível. Eu não poderia me pôr à margem da grande comunidade de judeus que estava se movendo em círculos perto da fronteira. Além disso, a casa dele estava cheia de estátuas [cristãs] que deixavam uma impressão terrível em nossos filhos, que se recusaram a comer qualquer coisa. Agradeci-lhe pela generosidade. Na manhã seguinte, ele retornou à nossa tenda de confrades e, mais tarde, voltei a conversar com ele, explicando que havia um meio de nos salvar: concedendo-nos vistos para Portugal.[168]

O rabino continuou argumentando com Sousa Mendes. Foram interrompidos pelo vice-cônsul, que ouviu por acaso a conversa e "advertiu-o para não cair em minha rede. Todos os seus esforços foram inúteis. O sr. Mendes me disse que eu e minha família receberíamos vistos". Contudo, o pedido de Sousa Mendes para que fosse autorizado a conceder esses vistos, juntamente com os de outras trinta pessoas, foi recusado por Lisboa em 13 de junho:

Sousa Mendes prometeu ao amigo que faria tudo que estivesse ao seu alcance para conseguir os preciosos vistos que lhe permitiriam deixar a França com a família. O rabino então disse uma coisa que teve um efeito radical sobre Sousa Mendes: "Não sou apenas eu que preciso de ajuda, mas todos os meus parceiros judeus cujas vidas estão correndo perigo".[169]

Mas Aristides já estava em dificuldades com as autoridades. Fora abordado por um professor austríaco idoso chamado Arnold Wiznitzer, a quem concedera um visto. Para sua infelicidade, Aristides tinha escrito a Lisboa em 27 de novembro e 6 de dezembro de 1939 pedindo e não obtendo permissão para conceder o visto.[170] Quando suas ações foram posteriormente investigadas por Lisboa, Aristides disse: "Ele [Wiznitzer] informou-me que, se não conseguisse deixar a França naquele mesmo dia, seria internado num campo de concentração [leia-se de detenção], deixando a esposa e o filho menor abandonados. Considerei um dever de elementar humanidade impedir medida tão extrema".[171]

Houve também outros casos, incluindo um certo dr. Laporte, que era um professor de Barcelona tentando chegar à Bolívia com a família e, em abril de 1940, foi entregue a Sousa Mendes uma severa reprimenda oficial. Ele escreveu para o sobrinho César em maio de 1940:

> O ministério está me causando muitos problemas. (...) O homem [dr. Laporte] e sua família jamais teriam conseguido sair daqui se eu não tivesse feito isso [dar-lhes um visto]. No fim, tudo correu com bastante normalidade, mas o Stalin português decidiu cair em cima de mim como um animal selvagem. Espero que o assunto termine por aqui, mas não posso descartar a possibilidade de outro ataque. Não tenho problemas com minha consciência.[172]

Ele já estava, portanto, tendo de enfrentar contratempos antes de 10 de maio de 1940, como o sobrinho César Mendes, filho de seu irmão gêmeo, relatou:

> Antes de 10 de maio de 1940, o governo português concedia vistos ou os recusava, mas isso era lento. Mais tarde, quando os refugiados continuaram chegando, não adiantaria mais escrever, tornou-se necessário telegrafar, mas o governo parou de responder e, consequentemente, o trabalho na chancelaria relativo a passaportes e vistos ficou paralisado. Desse modo, o número de refugiados aumentou assustadoramente, levando a situação a um clímax dramático. Foi quando meu tio tomou a decisão de ajudar a todos os refugiados.[173]

Em junho, com a iminente queda da França, refugiados em desespero foram em massa para Bordéus, onde Sousa Mendes estava alojando muitos dos mais desesperados em sua própria casa. O sobrinho descreve a cena assim:

> A sala de jantar, a sala de estar e os escritórios do cônsul ficaram ao dispor dos refugiados, dezenas deles de ambos os sexos, de todas as idades, e principalmente velhos e pessoas doentes. Estavam vindo e indo, havia mulheres grávidas que não se sentiam bem, havia outros que assistiram, incapazes de se defender, aos parentes sendo mortos nas estradas de rodagem, atingidos por tiros de metralhadoras que disparavam de aviões. Dormiam nas cadeiras, no chão, nos tapetes; jamais o controle poderia ser restabelecido. Mesmo os escritórios do cônsul estavam apinhados de dezenas de refugiados que estavam exaustos, mortalmente cansados porque haviam passado dias e noites à espera na rua, nas escadas e finalmente nos escritórios. Não podiam satisfazer suas

necessidades, não comiam nem bebiam com medo de perder os lugares nas filas, o que ainda assim acontecia, provocando alguns distúrbios. Consequentemente, os refugiados tinham má aparência, não se lavavam, não penteavam o cabelo, não trocavam de roupa e não se barbeavam. A maioria deles não possuía nada, a não ser as roupas que estava usando.[174]

Foi a pressão de todas essas pessoas desesperadas e a incapacidade mostrada por Lisboa de compreender ou se importar com isso que deixaram Sousa Mendes tão mal. Os três dias que permaneceu na cama foram 13, 14 e 15 de junho de 1940. Enquanto Aristides lutava com sua alma, Angelina resistia. "Ela se tornou a rocha, não desanimando sob a pressão e dando apoio ao marido enquanto ele jazia prostrado, tomado pela angústia. Um filho, Sebastião, ouviu mais tarde o pai falar de uma noite passada inteiramente em oração em conjunto com a esposa. Foi durante esses três dias que os cabelos do pai ficaram brancos, escreveu Sebastião."[175]

Depois, no entanto, ele teve clareza sobre o que ia fazer. Levantou-se, lavou-se, fez a barba, vestiu-se, avançou para sua sala e anunciou a todos que forneceria um visto a cada um. Acrescentou:

> Não posso permitir que todos vocês morram. Muitos de vocês são judeus e nossa constituição fala claramente que nem a religião nem as crenças políticas de estrangeiros podem ser usadas como pretexto para recusas a deixar que permaneçam em Portugal. Decidi ser fiel a esse princípio, mas não me demitirei por isso. O único meio pelo qual posso respeitar minha fé como cristão é agir de acordo com os ditames de minha consciência.[176]

Assim, em 16 de junho o trabalho de emitir vistos foi iniciado e continuou durante três dias. Uma linha de produção foi criada, com os passaportes sendo coletados muitas vezes pelo próprio rabino Kruger, e Mendes Sousa assinou todos eles – não eram feitas perguntas. O filho do rabino ficou muito espantado com a atuação do pai e reparou que ele, em seu entusiasmo para salvar o maior número possível de pessoas, "foi para a rua sem o paletó preto, sem o chapéu e mesmo sem o solidéu – algo que nunca o vira fazer antes".[177]

Na noite de 19 de junho, Bordéus foi bombardeada por aviões alemães e os refugiados, desesperados, fugiram para mais perto da fronteira espanhola, para Bayonne e Hendaye. Sousa Mendes deixou a família e lutou para avançar por entre as multidões até Bayonne, onde cerca de 25 mil pessoas estavam sitiando o consulado português e onde o cônsul havia se trancado. Aristides usou sua condição superior para dizer ao cônsul Machado que ele ficaria responsável pela emissão de vistos e deu início a uma nova "linha de montagem". Durante as 48 horas seguintes, milhares de vistos foram emitidos mas, enquanto isso, o cônsul estava comunicando essa atividade a Lisboa e ao embaixador português em Madri.

Em 22 de junho, Aristides seguiu a multidão frenética para Hendaye, que está do lado francês da fronteira marcada pelo rio Bidassoa. Também ali distribuiu vistos para a entrada em Portugal, escrevendo com frequência em bizarros pedaços de papel. As portas da fronteira, contudo, estavam firmemente trancadas e Aristides foi falar pessoalmente com os guardas. Finalmente, ele próprio abriu os portões para Irun – a cidade no lado espanhol – para que as pessoas pudessem tomar os trens para Portugal. Ele falou mais tarde de gente que não pôde ajudar cometendo suicídio na sua frente. Foi essa cena com que deparou o embaixador Pereira ao chegar a Irun e que descreveu em sua carta ao primeiro-ministro Salazar.

A assinatura de vistos, chamada por Yehuda Bauer de "a maior operação de resgate realizada por uma só pessoa durante o Holocausto", se estendeu por três ou quatro dias e havia muitos nomes famosos entre os que Aristides salvou, incluindo Otto de Hapsburg e família, que foram para Portugal e depois para os Estados Unidos. O próprio Otto salvou muitos de seus compatriotas, mas comentou: "Eu só estava cumprindo o meu dever, enquanto o que Sousa Mendes realizou foi uma ação admirável".[178]

Não obstante, Aristides foi chamado de volta a Lisboa e caiu em desgraça. Algum tempo após o retorno a Lisboa, tornou a encontrar o rabino Kruger, que lhe perguntou:

"Meu amigo, por que você abriu mão de sua carreira para ajudar a nós, judeus?" Meu pai respondeu: "Se tantos judeus têm de sofrer por causa de um católico [referência a Hitler], não faz mal que um católico sofra por tantos judeus. Eu acolhi a oportunidade com amor e não me arrependo de nada".[179]

Quando Sousa Mendes voltou a Lisboa, houve uma audiência sobre suas ações, com 15 acusações diferentes, em 10 de agosto de 1940. Embora o tribunal tenha decidido a 29 de outubro de 1940 que ele devia ser rebaixado de posto, o que lhe permitiria continuar trabalhando, isso foi demasiado complacente para Salazar que, de maneira inteiramente inconstitucional, forçou-o a abandonar o serviço diplomático, causando-lhe a ruína financeira, pois ele foi privado de sua pensão. Aristides tinha uma grande família para alimentar e continuou tentando enfrentar as autoridades. Seus apelos por ajuda financeira do governo foram ignorados e ele só foi ajudado pela comunidade judaica de Lisboa, que lhe deu uma pequena pensão mensal e alimentava a família em seu dispensário. Enquanto isso, durante 1941, Aristides continuou lutando para justificar suas ações como motivadas pelos "vigorosos imperativos da solidariedade humana".[180] Em 1945, encaminhou um protesto ao presidente da Assembleia Nacional. Uma versão em inglês me foi enviada por João Paulo. Aristides mais uma vez se defende, pedindo indenização financeira. Ele conclui:

> O requerente não pode tolerar a evidente e absurda injustiça que [ele] sofreu e solicita que seja levada a um rápido fim, visto que a Administração tem sido enaltecida em Portugal e no exterior por um ato a que manifestamente o governo se opôs, ato pelo qual se deve creditar o país e o povo cujos sentimentos altruísticos e humanitários foram exaltados, e com toda a justeza, por um incidente criado pela desobediência do requerente.
>
> Em suma, a atitude do governo português foi inconstitucional, antineutra e contrária a todos os sentimentos humanitários – foi, em consequência, inegavelmente contra a Nação Portuguesa.[181]

Nenhuma resposta foi recebida. Mas a validade de suas ações foi confirmada quando uma Europa libertada revelou todo o horror do Holocausto e o destino do qual um bravo homem tinha salvado tanta gente. Angelina morreu em 1948, na fase de pobreza dos dois, e Aristides em abril de 1954.

Depois da morte de Aristides, os filhos foram gradualmente deixando Portugal para viver em diferentes países e a casa em Cabanas de Viriato, totalmente hipotecada, foi vendida para pagar dívidas. Em 2007, seu neto Antônio falou dos planos para restaurar a casa dilapidada, transformando-a, com o apoio da embaixada israelense, em biblioteca e sede da Fundação Aristides de Sousa Mendes.

João Paulo Abranches me escreveu que Cavaco Silva, primeiro-ministro de Portugal (1985-95) e presidente desde 2006, disse à sua irmã Joana em

1986: "Minha cara senhora, se um de meus ministros desobedecesse às minhas ordens, ele também seria demitido".[182]

O fato seguinte emergiu durante o curso da investigação sobre Sousa Mendes. Henrie Zvi Deutsch, que recebeu um dos vistos salvadores de vidas de Sousa Mendes, explicou:

> O que não é declarado é que esses vistos não eram para indivíduos, mas para famílias: em nosso caso, tanto meu pai quanto meu tio Paul, refugiados belgas que haviam se instalado perto de Bordéus, receberam vistos que resgatavam nove indivíduos. O número de pessoas resgatadas por Mendes superou de longe 30 mil e continua desconhecido.[183]

Mesmo depois que Portugal se tornou uma democracia, em 1974, Aristides não foi reconhecido pelo Estado. Só em 1986, em seguida a uma petição de João Paulo, o então presidente de Portugal, Mário Soares, reabilitou e homenageou Aristides. Ele próprio fora exilado pelo ditador Salazar, sendo presumivelmente mais simpático à causa de um rebelde.

Em março de 1995, o presidente Mário Soares e sua esposa atuaram como anfitriões numa recepção para 50 membros da família Mendes, juntamente com pessoas da América que defendiam a causa. Henrie Zvi foi o único recebedor de visto presente e comentou com uma certa ironia: "Infelizmente a boa vontade do ex-presidente e da primeira-dama não afetaram a postura oficial com relação a Mendes; o primeiro-ministro português informou a Pedro Nuno, um dos dois filhos que ajudaram a emitir os vistos, que se seu pai desobedecesse hoje às ordens do governo seria punido com a mesma severidade".[184]

A ascendência judaica de Sousa Mendes tem sido frequentemente mencionada como uma motivação para os resgates que fez. David Shapiro, pesquisador da Universidade de Tel Aviv, rejeitou essa teoria:

> Ele não se via de modo algum como judeu. Via-se como um cristão humanitário. Era um católico devoto e agia como tal. Sabia que, em algum ponto de seu passado remoto, houve alguém que era judeu, mas como milhares de outros na Península Ibérica isso não o tornava judeu. Ele se via como cristão e um patriota português.[185]

João Paulo Abranches fundou o Comitê Internacional para a Homenagem a Aristides de Sousa Mendes em 1986 com outros membros da família. Encontrei-o em Londres, em abril de 2002, no Centro Cultural Judaico de Londres, na abertura da exposição chamada "Vistos para a Vida", sobre diplomatas que salvaram um total de cerca de 250 mil judeus dos nazistas. João posteriormente me enviou considerável informação pessoal sobre o pai. Infelizmente, ele morreu em 5 de fevereiro de 2009 – era o último filho vivo de Aristides de Sousa Mendes. Seu sobrinho, Sebastião Mendes, professor de arte em Washington, disse-me que agora fala sobre o avô pelo mundo inteiro e que foi seu pai, Sebastião Miguel Duarte de Sousa Mendes, cujo nome ele compartilha, que escreveu, em 1952, o primeiro livro sobre o avô.[186] A família tinha trabalhado valentemente para conseguir que Aristides fosse reabilitado e para contar ao mundo sobre suas ações. João Paulo terminou assim uma carta que me enviou: "Quando dou uma palestra, lembro sempre às pessoas que um dia elas também terão seu 'momento de verdade'. Não haverá tempo para pensar, só para agir. Esperemos que ajudar o próximo seja como uma segunda natureza para eles".[187]

Jelle (1912-93) e Elizabeth (1912-92) van Dyk. Miriam Dunner (1941-2006) nasceu em Roterdã como Miriam Cohen. Seus pais foram Arthur e Rosetta e, em 1942, quando ela tinha 16 meses de idade, ao irem para um esconderijo, os pais a deixaram com um casal protestante. O casal, que não tinha filhos, eram Jelle van Dyk, um padeiro, e a esposa Elizabeth. Miriam ainda não sabia falar – para crianças dessa idade era mais fácil encontrar um lugar porque elas não poderiam revelar nenhum segredo. Chamaram-na de Anke.[188]

Os van Dyks estavam numa posição de risco porque tinham uma padaria, empregando gente que ficaria sabendo de Miriam. Disseram que Miriam fora deixada na soleira da porta e que a adotaram legalmente, de modo que ela possuía duas certidões de nascimento. Seu pai e Jelle estavam ambos na resistência clandestina e foi como resultado desse contato que Jelle concordou em cuidar de Miriam. Não foi fácil para eles – em 1944, no curso de seu trabalho clandestino, Jelle foi apanhado com falsos cartões de racionamento e foi mandado para um campo onde teve de ficar até o final da guerra. Elizabeth então cuidou de Miriam sozinha e as duas se tornaram muito íntimas. Quando a guerra acabou, Miriam tinha 4 anos e meio. Seus pais retornaram a

Roterdã e Miriam voltou para eles em setembro de 1945, sem aviso ou explicação. Foi simplesmente colocada num carro e enviada para os pais. No carro lhe disseram que era uma criança judia que tinha outros pais e outro nome. Como resultado, nos dias que antecederam seu aconselhamento psicológico, ela ficou completamente traumatizada e nunca realmente voltou a se ligar à mãe verdadeira. Miriam a descreveu como uma mulher fria, ciumenta, que se ressentia do relacionamento que Miriam havia tido com Elizabeth.

Infelizmente, embora os van Dyks tenham lhe salvo a vida, a experiência traumática de não conseguir se reajustar após a guerra causou a Miriam grandes problemas emocionais. Ela se casou em 1960 e foi para a Inglaterra. Manteve-se em contato com os van Dyks e soube que Elizabeth estava muito doente da última vez que a visitou, antes de ela morrer em novembro de 1992. Miriam compareceu ao funeral com o marido, mas estava tão sufocada pela emoção que passou mal. Falou ao telefone com Jelle todos os domingos, até ele morrer meses mais tarde. Foi o fim de uma era para Miriam, que sentiu ter perdido parte de sua identidade. Ela também visitou um irmão de criação na América.

Seus pais verdadeiros morreram com um intervalo de cinco semanas entre um e outro em novembro e dezembro de 2000. A mãe estava incapacitada há quatro anos e morreu primeiro. O pai sempre fora muito devotado à esposa e sempre lhe dava razão. Miriam continuou extremamente irritada com os pais pelo modo como a trataram. Tinha consultado um psicólogo britânico, mas ele não conhecia nada sobre a experiência de "crianças escondidas". Foi mais tarde a um psicólogo holandês e participou de uma conferência com outras 700 crianças escondidas, que achou proveitosa. Ela me disse: "Crianças escondidas acham que ninguém gosta delas e estão sempre tentando serem boas e serem amadas". Explicou que tinha uma personalidade assim. Contudo, cresceu sabendo pouca coisa sobre o Holocausto até ler o livro *Exodus*, nos anos 60.

A despeito do trauma que Miriam sofreu, os van Dyks foram extremamente bons para ela e certamente se arriscaram ao lhe dar abrigo. Poderiam ter sido denunciados a qualquer momento pelos empregados. Eram muito religiosos, particularmente a mãe adotiva, Elizabeth, que era também muito forte, e realmente quiseram salvá-la. Eram também extremamente antinazistas. Miriam achou que talvez tenham pensado que poderiam ficar com ela se os pais não sobrevivessem à guerra. De fato, posteriormente adotaram um menino, quando a guerra acabou.

Miriam se formou como professora e mais tarde se especializou em cursos de recuperação. Teve cinco filhos: quatro meninos e uma menina. Infelizmente, Miriam Dunner morreu de modo totalmente imprevisto em 2006, época em que ela e o marido já tinham 34 netos.[189]

Eu descobri, depois de encontrar a sra. Dunner em 2001, que a questão do retorno dessas crianças "escondidas" fora tema de legislação na Holanda. Ao que parece, grupos da resistência holandesa unida propuseram, em 1944, ao governo holandês no exílio em Londres, que todas as crianças judias holandesas que estavam sendo escondidas dos nazistas permanecessem com os pais adotivos após a guerra. Essa legislação foi implementada em maio de 1945 e causou grandes problemas. Pais judeus tinham de defender suas pretensões diante de uma comissão e provar que eram capazes de criar adequadamente os filhos; que tinham os meios financeiros para fazê-lo, que tinham uma casa e que eram judeus praticantes.

Estou grata a Max Arpel Lezer por seu artigo sobre essa questão e subsequente informação.[190] Em 2002, ele foi o presidente da *Het Ondergedoken Kind* (Associação da Criança Escondida), que atuou no sentido de conseguir a revogação da lei. O próprio Max esteve sujeito a essa lei e o pai travou uma longa batalha para tê-lo de volta. Os pais que não tiveram êxito perderam os direitos paternos e, de fato, os filhos foram legalmente adotados sem o consentimento deles.

2

Voluntários com Motivos Humanitários

*J*ózef Robert Barczynski (1900-80) resgatou 250 judeus na Polônia. Era o mais velho de sete filhos, nascido na Polônia numa família de ricos proprietários de terra, do lado materno, e da nobreza polonesa, do lado paterno. O pai, Józef Kazimierz, era um militante político, membro do Partido Socialista Polonês, que lutava pela independência da Polônia da Rússia czarista. Kazimierz foi detido pela primeira vez em 1901 e aprisionado por quatro meses. Em 1906, foi preso de novo e mandado para a Sibéria, para trabalho forçado numa mina de carvão. Foi solto dois anos depois, mas teve de permanecer na Sibéria, numa cidade chamada Kustanay (hoje no Casaquistão) que fica além dos Montes Urais. A esposa e a família tiveram permissão de juntar-se a ele em 1908, mas só foram autorizados a voltar a uma Polônia independente em 1921.[1]

Os anos formativos de Józef, dos 8 aos 21, foram assim passados no exílio, mas durante a infância ele viu o exemplo dos pais ajudando quem precisava. Costumava falar de pessoas desalojadas batendo na casa ou no trabalho deles, pedindo ajuda, trabalho ou comida:

> Evidentemente, com frequência, estrangeiros sem posses eram convidados a sentar-se com eles para jantar e eram tratados como iguais (não sei se algumas dessas pessoas deslocadas tinham origens judaicas). Meu avô [*Kazimierz*] foi criado numa família na qual as crenças políticas da social-democracia eram

cultivadas. Acreditavam na igualdade de todas as pessoas. Isso exerceu uma grande influência sobre todas as crianças criadas na casa dos Barczynski. Além disso, do lado de minha avó, Paulina, havia uma forte influência religiosa. O tipo de princípios com que as crianças eram criadas havia de ser encontrado na Bíblia. Devíamos amar, não odiar. Devíamos fazer a paz, não a guerra. Devíamos amar nosso próximo como a nós mesmos, nos preocuparmos com o oprimido, estender nossa mão ao aflito. Os princípios das escrituras, como encontrados em Isaías e nos provérbios, não eram apenas louvados, mas Józef os teria vivenciado na casa de sua família.[2]

Esse exemplo o tornou um homem muito consciente e "na Sibéria, ele testemunhou os pais se preocupando com gente estranha, sem ter qualquer obrigação de fazê-lo".[3] Józef, contudo, não seria descrito como particularmente bravo. A sobrinha Olympia contou que na família se dizia sempre que o tio era incapaz de matar uma mosca. De fato, ele era bastante tímido, e Olympia recordou que, quando criança, ao ver um galo novo abrir as asas no quintal, Józef correu de volta para casa, gritando para a mãe que o galo não tirava os olhos dele.[4]

Józef estava consciente do impacto da Revolução Russa de 1917 sobre os pais. Quando o Exército Vermelho chegou a Kustanay, o negócio de madeira do pai lhe foi tomado e ele teve de trabalhar como vigia noturno em sua própria serralheria. A família perdeu a casa e os criados, e teve de viver como os trabalhadores comuns. O pai de Józef, contudo, prevendo isso, tinha convertido muitos de seus ativos em moedas de ouro, que conservou escondidas. Embora a Polônia recuperasse a independência em 1918, a família só teve permissão de retornar a casa em 1921, mas o pai de Józef já tinha uma pequena fortuna consigo. Ele continuou sua obra filantrópica patrocinando a Universidade do Povo, que foi a primeira universidade polonesa aberta às pessoas comuns. Józef Robert, portanto, "foi criado num clima em que as pessoas menos afortunadas eram sempre bem tratadas e as posses da família também serviam para beneficiar os outros".[5]

Sua experiência trabalhando nos negócios de madeira do pai na Sibéria capacitou-o a se tornar diretor de um projeto de corte de madeira e reflorestamento quando retornou à Polônia. No final dos anos 30, foi contratado por um tcheco, chamado Cezar Andrieu, para dirigir uma usina na Cracóvia que produzia artigos de madeira, bens complementares aos que saíam da fábrica de utensílios esmaltados de Oskar Schindler. Olympia não sabe como os dois passaram a trabalhar juntos, mas presume que foi por meio dos negócios, pois "Schindler produziu artigos de metal e depois munição. A fábrica de meu tio produzia os estojos de madeira em que a munição era acondicionada".[6]

Como resultado de seu envolvimento no "esforço de guerra", Józef Barczynski conseguiu operar com relativa liberdade. Resgatou pessoalmente quatro famílias judias do gueto da Cracóvia. Tinha um caminhão, equipado com fundo falso, que levava regularmente até o gueto. Schindler deu-lhe o dinheiro com que subornou os guardas alemães. Józef estava na Resistência polonesa com o irmão e era chamado de "Correio Branco" (em polonês *Biaty Kurier*). Tirava pessoas do território ocupado, mesmo de áreas tão distantes quanto os Pirineus. Ao que parece, "escoltou pessoalmente mais de 250 judeus para local seguro e lhe é reconhecido o mérito de ter salvo suas vidas".

Foi preso em certa ocasião e esteve num comboio de prisioneiros levados para Auschwitz. Conseguiu escapar pedindo para sair para fazer suas necessidades. Mas seu irmão, outro tio de Olympia, Wladyslaw, não teve a mesma sorte. Parece que foi preso em Varsóvia ao ser denunciado por algumas crianças. Passou seis semanas em Auschwitz como prisioneiro político e foi interrogado, torturado e baleado. A família recebeu um telegrama na véspera do Natal de 1941 descrevendo seu destino. Olympia comenta esse episódio assim: "Lembro com frequência de ter ouvido o pranto que atingiu a todos naquele dia enquanto uma de suas irmãs estava pondo a mesa para a ceia de Natal".[7]

Quando os nazistas começaram a perseguir os judeus, Józef Barczynski foi capaz de ser solidário com sua condição:

> Eram pessoas desalojadas, como sua família havia sido um dia, numa terra tomada pelo inimigo. Pôde ser solidário com elas visto que sua família também fora mergulhada no desconhecido e perdera tudo que tinha. Teria experimentado um forte sentimento de injustiça, especialmente quando agora muitos dos judeus que conhecia e com quem trabalhava estavam sendo presos, perdendo tudo que tinham. Um sentimento que ficou ainda mais forte quando os nazistas começaram sua campanha de extermínio.[8]

Józef foi reconhecido como um Justo entre as Nações postumamente, visto que recusara anteriormente a honraria dizendo que "só cumprira seu dever para com seus parceiros humanos". Após a morte dele, a viúva deu sua permissão e Józef foi reconhecido pelo Yad Vashem em 7 de novembro de 1993. A sobrinha Olympia só ficou sabendo disso por acaso, ao visitar a tia em 1998, visto que o resgate que ele fez de judeus perseguidos jamais fora mencionado antes.

A citação, destacando que seu trabalho lhe possibilitava salvar vítimas de perseguição, tanto polonesas quanto judias, de um perigo mortal, descreve o resgate que ele fez de uma família judia. Artur e Lola Frim, assim como a filha Bronislawa, originalmente Przemysl, tinham se mudado para Lvov quando a guerra estourou. Quando os nazistas ocuparam a cidade, eles foram internados no gueto:

> Permaneceram no gueto e, do início ao fim de sua estada lá, até o outono de 1942, receberam ajuda de Józef Barczynski, que tivera relações superficiais de amizade com Artur antes da guerra. Antes da liquidação do gueto, Józef conseguiu contrabandear Bronislawa Frim, de 7 anos de idade, e instalá-la com uma família polonesa, fazendo-a passar como uma sobrinha sua, cujos pais haviam sido exilados do país. No devido tempo, Artur e sua mulher também escaparam do gueto e Barczynski arranjou-lhes emprego numa fábrica e um lugar para morar – tudo sem pedir qualquer recompensa material. Depois de o casal ter se instalado na cidadezinha onde estavam empregados, Barczynski levou pessoalmente Bronislawa para juntar-se a eles. Os Frims sobreviveram e emigraram para Israel após a guerra.[9]

Bronislawa continuou a se corresponder com a viúva de Józef após a guerra, como é comum entre o resgatado e seus resgatadores. Olympia visitou regularmente a viúva de seu tio até ela morrer em 2007.[10]

Achille Belloso Afan e Guilia Afan de Rivera Costaguti. A família Costaguti morava muito perto da área do gueto em Roma. O chefe da família era Achille Belloso Afan de Rivera Costaguti e sua esposa era Guilia Afan de Rivera Costaguti. Tiveram cinco filhos. Um deles era Clotilde, que foi minha principal informante, e outro Costanza, que confirmou a história dos resgatados para o investigador do Yad Vashem em 2002.[11]

No nº 29 da via della Reginella, há uma pedra memorial embutida na parede recordando a deportação de judeus daquela área em 16 de outubro de

1943. Nessa época, no nº 27, os Costagutis abrigaram dezoito judeus de quatro famílias, todas elas relacionadas por casamento, "um ato que, sob a ocupação nazista, poderia ter custado suas vidas".[12] Parece que todos ficaram bem escondidos durante alguns meses:

> Em dezembro de 1943, os fascistas entraram à força no prédio, mas felizmente não houve danos. Donna Guilia removera as pessoas sob seus cuidados, dezesseis ao todo, para a casa de um de seus empregados. Contudo, esse esconderijo foi também descoberto pelos fascistas que, por meio de ameaças de entregá-la para ser deportada, extorquiram a alta soma de 50 mil liras de donna Guilia, que se opôs pessoalmente à prisão dos que estavam aos seus cuidados. Na sequência desse incidente, eles foram compelidos a abandonar o abrigo, e donna Guilia conseguiu que fossem transferidos para diferentes locais sob seus auspícios, onde permaneceram até a libertação de Roma.[13]

Esses dezoito judeus sobreviveram à guerra, embora já estejam todos mortos. O resgate parece ter sido parcialmente baseado na proximidade do Palácio dos Costagutis com o nº 29, que era uma casa totalmente judaica na área do velho gueto. Costanza, uma das filhas dos resgatadores, nascida em 1950, confirmou a história da resgatada Nicla Fiorentino em seu depoimento ao Yad Vashem:

> Como a janela do vão da escada daquele prédio dava para a sacada da casa, seus pais colocaram tábuas entre a janela e a sacada, deixando sempre uma janela aberta para que, durante as ações nazistas, as pessoas pudessem escapar para a casa deles. Elas podiam ficar ali ou escapar pelo prédio para outra rua, onde não havia perigo.[14]

Costanza também falou sobre uma família judia, originalmente da Polônia, que morou na propriedade dos pais e trocou seus sobrenomes para Kellner, para enganar os nazistas. Também disse que os pais "jamais se vangloriaram de suas ações e sempre insistiram em dizer que qualquer pessoa, na mesma situação, teria agido como eles". Nicla Fiorentino enfatizou que donna Guilia era uma mulher muito bondosa, cujas ações a colocaram pessoalmente em risco, sem que esperasse recompensa ou reconhecimento. É mencionado que, após a guerra, ela devolveu "todos os pertences que guardou em sua casa, incluindo ouro e bens, aos donos". Relações afetuosas foram mantidas entre os resgatados e seus salvadores após a guerra. Costanza disse que, "quando os pais morreram, os judeus fecharam suas lojas durante o funeral e participaram de um culto na igreja".[15]

As duas filhas de Nicla repetiram a história, mas o testemunho delas estava baseado em relatos ouvidos por elas, pois ambas nasceram após a guerra. Contudo, acrescentaram o interessante detalhe de que donna Guilia ajudara uma tia delas, Renata, quando ela estava dando à luz o filho Mario no porão. Em virtude das condições de risco, ele só foi circuncidado oito meses depois.[16]

A outra filha dos Costagutis, Clotilde Capece Galeota, explicou: "O que posso lhe dizer agora é que tudo que minha mãe fez foi por sentimento humanitário. Como morávamos bem na fronteira do gueto judeu, conhecíamos aquelas pessoas e ela não pensou duas vezes em ajudá-las, sem fazer nenhuma pergunta e pondo em risco sua segurança".[17]

Milton Gendel, um historiador que pela primeira vez me falou sobre os Costagutis, disse: "Os pais dela, há muito falecidos, eram de direita. Duvido que fossem em geral pró-judeus. As pessoas que eles ajudaram eram vizinhos e fui informado que algumas já haviam sido membros do partido fascista".[18]

Em dezembro de 2002, donna Guilia e o marido, ambos agora falecidos, foram agraciados com o título de Justos entre as Nações, em Roma, na presença da filha Costanza e de diversos membros das quatro famílias que não estariam ali não fosse a bravura daqueles que as resgataram. A homenagem foi realizada no Palazzo Valentino, ante o embaixador israelense e o grande rabino. Na cerimônia, Silvano Moffa (presidente da província de Roma), enfatizou particularmente o papel de donna Guilia dizendo: "Com simplicidade e profunda dignidade, que vêm apenas do amor por nosso próximo em respeito à humanidade, além de toda a retórica, ela se destaca como uma mãe para todos aqueles que a procuraram em busca de auxílio e consolo". O presidente concluiu:

> Os Costagutis nunca desistiram. Após a guerra, nunca se referiram ao que fizeram como um ato de heroísmo, mas como algo que era certo fazer; ensinaram-nos a ficar ao lado dos mais fracos e a encarar o futuro de modo confiante, procurando construir um mundo melhor com cada ato de nossa vida diária.[19]

Ainda comentou-se que:

> Infelizmente, houve poucas pessoas na Europa que se comportaram como os Costagutis e que, além das fronteiras da política (Achille foi um voluntário na milícia fascista), sentiram que era seu dever moral seguir o senso de justiça natural e não aceitar passivamente leis racistas e deportação.[20]

Um dos presentes à cerimônia em 2002, Giovanni Terracina, filho de uma das famílias resgatadas, lembrou que, um ano mais cedo, quando era evidente um crescimento do antissemitismo, ele havia, por brincadeira, perguntado a Costanza se os porões da casa dela ainda podiam ser usados.

Christine (Christl) Denner (1904-92). Edith Hahn-Beer nasceu em 1914, em Viena. Tornou-se estudante de direito, mas foi obrigada a abandonar os estudos, como outros estudantes judeus, em 1938, depois do Anschluss.* Após ser submetida a trabalho forçado numa área rural, foi mandada de volta a Viena, o que teria levado à deportação. Ela decidiu então ignorar os decretos nazistas e, embora embarcasse no trem para Viena usando a compulsória estrela amarela, já não a usava quando desembarcou lá. Por sorte, uma mulher nazista conhecida por ela como Frau Doktor autorizou-a a visitar outro nazista que tratava de identidade racial: um *Sippenforscher*** chamado Johann Plattner. Edith fora instruída a contar-lhe a verdade e, sentado em casa, "usando um uniforme marrom nazista com uma suástica no braço", Plattner lhe disse exatamente como conseguir documentos arianos – mas ela precisava da ajuda de uma amiga ariana.[21] Explicou que, se a amiga obtivesse previamente cupons de racionamento para férias como prova de sua identidade, poderia dizer que havia tirado uma folga e perdido seus papéis. Ela receberia um novo jogo e Edith poderia então usar os originais e passar como ariana. Plattner chegou inclusive a instruí-la para não requerer um *kleiderkarte* – cupons de racionamento para vestuário, pois estes eram distribuídos a partir de uma lista nacional e as autoridades perceberiam a existência de duas pessoas com a mesma

---

* Anexação da Áustria por parte da Alemanha. (N. do T.)
** Investigador de parentesco que estabelecia a "pureza" racial. (N. do T.)

identidade. O papel de Plattner é digno de nota, pois recebeu-a em casa e foram seus dois filhos, de 10 e 12 anos, que lhe abriram a porta.

As instruções dele foram muito claras e Edith precisava de uma amiga da mesma idade, que se parecesse com ela. Tinha uma amiga chamada Christl Denner, que era dez anos mais nova, tendo apenas 18, mas que se ajustava ao que era preciso. As duas moraram no mesmo prédio antes da guerra, e o zelador havia indicado Edith como professora particular das duas meninas Denner. O prédio era o Palais Salvator, um velho palácio dos Habsburgos. Quando os nazistas criaram o gueto, os Habsburgos foram forçados a despejar todos os judeus e a filha de Edith ainda tem a carta cheia de desculpas que foi mandada para a família[22]. Edith contou o plano à amiga:

> Christl não hesitou um segundo. "É claro que você pode ficar com meus documentos", disse. "Vou requerer a caderneta de racionamento para as férias amanhã." E assim foi. Vocês compreendem o que teria acontecido se tivessem descoberto de que modo Christl Denner estava me ajudando? Poderia ter sido mandada para um campo de concentração e possivelmente morta. Lembrem-se disso. Lembrem-se da rapidez com que concordou, a ausência total de dúvida ou medo.[23]

O medo, porém, estava lá. Christl sabia como aquilo era perigoso, pois nunca contou a ninguém o que havia feito até depois da guerra – nem mesmo à irmã Elsa, a quem era extremamente chegada – por medo de uma denúncia à Gestapo. Tinha razão – quando finalmente contou a Elsa após a guerra, esta respondeu: "Como pôde fazer isso? Como pôde colocar minha vida em risco dessa maneira?" Como a filha de Edith comentou, Elsa jamais disse que achava que Christl fizera uma coisa maravilhosa ou que se sentia orgulhosa da irmã.

Edith usou os papéis para ir a Munique, bem longe de Christl, porque agora as duas tinham o mesmo nome. Também precisou fingir ter dez anos a menos que sua verdadeira idade. Lá, costurando para pagar o aluguel e trabalhando como enfermeira da Cruz Vermelha, conheceu um alemão, Werner Vetter, que se apaixonou por ela e quis desposá-la. Ela se sentiu obrigada a lhe dizer que era judia, mas ele aceitou o fato e os dois se casaram em 1943, com Edith dando à luz a filha Angela em 1944. Ironicamente, Christl não pôde se casar com o namorado de infância, Hans Beran, durante a guerra porque Edith, usando seu nome, já era casada. Foi somente após a guerra, quando Edith conseguiu recuperar sua verdadeira identidade, que Christl e Hans puderam se casar.[24]

No final da guerra, Werner foi mandado para a Sibéria. Edith completou os estudos de direito e se tornou juíza, trabalhando numa vara de família em Brandenburgo. Em 2007, uma placa em sua homenagem foi descerrada no novo palácio da justiça em Brandenburgo.[25] O marido retornou em 1947, mas não pôde se entender com uma esposa que era juíza em vez da obediente *hausfrau* que ele deixara para trás. Os dois se divorciaram e ele retornou à sua primeira esposa. Embora já estivesse morando há muitos anos em Israel, só em 1997, quando Edith tinha 83 anos e vendeu seus documentos do tempo da guerra, pela Sotheby*, para pagar cirurgias de catarata, a história dela se tornou bem conhecida. Em 1999, a história foi publicada num livro escrito em coautoria, *The Nazi Officer's Wife* [A Esposa do Oficial Nazista].

A diferença entre a reação das duas irmãs Denner contradiz a teoria às vezes formulada de que o modo de criação familiar produz resgatadores, pois elas reagiram de maneira muito diferente ante o sofrimento de Edith. Christl e Edith, no entanto, continuaram sendo amigas extremamente íntimas e a amizade durou até a morte de Christl em dezembro de 1992.[26] Christl foi reconhecida pelo Yad Vashem como um Justo entre as Nações em 1985, sob seu nome de casada, Christa Beran. Edith morreu em março de 2009, aos 95 anos. Está para ser feito um filme sobre a notável história de Edith. Ironicamente, ao que parece, Vetter se casou cerca de sete vezes, mas confidenciou a Angela: "O tempo que passei com sua mãe foram os dois anos mais felizes da minha vida".[27]

Josephine e Victor Guicherd.[28] Berthe (Betty) e Jacques Lewkowitz foram escondidos pelos Guicherds durante três anos no pequeno povoado de Dullin, nas Montanhas Savoie, na França. A mãe de Berthe, Perla, e um irmão de 2 anos, Michel, tiveram menos sorte. Estavam no transporte nº 84 que deixou Valenciennes, a cidade onde moravam, em 15 de setembro de 1942 com 1.054 judeus a bordo, dos quais 264 eram crianças. O trem seguiu, via

---

* Empresa especializada em vendas por leilão. (N. do T.)

o campo de trânsito belga de Malines, para Auschwitz e a mãe e o irmão de Betty jamais voltaram a ser vistos.[29]

Os pais de Betty eram ambos poloneses. O pai, Schmuel Lewkowitz, tentara chegar a Lisboa por volta de 1932, quando se viu sem dinheiro em Valenciennes e lá ficou, tornando-se peleteiro. A casa da família era também sua loja e tinha saídas para a rua na frente e atrás. Betty nasceu em 19 de abril de 1935.

Ela se recordava da mãe como uma pessoa muito meiga e gentil, que cantava bastante e tinha uma linda voz. Seus pais falavam ídiche entre si, mas falavam francês com as crianças, embora o francês deles não fosse bom. A família não era praticante e Betty não tem recordações da mãe acendendo as velas do sabá nas noites de sexta-feira ou celebrando a Páscoa com uma ceia. Na realidade, a mãe não era uma boa cozinheira.

Entre junho e julho de 1940, quando a França caiu em poder dos alemães, Betty tinha 5 anos e o irmão Jacques tinha 3. A mãe estava grávida e o pai conseguiu que fugissem num caminhão. Era muito limitado o que podiam levar, e Betty teve de abandonar a boneca favorita, que "andava e falava". Havia muita gente na estrada indo para a Normandia – não apenas judeus. O irmãozinho nasceu em Donfront. Finalmente, voltaram para casa e a encontraram vazia. Não souberam se fora esvaziada pelos alemães ou pelos franceses, mas o pai de Betty foi a um leiloeiro local para tornar a mobiliar a casa.

Quando Betty tinha 6 anos, começou a frequentar uma escola católica local e, embora fosse a única menina judia na escola, as freiras eram muito gentis com ela. Betty tinha de usar uma estrela amarela do lado esquerdo da roupa, como determinavam os alemães; crianças a partir dos 6 anos já eram obrigadas a isso. Uma freira do convento costurou presilhas na estrela para que Betty pudesse tirá-la dentro da escola. Apesar de toda essa consideração, todo dia havia uma prece no convento sobre os judeus matando Jesus.

No verão de 1942, o pai Schmuel começou a se preocupar com as crianças, e Betty e Jacques foram mandados para a casa de um jovem casal numa cidade próxima. No dia 7 de setembro, era aniversário de Jacques e os pais foram visitá-lo com o irmãozinho, levando um bolo. O pai de Betty queria que a mulher ficasse lá, com os filhos, mas ela disse que voltaria com o marido. Em 11 de setembro, às 5 da tarde, a Gestapo chegou à casa com a polícia francesa. Bateram na porta e, quando ninguém respondeu, um vizinho disse que não havia ninguém em casa. Schmuel escapou pela porta dos fundos, mas a Gestapo pegou Perla e o bebê. Eles nunca mais foram vistos pela família.

Betty e Jacques foram salvos porque, nos poucos dias entre o aniversário e a chegada da Gestapo, seu pai os levara para outra casa, onde uma tia tomou conta deles. Disse que eles tinham um novo nome – Leroy. Foi muito duro com eles e gritou muito. Mais tarde veio pegá-los e todos fizeram uma longa viagem; parte da jornada foi numa barcaça, pelo rio Lescaux. Tiveram de viajar no porão de carvão e Betty não gostou do cheiro, mas o pai apenas gritou e a empurrou para dentro. Durante a viagem, Betty perguntou pela mãe. De início, o pai disse que ela viria quando estivessem em Lyon, mas em seguida chorou e disse que fora levada pelos alemães, mas que voltaria após a guerra.

No final de setembro, acompanhadas da tia, as crianças foram levadas para Dullin por um certo *Monsieur* Nicolai. Foi outra longa jornada e, no final, tiveram de caminhar cerca de três quilômetros. Estavam extremamente cansados quando chegaram ao sítio dos Guicherds. Ao que parece, M. Nicolai era membro do movimento subterrâneo judeu. Um dia viu Victor Guicherd trabalhando na terra e perguntou se ele não gostaria de cuidar de algumas crianças. Victor disse que ele e a esposa eram muito pobres e não possuíam nenhum conforto. Mesmo assim, disse que gostaria, mas que teria de conversar com a mulher, Josephine. Os Guicherds não tinham filhos e Josephine concordou em tomar conta das crianças. Betty só ficou sabendo dessa história quando era bem mais velha.

Betty descreveu sua vida no sítio dos Guicherds como um paraíso e disse que os três anos que passou lá foram os mais felizes de sua vida até ela ter seus próprios filhos. Descreveu com enorme prazer as galinhas, as vacas e as montanhas. Não havia água corrente ou banheiro e as crianças nunca tinham de se lavar, exceto aos domingos, quando tomavam um banho antes de ir para a igreja. Ela gostava de ir à igreja e rezava para a imagem da Virgem Maria, pedindo que lhe trouxesse a mãe de volta. Também gostava de ir à escola, onde tinha aulas com freiras que, ela tinha certeza, sabiam que era judia, mas nunca disseram nada. Ela também aprendeu a tocar piano, pois gostava de ouvir as freiras tocarem órgão.

Tinha um relacionamento maravilhoso com Victor, que era muito esperto e instruído sobre assuntos do campo e sobre as estações do ano. Victor lhe ensinava coisas sobre os pássaros, as flores e as árvores, o tempo e as estrelas. Tomava na roça o café da manhã que Betty costumava levar numa cesta e, enquanto comia, lhe ensinava sobre a vida no campo. Eles tinham 11 ou 12 vacas, cada uma com um nome, e Betty ajudava a cuidar delas depois da escola. Ela aprendeu a fazer manteiga, coalhada e queijo de cabra. Josephine, que havia trabalhado como criada antes do casamento e era uma excelente cozinheira, ensinou Betty a fazer essas coisas.

Num vídeo, Betty descreve os três natais que passaram com os Guicherds, vendo todos irem para a Missa do Galo. Todos os habitantes da vila carregavam lampiões para ir à igreja, e essa cena lembrava uma pintura de Bruegel.

Havia também outra família judia escondida na vila, que na realidade era uma aldeiazinha com apenas 90 habitantes. Havia alguns colaboradores, mas a maioria das pessoas odiava os alemães e aceitava a presença de judeus. Aliás, como na Inglaterra, por causa do bombardeio, muitas crianças não judias também foram evacuadas para o campo.

Os Guicherds assumiram enormes riscos ao tomar conta dessas crianças. O infame Klaus Barbie estava em Lyon e supervisionou pessoalmente a deportação de 41 crianças judias, com idades entre 3 e 14 anos, para Auschwitz. Elas estiveram escondidas numa grande casa de campo em Izieu, a menos de 5 quilômetros de Dullin. Colaboradores informaram aos agentes de Barbie que havia crianças judias se escondendo em Izieu, em Dullin e nos outros povoados das Montanhas Savoie, e ele decidira encontrá-las. Durante cinco dias, enquanto um blindado APC alemão patrulhava as trilhas de terra e os soldados batiam nas portas em Dullin, Victor Guicherd escondeu Betty e Jacques numa mesa oca, do tipo que os *paysans* franceses usam para guardar pão e farinha (*ver lâmina 22*).[30]

Há alguns anos visitei o quartel-general de Barbie, em Lyon, que é agora um museu da Resistência. Estava muito silencioso, com poucos visitantes e achei a atmosfera pesada de horror, pois sabia que ali membros da Resistência tinham sido torturados até a morte – não pude concluir a visita e corri para fora de lá. Os Guicherds, claro, sabiam que estavam correndo riscos terríveis, mas quando perguntados, em anos subsequentes, por que tinham feito aquilo, sempre responderam: "Por que a pergunta?". Em resposta à minha indagação sobre a motivação deles, Betty escreveu:

Essa, é claro, é a pergunta das perguntas. Não havia nenhum outro motivo – financeiro, religioso ou egocêntrico – do qual tivéssemos conhecimento. Talvez tenha sido um altruísmo que realmente não pode ser definido em termos humanos normais – os Guicherds certamente não quiseram e não puderam colocá-lo em palavras – "por que a pergunta?", disseram.

Achamos que eles, em particular M. Guicherd, se deixaram fascinar por Betty como a filha que não tinham e decidiram desafiar os alemães e os colaboradores franceses para mantê-la viva. Sabiam que estavam correndo riscos – Barbie tinha reunido crianças judias em Izieu, a algumas milhas de lá – e tinham plena consciência de que seriam fuzilados se suas atividades fossem descobertas. Pensamos que, mesmo em épocas tão terríveis, emergem pessoas notáveis para nos mostrar que a humanidade e os Justos, por poucos que sejam, são mais que meras árvores plantadas no Yad Vashem; são as sementes e o florescer do nosso futuro.[31]

Esse ponto de vista é confirmado pela carta que Victor escreveu por volta de 1980-1981, quando o Yad Vashem estava procurando homenageá-lo. Ele explicou que estava impossibilitado de ir a Paris porque Josephine se achava incapacitada e a própria idade dele impedia tal viagem. Victor continuou:

Vocês me pedem um testemunho em benefício dos judeus que viveram durante os anos da Ocupação. Ajudei o mais que pude os que estavam numa situação de angústia e, como já lhes disse, considero isso tão natural quanto a mais simples solidariedade humana.

Estão me pedindo memórias; prefiro que sejam as que dizem respeito às duas crianças, Berthe e Jacques, que foram confiadas por três anos à nossa guarda. Foi a tia que as trouxe para nós quando a mãe delas foi deportada com seu bebê. Fizemos o melhor que pudemos para educá-las, dar-lhes instrução e, numa palavra – para amá-las.

Ficamos muito tristes por ter de devolvê-las ao pai e, desde então, temos sempre estado em contato com elas.

Hoje Jacques é médico em Paris, casado e pai de três filhos; Berthe foi para Israel, mora em Jerusalém. Está casada com um jornalista, sr. Eppel, e é mãe de dois filhos.

O afeto dos dois é a melhor recompensa pelo que fizemos por eles.[32]

Betty descreveu como a alegria da Libertação se misturou com a dor de deixar os Guicherds, com quem eles tinham sido tão felizes. Victor ficou sabendo do fim da guerra pelo rádio, que costumava ouvir em seu porão. Os sinos da igreja tocavam e todos estavam muito felizes, mas em agosto o pai deles veio buscá-los. Não o conheciam mais, virara um estranho para os dois e não queriam voltar com ele. Josephine preparou-lhes um almoço para comerem no trem e Victor foi com eles até a estação. Todos estavam chorando.

A tia cuidou deles durante um ano e levou Betty ao cinema para ver os filmes da libertação dos campos. Um ano depois, Betty foi mandada para um internato em sua velha cidade natal, mas o pai nunca a visitou. Era a única menina judia na escola e detestava dizer seu nome. O pai tornou a se casar quando Betty tinha 14 anos e ela me contou que os anos do imediato pós-guerra foram os piores de sua vida.[33] O pai de Betty morreu em 1990, com 86 anos.

Só muitos anos após a guerra os Eppels descobriram a verdadeira extensão da coragem dos Guicherds:

> (...) sentando na mesma mesa em que ele havia escondido as crianças, quando perguntamos a Victor Guicherd se Betty ou Jacques haviam causado algum problema ele nos contou seu segredo. Não, nenhuma das crianças havia causado qualquer problema – mas "*les autres* (...)"
>
> Havia outros? "Oh, sim, havia Oxenberg, Nicolai e Barr." Os "trabalhadores" da colheita em sua mesa tinham, de fato, sido judeus tentando escapar através das montanhas para a Suíça.[34]

Betty escreveu regularmente para os Guicherds durante todo esse período e, em 1951, quando tinha 16 anos, visitou-os enquanto estava num acampamento de férias judaico. Ela foi para Israel em 1964. Manteve contato e visitou-os regularmente. Victor morreu em 12 de março de 1988, aos 90 anos de idade; Josephine tinha morrido em 1984.[35]

Betty me contou que Victor manteve uma longa correspondência com o Yad Vashem, mas não se mostrava disposto a ter a medalha do Justo entre as Nações. Embora fosse reverenciado por Israel, jamais a recebeu.[36] Contudo, presenteou Betty com a grande chave de metal do celeiro onde ela e o irmão Jacques costumavam brincar e se esconder. A chave está pendurada na parede da casa de Betty, em Jerusalém, como recordação concreta de um casal realmente notável.

Desde que iniciei minha pesquisa, foi criado um site, www.hiddenroots.org, para as histórias das famílias de Betty e de David*. Infelizmente, David morreu em 31 de março de 2006. Betty tornou recentemente a visitar o povoado com os netos, viu que a mesa oca que usavam para se esconder ainda estava lá e se propôs a comprá-la. O proprietário atual se recusou a vendê-la, pois estava lhe dando a mesa. O problema de Betty agora é levá-la para Jerusalém.[37]

Dr. Feng Shan Ho (1901-97) estava na embaixada chinesa em Viena na época do *Anschluss*, em março de 1938. Testemunhou a triunfante parada de Hitler por Viena e, mais tarde, juntamente com o corpo diplomático, encontrou-se com ele. O dr. Ho recordou: "Era um homenzinho baixo. Tinha um bigode ridículo. Era um execrável fanático militar".[38] Posteriormente, contou à filha como ficara estarrecido com a recepção frenética que testemunhou os austríacos darem a Hitler.[39] Imediatamente depois da chegada dos nazistas, uma feroz perseguição deixou muitos dos 185 mil judeus austríacos desesperados para abandonar sua terra natal, mas nenhum país estava disposto a aceitá-los. Em maio de 1938, a embaixada chinesa tornou-se um consulado e o dr. Ho, aos 37 anos de idade, foi nomeado cônsul-geral.[40] A Conferência de Evian, em julho de 1938, confirmou a apavorante condição dos judeus.

O dr. Ho ficou tão perturbado com a situação dos judeus que decidiu emitir pessoalmente vistos para Xangai. Na realidade, os vistos não eram exigidos pelas autoridades chinesas para a entrada na China, mas as autoridades nazistas exigiam essa prova de emigração para autorizar a saída da Áustria. Além disso, a posse dos vistos por judeus detidos em campos como Dachau e Buchenwald significava a possibilidade de serem soltos, podendo voltar em segurança para suas famílias. Países como a Itália e a Grã-Bretanha estavam dispostos a conceder vistos de trânsito com essa prova de um destino final.

O dr. Ho foi extremamente sensível à provação dos judeus. Ele escreveu mais tarde em suas memórias:

---

* Marido de Betty. (N. do T.)

> Desde a anexação da Áustria pela Alemanha, a perseguição aos judeus pelos "demônios" de Hitler se tornara cada vez mais feroz. O destino dos judeus austríacos era trágico, a perseguição uma ocorrência diária. Havia religiosos americanos e organizações beneficentes que estavam tentando urgentemente salvar os judeus. Secretamente, eu me mantive em íntimo contato com essas organizações. Não poupei esforços para usar quaisquer meios possíveis. Inumeráveis judeus foram assim salvos.[41]

O dr. Ho sabia que muita gente não gostaria de ir para a China, mas seus vistos simplesmente lhes proporcionavam uma rota de fuga da Europa nazista. Em setembro de 1938, a notícia da disponibilidade dos vistos chineses se disseminara e filas estavam se formando no consulado chinês. Muitos judeus esperavam dias, como Hans Kraus, cuja esposa Gerda recordou:

> Havia longas, longas filas na frente do consulado e, enquanto as pessoas esperavam, a Gestapo estava lá, provocando-as e espancando-as. Havia tanta gente que Hans passou muitos dias na fila, sem saber quando conseguiria entrar. Um dia, ao pegar de novo a fila, viu o carro do cônsul-geral chinês prestes a entrar no consulado. Ao ver a janela do carro aberta, enfiou por ela o formulário de solicitação de visto. Sem dúvida o cônsul-geral o aceitou, pois lhe telefonaram e ele recebeu os vistos.[42]

As dificuldades de escapar dos nazistas foram confirmadas por dois fugitivos vienenses. Charles Peter Carter tinha apenas 17 anos ao ser "atirado pela escadaria da escola uma semana após o *Anschluss*, quando ser judeu em Viena significava, entre outras coisas, experimentar a transformação das atitudes das pessoas, que passavam da amizade para a hostilidade". Ele decidiu partir e parentes em Londres atuaram como abonadores do visto que lhe foi concedido. Porém:

> Pegar o visto era uma experiência completamente diferente, pois significava ter de passar pelo corredor polonês dos bandidos nazistas que cercavam a embaixada britânica; proeza realizada com a assistência da professora particular de inglês de Peter, que aparou insultos agressivos respondendo que era inglesa e que Peter era seu sobrinho![43]

Otto Fleming também confirmou as dificuldades. Em 1938, foi expulso da Universidade de Viena, pouco antes da data em que deveria prestar os exames médicos finais, e assim, não tendo qualificações, nenhum país queria ficar com ele. Ouvindo que o consulado chinês estava emitindo vistos para Xangai, comprou uma passagem de navio para Xangai e procurou o consulado britânico para requerer um visto de turista para a Palestina, em rota para Xangai.[44] Isto foi concedido sem dificuldades, mas Otto ficou na Palestina e nunca chegou a Xangai. Na verdade jamais obteve o visto chinês, mas saber que seria fácil consegui-lo fez com que partisse. Otto confirmou os perigos de ser visto nas ruas de Viena nessa época e me contou que as mulheres tendiam a sair mais que os homens, porque com frequência não tinham tanta aparência judia e era menos provável serem importunadas pelos nazistas.[45]

O dr. Ho interveio pessoalmente pelos Rosenbergs, seus amigos, na manhã mesmo da *Kristallnacht*, quando passou pela casa deles para dizer adeus. Concedera-lhes vistos para Xangai, mas a Gestapo tinha entrado na casa para levar o senhor Rosenberg para um campo de trabalho. A corajosa intervenção do dr. Ho[46] levou à soltura de Rosenberg, e a família deixou Viena em segurança.[47] O comportamento do dr. Ho causava considerável preocupação entre as autoridades, visto que o governo chinês nacionalista continuava a manter boas relações diplomáticas com a Alemanha nazista e Chiang Kai-shek, governante da China, admirava os nazistas.

Não por acaso, o embaixador chinês em Berlim, Chen Jie, superior direto do cônsul-geral Ho, se opunha de modo inflexível à emissão de vistos para refugiados judeus. Chen queria manter boas relações diplomáticas com a Alemanha e não pretendia contrariar a política de Hitler contra os judeus. Ao saber que o consulado chinês em Viena estava emitindo uma grande quantidade de vistos para judeus, o embaixador Chen falou com Ho por telefone e ordenou-lhe que parasse com aquilo. Ho tentou convencê-lo do contrário, dizendo que as ordens do ministério do exterior eram de manter uma "política liberal" a respeito do assunto. Ouvindo isso, Chen explodiu: "Se é mesmo assim, eu cuidarei dos objetivos do ministério do exterior. Você se limite a seguir minhas ordens!"[48]

Mas o dr. Ho continuou com sua "política liberal", emitindo cerca de 500 vistos por mês durante dois anos. Estima-se que tenha salvado mais de 12 mil judeus, mas não é possível saber o verdadeiro número. Sabe-se que, em 18 de outubro de 1938, emitiu o visto nº 1.681 para a sra. Lustig e o visto nº 1.787 para o sr. Lustig. Eles os usaram para fugir para Xangai em janeiro de 1939 e a filha deles, Lotte, hoje com 76 anos, ainda os conserva. Ela conclui que esses números provam que o dr. Ho emitiu pelo menos 106 vistos naquele dia.[49]

Consciente dos perigos em Viena, o dr. Ho mandou a esposa e o filho de 11 anos para a segurança da América. Na primavera de 1938, os nazistas confiscaram o prédio do consulado chinês. O governo chinês recusou o pedido do dr. Ho de fundos para mudar o consulado de lugar. Ho, então, transferiu o consulado para instalações menores, arcando ele próprio com todos os custos. Foi censurado por seus chefes em 8 de abril de 1939 e, em maio de 1940, foi transferido de Viena. Apenas ele parecia disposto a ajudar os desesperados judeus austríacos. Quando perguntado por que, ele respondeu: "Achei que era muito natural sentir compaixão e querer ajudar. Do ponto de vista da humanidade, é assim que devia ser".[50]

Depois de deixar Viena, ele retornou à China, onde participou do esforço de guerra contra os japoneses. Em 1947, tornou-se embaixador no Egito e em outros países do Oriente Médio durante nove anos. Sua filha Manli nasceu no Cairo. Após a guerra civil, alinhou-se com os nacionalistas chineses em Taiwan e foi seu embaixador no México, na Bolívia e na Colômbia. Aposentou-se em 1973, mas o governo nacionalista chinês em Taiwan "lançou uma *vendetta* para desacreditá-lo publicamente" e ele teve sua pensão negada após quarenta anos de serviço. Manli escreveu que as motivações desse ataque jamais foram reveladas e, trinta anos mais tarde, o nome dele ainda não fora limpo.[51] O dr. Ho viveu até os 96 anos e morreu em 28 de setembro de 1997, tendo escrito sua autobiografia, *Quarenta Anos de Minha Vida Diplomática*, em chinês, em 1990. Em 7 de julho de 2000, foi reconhecido como um Justo Não Judeu por Israel mas, como comentou o dr. Paldiel quando da indicação do dr. Ho: "Acho triste que o sr. Ho só tenha sido indicado após seu falecimento em 1997. Poderíamos ter submetido algumas questões a ele, que teria tornado as coisas mais fáceis... Mas também poderíamos ter lhe agradecido pessoalmente".[52]

Normalmente, os Justos Não Judeus tiveram de se expor a riscos e não receberam pagamento. No caso de diplomatas, o Yad Vashem tem de deixar claro que o diplomata estava desobedecendo às instruções de seu governo antes que lhe possa ser destinado um prêmio. Manli Ho acredita que foi a infância do pai, mergulhada na pobreza, que influenciou seu comportamento para com os judeus austríacos. Ela não acredita que ele tenha sido um homem religioso. Manli considera que sua maior influência veio da educação – tanto das humanidades do Ocidente quanto da tradicional ética confuciana chinesa. Acrescentava-se a isso a influência de crescer durante um período de transição na história chinesa, quando o antigo Oriente encontrava o novo Ocidente. Ela acredita, portanto, que Ho tentou levar sua vida de acordo com "o que havia de melhor entre os valores confucianos e judeu-cristãos".[53]

Manli também confirma o orgulho do pai em ser chinês e como educou ela e o irmão para valorizarem a herança chinesa. Mesmo seus nomes vinham da tradição confuciana. Manli também acha que ele foi influenciado pela época em que nasceu. Foi parte de "uma geração de chineses que sentia que a China fora humilhada e perseguida por 100 anos de imperialismo estrangeiro. Sua geração estava determinada a não permitir que essa humilhação continuasse. Nesse sentido, meu pai era muito sensível à perseguição e à intimidação de qualquer povo".[54]

Ho nasceu no dia 10 de setembro de 1901, numa área rural da província de Hunan. Aos 7 anos, não era apenas pobre, mas também órfão. Além de ajudar a ele e à família, a missão luterana norueguesa na China também o educou, e Ho foi grato por isso durante toda a sua vida.[55] Ele escreveu em sua autobiografia:

> Nas escolas que frequentei, desde as escolas dos luteranos [noruegueses] até o College of Yale-in-China*... a ênfase da educação que forneciam estava na construção do caráter individual, isto é, na aprendizagem dos valores judeu-cristãos de autossacrifício quando nos colocamos ao lado dos outros e no serviço à sociedade.[56]

Quando a filha fez 20 anos, idade legal chinesa da maioridade, o dr. Ho lhe escreveu dizendo "que tendo me criado e educado, esperava que eu vivesse minha vida como um ser humano 'útil'. Acho que eu não poderia ter conseguido um modelo de atuação melhor". O rabino Moshe Linchner falou num

---

* Instituto ou faculdade missionária que mais tarde se juntou a duas outras faculdades para formar a Universidade de Huachung.

evento em homenagem ao dr. Ho, em Jerusalém, em 19 de fevereiro de 2004, na presença de Manli, do embaixador chinês e de alguns dos sobreviventes e seus filhos. O rabino disse:

> Ele sacrificou sua carreira e pôs sua vida em risco para salvar milhares de judeus que, de outro modo, teriam perecido nas mãos dos nazistas. É preciso uma tremenda coragem e integridade para enfrentar um cruel país estrangeiro, como a Alemanha nazista. É preciso ainda mais coragem para enfrentar seus superiores e seu próprio país. O dr. Ho fez isso porque era a coisa certa a fazer.[57]

Ele não achava preciso contar a todos o que havia feito e, quanto a isso, a filha cita um antigo provérbio chinês: "Boas ações praticadas para serem vistas por outros não são realmente boas".[58] O dr. Ho expressou sua filosofia de vida num poema que escreveu para a esposa Shauyun no dia de ano-novo de 1947:

> As dádivas que o Céu concede não são por acaso,
> As convicções de heróis não ligeiramente moldados.
> Hoje convoco todo espírito e energia,
> Tocando meu corcel dez mil milhas à frente.[59]

Em setembro de 2007, Manli levou as cinzas do pai para a China, dez anos após sua morte, pois ele sempre quisera descansar na terra natal. Foi enterrado em Yiyang, na província de Hunan, a cidade onde nascera, no belo parque Hui-longshan. A cidade de Yiyang programou um evento comemorativo, em 28 de setembro de 2007, em honra de seu "regresso ao lar". Manli escreveu sobre essa ocasião:

> Reconstituir a história do trabalho humanitário de meu pai custou-me dez anos de pesquisa e documentação. Durante o tempo que viveu, ele não procurou nem recebeu reconhecimento por suas ações. Na verdade, raramente falava de seu desempenho como cônsul-geral chinês em Viena, de 1938 a 1940. Foi só por acaso, após sua morte em 1997, que o fato de ter ajudado milhares de judeus austríacos a fugir do Holocausto veio à luz. Mas ter de montar esse quebra-cabeça quase setenta anos mais tarde significa que talvez jamais venhamos a conhecer a verdadeira extensão do trabalho humanitário de meu pai...

Frequentemente me perguntam por que um diplomata chinês salvaria judeus na Áustria quando outros não o faziam. Minha resposta tem sido: "Se conhecessem meu pai, não precisariam perguntar". Isso é geralmente seguido por: "Mas você não ficou surpresa ao descobrir essa faceta de seu pai?". Não, não fiquei surpresa porque o que meu pai fez estava perfeitamente de acordo com seu caráter.[60]

Manli diz: "Frequentemente me perguntam por que ele fez isso". Ela continua explicando:

Meu pai se esforçou para levar sua vida de acordo com o que havia de melhor em termos de valores confucianos e judeu-cristãos. Se ajudar os que estão em dificuldades é natural para um ser humano, por que deveria isso acarretar elogio ou menção especial? Sobre as suas razões para ajudar refugiados judeus, meu pai se limitou a dizer: "Achei apenas natural sentir compaixão e querer ajudar. Do ponto de vista da humanidade, é assim que devia ser" (...) E embora meu pai tenha falecido, é como se vivesse por meio dos sobreviventes.[61]

Duas primas da Lituânia, Irena Veisaite e Margaret Kagen (ver p. 113), foram resgatadas separadamente por católicos romanos que eram verdadeiros humanitários. Os judeus tinham estado na Lituânia desde o século XIV. Em 1939, os judeus constituíam um terço da população urbana e, no entanto, durante o Holocausto, mais de 90% dos 240 mil judeus da Lituânia foram mortos, principalmente por lituanos sob ordens nazistas.[62]

Stefanija Ladigiené (1902-67). Irena Veisaite nasceu em 1928, em Kaunas, e foi protegida por várias famílias lituanas. Seu último esconderijo foi fornecido por Stefanija Ladigiené, em Vilna, a quem Irena chamou de sua segunda mãe. Stefanija era viúva de um general, Kazimieras Ladyga, que fora baleado pelos russos. Era uma mulher muito bondosa, inteligente e bem-educada, que havia trabalhado como jornalista e estava envolvida com a Resistência. Irena foi mandada para ela em março de 1944, por um casal que a resgatara do gueto de Kaunas. Stefanija contou a Irena que a pegara para compensar a injustiça que fora praticada contra os judeus por seus compatriotas. Irena foi cercada pela generosidade de Stefanija, pois quando chegou estava muito pálida e faminta. "A comida era muito escassa – Stefanija deu a ela mais macarrão que aos próprios filhos... Mais tarde a beijou, e Irena chorou porque já se passara muito, muito tempo desde que alguém a beijara e fora gentil com ela."[63]

Irena Veisaite foi resgatada por razões puramente humanitárias:

> A única motivação de Stefanija Ladigiené para me aceitar foi sua profunda humanidade, seu amor ao próximo. Católica profundamente devota, ela se tornou minha segunda mãe. Naqueles duros anos de ocupação e pós-guerra, compartilhou comigo seu último pedaço de pão. Não tinha aposentos separados dos meus e a sede da SS estava localizada no mesmo prédio. Se eu tivesse sido apanhada, Stefanija Ladigiené teria sido morta em Paneriai com os filhos. Sua ação, contudo, seu heroísmo, eu diria, foi tão natural como se não existisse, de modo algum, outro caminho. Nessa época, isso me proporcionou uma sensação incomum de segurança.[64]

Irena chegou à casa de Stefanija após uma série de aventuras infelizes mas, como ela originalmente me escreveu, "foi salva por várias famílias cristãs lituanas".[65] Tivera uma infância muito agradável numa grande família de classe média. Em 1938, os pais se divorciaram e pouco antes da guerra, em 1941, a mãe esteve hospitalizada. Foi presa quando estava no hospital e mandada para a prisão. Irena descreveu como, quando mocinha de 13 anos, foi enviada para o gueto de Kaunas (Kovno) com os pais e com a tia Polla Ginsburg, permanecendo lá por dois anos e meio.

Em 1942, amigos que os pais tinham feito na Bélgica, Ona e Juozas Strimaitis, conseguiram lhe passar a mensagem de que a estavam procurando e de que queriam ajudá-la a se esconder. A mulher tinha trabalhado com o pai de Irena. Encorajaram-na a fugir do gueto. Foi uma decisão difícil, mas ela a tomou. Deixou o gueto com uma brigada de trabalho. Tinha a estrela amarela apenas presa por um alfinete para facilitar sua remoção mais tarde. A partir do momento em que se afastasse da coluna de judeus, poderia ser baleada de imediato. Contudo, chegou com duas horas de atraso a um ponto de encontro e já não havia ninguém lá. Foi, então, para a casa dos Strimaitis e falou com o caseiro. Estava extremamente assustada porque o homem já poderia ter denunciado todos eles. Os Strimaitis lhe deram documentos e um passaporte falsos e ficou decidido que ela deveria ir para Vilna, onde ninguém a conhecia. Um dos documentos que lhe deram dizia que era filha do diretor de um ginásio.[66]

A 7 de novembro de 1943, com 15 anos, Irena viajou para Vilna num trem apinhado de gente. Teria de ficar com uma dentista, irmã do sr. Strimaitis, mas, como a família da dentista estava muito nervosa, ela foi mandada para um cirurgião, irmão de Ona Strimaitis, Pranas Bagdonavicius, que também conhecera a família dela. Ele disse às pessoas que a moça vinha do campo. Irena foi registrada no endereço dele e ia à igreja. Falava um bom lituano, ao contrário de muitos judeus que estavam acostumados a falar ídiche e falavam lituano com sotaque. Tudo ia bem até que alguns amigos vieram visitar a família com um livro sobre Van Gogh e ela disse como gostava do trabalho dele. Talvez não se esperasse esse comentário de uma moça do campo, e as pessoas começaram a suspeitar que ela fosse judia. Quando a noiva do homem que a hospedava soube dos rumores, Irena teve de ir embora.

Em 1944, foi confiada a uma mulher que tinha uma filha mais ou menos da sua idade e cujo marido fora deportado. A mulher era rude com ela, advertindo-a para não tocar na comida da filha. Também fazia comentários desagradáveis sobre os judeus. Um vizinho generoso, porém, conseguiu-lhe trabalho num orfanato para crianças com menos de 2 anos. O diretor do orfanato, dr. Izidorius Rudaitis, foi informado de que Irena era meio judia e ela trabalhou como auxiliar doméstica. Só estava há uma semana lá quando a Gestapo chegou. Ela foi para o toalete e decidiu ficar quieta lá dentro para proteger os que a haviam resgatado. A Gestapo chegara procurando crianças judias que, segundo tinham lhes informado, estavam no orfanato. O diretor havia negado e piscara para Irena. Depois que a Gestapo foi embora, ela se sentiu mais segura. Contudo, dois meses depois, a Gestapo voltou, batendo dessa vez na casa onde ela estava morando. A mulher que a escondia mandou que saísse imediatamente pela porta dos fundos, pois eles vieram pela porta da frente. Irena voltou para a casa da dentista, onde ficou por um dia.

Foi após todas essas experiências traumáticas que, em março de 1944, Irena foi finalmente enviada para Stefanija. Esta tinha seis filhos, mas na época apenas três estavam morando com ela. Irena chegou à noitinha, e Stefanija mandou que os filhos a tratassem como uma irmã que chegara da roça. Embora fosse católica muito devota e fosse muito tolerante, era mãe severa para os filhos.[67]

Depois de a Lituânia ser libertada pelos russos no dia 13 de julho de 1944, Irena permaneceu com a família e começou a ir à escola. Em 14 de março de 1946, Stefanija foi presa, julgada por uma junta de três homens da KGB e mandada para a Sibéria. Só lhe deram permissão para retornar em 1956, após a morte de Stalin. Em 1967, ela morreu nos braços de Irena. Foi apenas uma entre muitos – dezenas de milhares de lituanos sofreram o exílio na Sibéria. Historiadores calcularam que, entre 1940 e 1952, talvez um terço dos lituanos tenham desaparecido em função de massacres, baixas de guerra, deportações, execuções e imigração.[68]

Irena permaneceu em Vilna e agora é professora de filologia e literatura estrangeira e alemã na universidade. Em 2001, conduziu um seminário no Fórum Internacional de Estocolmo sobre o ensino do Holocausto. Ante uma pergunta sobre a motivação dos professores, ela respondeu:

> Como sobrevivente do Holocausto nazista, eu gostaria de dizer que a terrível experiência pela qual passamos deveria nos motivar a não nos concentrarmos apenas em nosso próprio sofrimento, mas a estarmos abertos e particularmente sensíveis ao sofrimento de nossos semelhantes, fazendo tudo para evitar um novo Holocausto no futuro. Trata-se aqui da sobrevivência da humanidade em geral.[69]

A professora Irena Veisaite foi também a presidente-fundadora da Open Society Foundation da Lituânia. A sociedade foi criada em 1990 com o objetivo de promover a democracia na antiga república soviética, e Irena ocupou a presidência de 1993 a 2000. A Lituânia está tentando examinar as verdades do passado e Irena tem dito que isso não é um projeto judaico. Ela acrescentou:

> É uma questão que interessa a todos nós. Evidentemente, não tem sido um processo fácil, mas é muito importante tanto para judeus quanto para lituanos. Estamos tentando criar uma sociedade civil e, nesse esforço, é crucial para a Lituânia compreender o que aconteceu aqui. Porque enquanto continuarmos escondendo a verdade, enquanto não conseguirmos chegar a um acordo com o passado, não poderemos construir nosso futuro.[70]

Os lituanos estão aceitando seu papel no Holocausto e, por isso, em 1995, o novo presidente da Lituânia, Algirdas Brazauskas, compareceu ao Knesset, em Israel, para encaminhar um pedido formal de desculpas pela colaboração lituana com os nazistas. Enquanto isso, Veisaite estava ocupada com vários projetos. Participou na criação da Casa da Memória, que lançou um concurso de ensaios para todo o país chamado "Judeus: Vizinhos de meus Avós e Bisavós", encorajando as crianças a entrevistar seus parentes mais velhos. Vários volumes de trabalhos vencedores foram publicados. Ela deu início à criação do Centro de Culturas sem Estado da Universidade de Vilna. Também ajudou a organizar uma mostra itinerante: "Vida Judaica na Lituânia". Ela está ansiosa para promover a tolerância e uma compreensão das crenças e práticas diferentes das nossas (com uma não aceitação radical da intolerância).[71]

Irena escreveu sobre a família de Stefanija em 1997: "Minhas relações com toda a família continuam sendo até hoje extremamente íntimas. Encaro os filhos de Stefanija como irmãos e irmãs, e os filhos deles como sobrinhos e sobrinhas".

Irena concluiu:

> Infelizmente, para matar milhares de pessoas bastam alguns homens com metralhadoras e eles não arriscam coisa alguma além da própria alma. A salvação de apenas um homem implicava dedicação excepcional, coragem indescritível de muitas pessoas e elas estavam pondo em risco não apenas a própria vida, mas também a dos filhos.[72]

Iris Origo (1902-88) era uma escritora com pai norte-americano e mãe anglo-irlandesa. Fora criada na Itália desde a morte do pai, quando estava com 8 anos de idade. Ele havia manifestado o desejo de que Iris crescesse na Itália ou na França – "livre de todo esse sentimento nacional que torna as pessoas tão infelizes. Criem-na num lugar ao qual não pertença, para que não possa encará-lo como coisa sua".[73] Ela foi educada em Florença, onde mais tarde conheceu um aristocrata italiano, Marchese Antonio Origo, que a desposou em 4 de março de 1924. Instalaram-se numa propriedade toscana semiabandonada, La Foce [A Foz], que restauraram e conservaram sob a ocupação alemã.[74] Mussolini chegara ao poder em 1922, e os Origos se beneficiaram de sua política de manter as pessoas na terra em vez de deslocá-las para as cidades.

Quando a Itália entrou na guerra como aliada da Alemanha, Iris trabalhou com a Cruz Vermelha italiana em Roma, tratando de prisioneiros de guerra britânicos até 1942, quando ficou grávida e retornou a La Foce. Estava numa posição muito difícil porque seu país de origem* estava em guerra com seu país de adoção e ela se casara com um italiano. Antonio, o marido, que nos primeiros anos aprovara a política agrícola de Mussolini, demorou algum tempo para compreender o que o fascismo realmente significava. Iris, também inicialmente incerta, passou a detestá-lo muito antes dele. Como escritora, em diários que foram publicados após o conflito, Iris recordou as experiências do tempo da guerra em seu país de adoção. Seus escritos fornecem uma valiosa noção de como a vida mudara ao seu redor.

Escrevendo sobre o período 1935-40, de pré-guerra, Iris estava consciente das mudanças que ocorriam na Europa, mesmo no isolamento de La Foce, e descreve o impacto do rádio nessa época: "Anteriormente, os não combatentes, em sua maior parte, só tomavam consciência do que a imprensa de seu próprio país lhes contava ou do que viam com os próprios olhos. Agora, estávamos todos continuamente expostos a essas ondas embaralhadas, assustadoras, de amigos e também de inimigos".[75]

Nesse período, ela escreveu sobre o choque que teve com um telefonema que recebeu de uma conhecida no imediato pré-guerra. "Tinham nos pedido que ela e eu mandássemos um convite formal a um idoso professor tcheco e sua esposa, um convite que lhes permitiria conseguir um visto de trânsito através da Itália, escapando assim de Praga e reunindo-se aos filhos na Inglaterra." A conhecida estava lamentando o fato de terem lhes pedido para se envolverem e se queixando de que aquilo "poderia nos ter causado problemas". Iris tentou explicar que o professor e a esposa estavam velhos e doentes e que era a única oportunidade que tinham de se juntar aos filhos. A mulher mostrou-se indiferente: "Não tenho simpatia por essas pessoas. Por que não partiram meses atrás, quando os filhos fugiram?". Iris tratou de desligar. Alguns minutos mais tarde, a mulher voltou a telefonar querendo saber o que Iris ia fazer acerca do assunto, advertindo-a de que a Itália não era neutra e ela poderia meter o marido numa encrenca. "Ora, é o tipo de coisa que dificilmente alguém faria para um membro da própria família!"

Iris ficou muito transtornada e escreveu:

---

* A Inglaterra. (N. do T.)

Engolindo minha raiva – que era maior por estar misturada com uma egoísta pontada de apreensão – usei de evasivas e depois, tendo desligado, sentei-me na beira da cama, tremendo. A conversa trivial e áspera pareceu ter uma importância desproporcional: pareceu simbolizar toda a crueldade covarde, autodefensiva, arrogante do mundo – nosso mundo.[76]

Felizmente, Iris Origo não permitiu que essa conhecida a influenciasse. No final dos anos 30, com a "aproximação inexorável da guerra", ainda visitava regularmente a Inglaterra. Escreveu que, por meio de uma amiga íntima, Lilian Bowes Lyon (1895-1949), prima da falecida rainha-mãe, e de amigos *quakers*, "foi capaz de compartilhar os esforços de algumas pessoas que, já então, estavam dedicando suas energias para possibilitar que alguns intelectuais judeus, pessoas idosas e crianças conseguissem escapar da Alemanha antes que fosse tarde demais".[77] As crianças chegavam no Kindertransport e a maioria delas jamais tornaria a ver os pais. Iris assumiu responsabilidade por seis crianças judias, pagando para que estudassem na Bunce Court School, em Kent, voltada para o atendimento a filhos de refugiados judeus. Os *quakers* desempenhavam um papel-chave na administração da escola. Um menino de Berlim saiu da escola em 1947, aos 16 anos, declarando sua intenção de ser pintor e finalmente se tornando discípulo de David Bomberg. Seu nome era Frank Helmet Auerbach.

A Bunce Court se originara de um internato alemão progressista chamado Herrlingen, situado na região da Montanha Jura, na Baviera, criado e dirigido por uma notável mulher judia chamada Anna Essinger. Em 1933, Anna percebeu que nem ela nem a escola tinham futuro sob Hitler e, aos 54 anos de idade, transferiu a escola para a Inglaterra com a ajuda dos *quakers*, levando com ela setenta alunos.[78] Anna acabou alojando muitas crianças cujos pais foram exterminados nos campos de concentração. Walter Block escreveu o seguinte sobre a Bunce Court:

A escola me deu uma sólida base para meu trabalho e vida familiar. Estou para sempre consciente e grato pelo fato de as ações de indivíduos e organizações responsáveis, incluindo os *quakers*, tornarem possível a sobrevivência de tantos de nós, "*Kinder*" [crianças]; para levarmos vidas construtivas e devolvermos alguma coisa ao país que nos hospeda.[79]

Perguntei a Frank Auerbach como uma mulher cristã da Itália havia resgatado um menino judeu de Berlim. Ele me contou que foi por intermédio de seu tio Jacob Auerbach, que era advogado. Um sócio de seu tio Jacob, chamado Altenberg, havia se retirado para a Itália e já mandara os filhos para a Inglaterra. Na Itália, Altenberg teve oportunidade de conhecer Iris Origo e soube que ela queria patrocinar a ida de seis crianças judias para a segurança da Inglaterra. Ele sugeriu uma sobrinha e um sobrinho, Ilse e Heinz Altenberg, e Frank Auerbach, sobrinho de seu sócio. Frank descreveu como as três crianças, todas com menos de 8 anos, viajaram de Hamburgo, onde embarcaram no SS *George Washington*, a 7 de abril de 1939, acompanhadas pela babá dos Altenbergs, a Southampton, de onde foram direto para a Bunce Court. A babá retornou para a Alemanha.[80]

Uma biografia de Frank Auerbach desenterrou o resto da história. Charlotte, sua mãe, era artista plástica e estava casada com Max Auerbach, um advogado especializado em registro de patentes. Frank nasceu em 1931 e recordou uma infância de tensão e preocupação entre os pais, em parte por causa da situação econômica (os bancos austríacos e alemães estavam quebrando) e também devido à ascensão dos camisas-pardas. Enquanto Auerbach aprendia a andar, os nazistas estavam marchando pelas ruas de Berlim e a perseguição aos judeus começava.

> Pessoas como os pais de Auerbach – os judeus alemães liberais, instruídos, das classes profissionais, homens e mulheres em cujas tradições da família quanto a stetl* e pogrom eram no máximo vagas lembranças – não poderiam imaginar a Solução Final; ela ainda jazia incubada, como um ovo de dragão, nas mentes de Hitler e Himmler.[81]

A ansiedade dos pais de Frank ameaçava a pequena criança e se transformava no que ele chamou de "mimo frenético": "Lembro-me de calções folgados de veludo e nenhuma liberdade. Não podia correr no parque perto de casa. Não podia pôr o pé fora da porta sozinho, é claro, e minha mãe começaria a se preocupar se meu pai demorasse meia hora para chegar".

---

* Cidades ou bairros judaicos. (N. do T.)

Em 1937, eles sentiram que o filho de 6 anos correria um grande risco se ficasse na Alemanha. "Mas o pai não iria; presumivelmente, como muitos outros judeus, esperava que o nazismo abrandasse, que sua política racial se diluísse por necessidade cultural e econômica, e que adultos decididos ainda pudessem respirar o ar que sufocaria um menino."

Iris Origo propôs uma rota de fuga transformando em ações suas preocupações pelas crianças judias. Para Auerbach, foi um acaso que os tentáculos de sua família chegassem a ela, visto que Iris não conhecia nenhuma das seis crianças cuja fuga financiou.[82] Não fui capaz de descobrir nada sobre as outras três crianças, mas os escritos autobiográficos de Iris Origo estão repletos de referências sobre o que ela julgava estar acontecendo com os judeus e outras pessoas. Sua filha falou sobre a humanidade da mãe. Ela é demonstrada pela percepção que Iris tinha das dificuldades dos pais judeus cujos filhos tiveram a oportunidade de partir:

> Nunca consegui esquecer a descrição que me foi feita, por um dos trabalhadores *quakers* na Alemanha, da agonia mental dos pais obrigados a fazer uma escolha quando eram informados (como às vezes era necessário) de que apenas uma criança de cada família poderia partir. Deveria ser a mais brilhante ou a mais vulnerável? A mais apta para sobreviver ou a que parecia menos capaz de fazê-lo? Qual, em se tratando dos próprios filhos, se deveria escolher?[83]

Ler isso me fez recordar a história de Lore Cahn (*née* Grünberger), que tinha 14 anos quando os pais a puseram no Kindertransport para a Inglaterra. No último momento, o pai não pôde suportar vê-la partir – continuou segurando suas mãos pela janela quando o trem começou a se mover e simplesmente puxou-a do trem pela janela. Ela atravessou um período terrível, sendo mandada para Theresienstadt, em 1941, com os pais; foi depois separada deles e mandada para Auschwitz. Foi finalmente libertada em Bergen-Belsen. A mãe fora assassinada, mas o pai sobreviveu.[84]

A escolha dos pais era extremamente difícil, mostrava enorme coragem e, como Louise London escreveu:

> Lembro-me das fotografias comoventes e das filmagens pelos jornais cinematográficos de crianças judias chegando desacompanhadas nos Kindertransports

[em julho de 1939, tinham chegado 7.700 à Inglaterra, comparadas com 1.850 admitidas na Holanda, 800 na França, 700 na Bélgica e 250 na Suécia]. Não existem fotos dos pais judeus deixados para trás na Europa nazista... Os judeus excluídos do ingresso no Reino Unido não são parte da experiência britânica, pois a Grã-Bretanha jamais os viu.[85]

Iris também acabou fornecendo abrigo a muitas crianças italianas refugiadas. No início de 1943, o primeiro grupo de sete crianças chegou a La Foce. Vinham de famílias de Gênova cujas casas haviam sido destruídas. Outro pequeno grupo de seis meninas chegou de Turim em fevereiro, e Iris escreveu em seu diário:

> Crianças como essas, por toda a Europa, tiveram de deixar suas casas, suas famílias e estão desembarcando (atordoadas, mas esperançosas) entre estranhos. Existe algo terrivelmente patético nesse êxodo – e algo também tão profundamente errado num mundo onde tal coisa não é apenas possível, mas necessária, que é difícil não nos sentirmos pessoalmente responsáveis. Por ora, podemos tentar salvar nossa consciência lhes dando comida, abrigo e amor. Mas não é o bastante. Realmente, nada conseguirá jamais ser o bastante.[86]

Como ela estava certa e como foi universal o desalojar de famílias e de crianças atordoadas provocado pela guerra – mesmo as que foram deslocadas em seus próprios países sofreram, para não falar das que foram mandadas para outros países pelo Kindertransport.

Em La Foce se vivia de maneira bastante independente e isso incluía as 23 crianças. Depois da queda de Mussolini em 1943 e em seguida à rendição do governo Badoglio aos aliados, em setembro de 1943, os alemães continuaram ocupando boa parte da Itália. A comunidade realmente atuava em conjunto, "pois as velhas barreiras da tradição e de classe eram derrubadas e nos mantínhamos unidos pelas mesmas dificuldades, medos, expectativas e esperanças":

> Juntos planejávamos como esconder o azeite, os presuntos e os queijos, para que os alemães não pudessem achá-los; juntos encontrávamos abrigo para os fugitivos que batiam na nossa porta – fossem eles italianos, aliados ou judeus, soldados ou civis.[87]

Bem no final desse mesmo ano, em 15 de dezembro, Iris assinalou:

> Dois outros fugitivos apareceram – um velho judeu de Siena e seu filho. Usando a mais inadequada das roupas sociais e calçados finos, ambos estavam tremendo de frio e terror. O pai, proprietário de uma loja de antiguidades, me chama para o lado e tira de um bolso interno uma pequena imagem da Renascença, que deseja trocar por comida e roupas quentes. Nós o suprimos de ambas as coisas e sugerimos que guardasse a imagem para futuras necessidades. Ele e o filho queriam atravessar as linhas alemãs para chegar a Nápoles – e a todas as nossas tentativas de dissuasão (já que era claro que o velho homem, que sofria do coração, morreria no caminho) apenas responderam: "Não temos opção. Precisamos ir". Depois de repousarem um pouco e comerem alguma coisa, começam a subir a colina na neve, o velho homem gemendo um pouco e se apoiando no ombro do filho.[88]

Nesse Natal, o diário dela registra que a homilia do papa na véspera de Natal parecia um tanto sem esperanças de ver se disseminar um pouco de boa vontade, mas Iris comentou que, em seu lugarejo, ela sentia haver "um laço de profunda compreensão nascido de dificuldades, angústias e esperanças comuns, um laço como nunca senti antes. E na atitude dos agricultores com relação a todos os transeuntes desabrigados (sejam soldados italianos ou prisioneiros britânicos, sejam não judeus ou judeus), há uma compaixão e hospitalidade espontâneas, inabaláveis".[89]

Ouvi falar pela primeira vez de Iris Origo num artigo do *The Times*, de 25 de julho de 2002, sobre o festival de música que suas filhas, Benedetta e Donata, estavam organizando em La Foce para comemorar o centenário do nascimento da mãe. Fiz contato por e-mail e tenho recebido uma grande ajuda de Benedetta. Como muitos parentes de voluntários, ela pouca coisa soubera das atividades da mãe durante a guerra. Benedetta me contou:

> Sim, minha mãe – e muitos outros como ela nessa época na Itália – ajudaram judeus que fugiam... Na realidade, só depois de sua morte descobri que ela estava entre as pessoas (de Londres, eu acho) que financiaram a fuga para a Inglaterra de algumas crianças de famílias judias da Alemanha. Entre elas estava o menino Frank Auerbach, que mais tarde se tornou um artista famoso.[90]

Subsequentemente, Benedetta escreveu dizendo que pouca coisa a mais teria para me contar, mas que...

> (...) além disso, minha família na Itália dava ajuda, com muita naturalidade, a qualquer pessoa que se mostrasse aflita ou necessitada durante os anos de guerra, fosse judia ou não... E o mesmo fizeram muitos italianos – que, como um todo, não são antissemitas, ao contrário das aparências fascistas.
>
> Quanto à motivação, tenho certeza de que foi um puro sentimento de humanidade e solidariedade que levou não apenas minha mãe, mas inúmeros outros neste país, a ajudar, esconder, alimentar e salvar pessoas judias durante a guerra. Há muitas e diferentes histórias comoventes – e histórias que, com frequência, dizem respeito a pessoas muito simples.[91]

Alguns dias mais tarde ela reafirmava a humanidade da mãe em outro e-mail:

> Embora minha mãe tivesse fortes sentimentos religiosos (isto é, estivesse constantemente buscando algum tipo de certeza religiosa), não era particularmente devota. Tivera uma criação vagamente anglicana, depois se convertera ao catolicismo na faixa dos 70 anos – mas nunca se convencera completamente. Em todo caso, suas motivações para ajudar outras pessoas foram, mais que qualquer outra coisa, humanitárias e baseadas na compaixão.[92]

Max Rubino, um conhecedor de arte, escreveu um artigo em *La Stampa* de 20 de outubro de 1990 sobre Frank Auerbach e comentou sobre a ajuda que lhe fora dada por Iris Origo. Foi essa a primeira vez que Benedetta soube do impacto de sua mãe na vida de Frank Auerbach. Rubino concluíu dizendo que, devido a um temperamento nada sentimental, Iris jamais buscara um contato pessoal com os Auerbachs. Achei que já estava na hora de reverter esse quadro e, como tivera, durante um longo período, um bom contato com Benedetta, filha mais velha de Iris, enviei-lhe a cópia de uma carta de Frank e dei a ele seu endereço.

Uma biografia de Iris Origo descreveu seu interesse pelas crianças locais refugiadas de que cuidou em La Foce. As mães foram visitá-las e ficaram muito impressionadas com o que viram:

A comida que as crianças recebiam era boa e era acrescentado azeite à dieta das mais subnutridas. Fannina Fè tem agora mais de 70 anos. Era ajudante na escola (toda a sua família trabalhava para os Origos) quando os refugiados chegaram. Ela se recorda de como Iris aparecia todo dia lá, provava a comida e trazia novos brinquedos...

Fannina se lembra: "Um dia perguntei por que ela fazia tudo aquilo por nós. Ela respondeu que 'se você tem demais, nunca realmente quer as coisas que a vida lhe dá'".[93]

Iris foi condecorada com a Ordem do Império Britânico em 1977 e morreu em 1988. Não fosse seu temperamento voltado para a caridade e a compaixão, o menininho de 8 anos de Berlim poderia ter se tornado uma dentre o milhão e meio de crianças judias assassinadas pelos nazistas. A longa e criativa carreira de Auerbach como pintor, que continua avançando enquanto ele se aproxima dos 80 anos, jamais teria ocorrido. Sem dúvida, isso nos leva a pensar no que aquele milhão e meio de crianças poderiam ter realizado se não tivessem sido aniquiladas pelo fato de ninguém se apresentar para salvá-las.

Vytautas Rinkevicius (1906-88). A prima de Irena Viesaite, Margaret Kagan, nasceu em Kaunas, na Lituânia, em 12 de julho de 1924. Foi escondida por vários meses numa fábrica por Vytautas Rinkevicius, um católico romano. Margaret nasceu como Margarita Stromaité; seus pais eram Jurgis Stromas e Eugenia Stromiene.

A Lituânia era independente até ser invadida pelos russos em 15 de junho de 1940, o que foi seguido, um ano mais tarde, pela invasão alemã de 22 de junho de 1941. Essa invasão desencadeou ataques antijudaicos dos próprios lituanos, que julgavam os judeus responsáveis pelo ano de ocupação soviética. Em 27 de junho, eles cercaram cinquenta homens judeus e os espancaram até a morte na garagem Lietukis da Esplanada Vytautas. O pai de Margaret era um desses homens. Alguns dias mais tarde, *partisans* lituanos atacaram de surpresa a casa de Margaret e levaram os objetos de valor. Em agosto, os judeus de Kaunas foram mandados para o gueto que estava sendo criado nos subúrbios. Ao mesmo tempo, judeus estavam sendo arrebanhados e mortos. Margaret, a mãe e o irmão Alik (nascido em 1931) salvaram-se todos, mas milhares foram mortos, incluindo a tia e o filho de Margaret.[94] Em agosto de 1941, todos os judeus de Kaunas estavam no gueto, criado no velho bairro judeu de Vilijampole.[95]

Margaret ainda estava no gueto com a mãe, a avó e o irmão Alik de 11 anos quando, em outubro de 1943, as condições pioraram e sua amiga Chana Bravo ofereceu-se para encontrar um esconderijo para Alik. Ele seria tirado clandestinamente de lá para viver com uma família não judia. Alik morou com um casal, Antanas e Marija Macenavicius, que ficou com ele até o final da guerra. Também nessa época, Margaret tinha feito amizade com Joseph Kagan, que era trabalhador escravo numa fundição. O homem encarregado da fundição era Johannes Bruess, que Joseph tinha conhecido na Alemanha, e Johannes deixou que Joseph construísse um esconderijo no sótão da usina. O guarda-livros, Vytautas Garkauskas, também concordou, mas "o coração e a alma do plano, sem o qual ele não teria sequer iniciado, foi o modesto contramestre da usina, Vytautas Rinkevicius".[96]

Margaret ficou extremamente cética quando Joseph lhe pediu pela primeira vez para juntar-se a ele e à sua mãe no esconderijo. Concordou em fazer uma visita ao local e simulou um dia de trabalho na usina, onde conheceu Vytautas:

> O homem de quem nos aproximávamos era alto e magro, usava um macacão azul e uma boina, parecia alerta, mas tranquilizadoramente relaxado. Tinha óculos grossos, com aros de metal, e as lentes espessas pareciam colocá-lo à parte de nosso feio mundo. Detrás dessas lentes, os olhos destilavam calma, esperança e confiança. Naquela noite, quando voltei para minha mãe no gueto, achei difícil explicar exatamente por que aquele homem me deixara uma impressão tão grandiosa, mas consegui transmitir a confiança profunda que tivera na integridade e na boa vontade de Vytautas.[97]

Margaret e Joseph se casaram no gueto antes de partirem. Quando perguntei a Margaret sobre seu casamento, ela disse que foi uma cerimônia civil conduzida por Avraham Tory (1909-2002), um jovem advogado que fora nomeado secretário do Conselho Judaico de Kaunas estabelecido pelos nazistas. Ele se tornou bem conhecido mais tarde, quando seus meticulosos diários cobrindo o período de 1941 a 1944 foram publicados com o título *Sobrevivendo ao*

Holocausto: Diário do Gueto de Kaunas. Foi um dos poucos autores de diários sobre o Holocausto que sobreviveram para publicar sua obra após a guerra.[98] Ao que parece, o Conselho Judaico foi autorizado a realizar cerimônias de casamento civil quando as cerimônias religiosas foram banidas.[99]

Finalmente, em novembro de 1943, foram os três para o esconderijo, onde ficaram durante 300 dias. Enquanto isso, Alik, o irmão de Margaret, encontrou alguém para esconder sua mãe, mas estava ficando muito mais difícil deixar o gueto. Em julho de 1944, ela foi deportada para o campo de concentração de Stutthof, onde faleceu em novembro.[100]

O trio continuou se escondendo na usina e, todo dia, Vytautas ia levar-lhes comida e dizer por onde podiam circular. Também cuidava de seus despejos pessoais. Tinham de ficar em silêncio durante o dia enquanto a usina estava funcionando e, portanto, só ficavam ativos entre as seis horas da tarde e as seis da manhã. Margaret descreve a dificuldade de obterem água e como a derramavam num balde por uma toalha para não fazer barulho.[101]

Vytautas foi um maravilhoso apoio diante de todas as dificuldades de viver aquela semivida:

> Como ele conseguiu se manter tão calmo (silencioso) e cooperativo durante todos esses nove meses será eternamente um mistério para mim. Nós, judeus, estávamos sob sentença de morte e nessa situação *"ein breira* – sem opções" teríamos, muito naturalmente, de aceitar riscos e privações numa tentativa de salvar nossa pele. Contudo, lá estava Vytautas, arriscando não só a própria vida, mas também a da família – voluntariamente (em virtude de seu livre-arbítrio), sem qualquer incentivo financeiro ou esperança de recompensa –, simplesmente para salvar nossa vida.[102]

Ironicamente, um problema foi sua esposa, que ele tentara proteger não lhe dizendo o que estava fazendo:

> Aparentemente, ela tinha percebido que agora, com mais frequência, Vytautas parecia preocupado e distraído; além disso, valiosos artigos de alimentação começaram a desaparecer da despensa. Com isso, ela começou a suspeitar que Vytautas estava envolvido com outra mulher. Só quando se defrontou com essa suspeita, Vytautas confessou que estava nos escondendo.[103]

Assim que soube, ela se mostrou extremamente cooperativa, mas compreensivelmente preocupada em saber se, como pais, tinham o direito de pôr em risco a vida de seu próprio filho. Margaret descreve Elia como uma mulher generosa e de bom coração. Contudo, por causa dessas reservas, o pobre Vytautas não podia compartilhar suas preocupações acerca do projeto com a esposa ou os Kagans.[104] Essas dificuldades foram exemplificadas no dia em que o guarda-livros, sr. Garkauskas, foi detido e os Kagans e Vytautas não sabiam se isso tinha ou não relação com o esconderijo. Felizmente, no dia seguinte, "excepcionalmente agitado, Vytautas veio nos dizer que o sr. Garkauskas conseguira contrabandear uma carta da prisão para nos explicar que sua detenção não tinha relação conosco". Mas o alívio só durou até ficarem sabendo da verdade:

> Infelizmente, um vizinho o denunciara por estar dando abrigo a uma criança judia e a inevitabilidade de consequências trágicas frustrou o alívio de não termos chegado ao fim de nosso caminho. Sucedeu que G. [Garkauskas] conseguiu escapar da morte, a criança não. Conciliar as nossas emoções mistas de horror e de alívio foi difícil.[105]

Vytautas continuou a cuidar deles e chegou a conseguir um breve período de "férias" com alguns amigos lituanos para a mãe de Joseph, quando as condições claustrofóbicas se tornaram demais para ela.[106] Quando a derrota alemã se tornou mais provável no verão de 1944, houve preocupações de que os nazistas em retirada pudessem explodir as fábricas. Vytautas conseguiu que a família adotiva de Alik desse abrigo a Joseph e sua mãe. Margaret seguiria alguns dias mais tarde; por ora, ficaria no sótão por causa da aparência judaica. Vilijampole foi libertada pelos russos em 31 de julho de 1944. Ao partir, os alemães incendiaram o gueto, e os habitantes sobreviventes conheceram um terrível fim. Finalmente, Vytautas instalou os três resgatados em sua própria casa, que parecia um palácio após todas as privações. Depois de encontrar um apartamento para alugar, eles tentaram se adaptar ao que havia acontecido à Europa e seus judeus.

Em janeiro de 1945, viajaram para tentar encontrar o pai de Joseph, que fora para a Inglaterra antes da guerra. Os anos subsequentes de Guerra Fria dificultaram os contatos, mas Margaret visitou Vytautas em 1964 e recorda:

"Eu e ele ficamos sem palavras naquele momento indescritível, mas nossas emoções se misturaram num longo e silencioso abraço". Em 1972, Margaret e Joseph encontraram-se em Moscou com Vytautas, sua filha Vitalija e com o casal que escondeu Alik. Todos morreram antes que a Lituânia conquistasse a independência: Marija e Antanas em 1979 e 1980, respectivamente, e Elia Rinkevicius em 1981. Vytautas morreu em 1988. Ambos os casais foram reconhecidos como Justos entre as Nações em 1976.[107]

Em 1989, Vitalija pôde visitar Londres com o marido e, na Câmara dos Lordes (na presença do dr. Krohle, capelão da Catedral de Westminster, da família e de amigos), o grande rabino, dr. Jakobovits, fez um comovente discurso e entregou a Vitalija a medalha de um Justo Não Judeu.

As palavras de Vitalija foram poucas, mas memoráveis. Naturalmente, ela estava feliz e grata por aquela homenagem a seus pais e agradecia a todos; mas acima de tudo queria transmitir o que, certamente, o pai teria dito naquela ocasião: "Não sou um herói, não fiz nada fora do comum; nada mais do que qualquer ser humano comum teria feito".[108]

Quando o marido de Margaret morreu, em janeiro de 1995, Tam Dalyell escreveu um obituário em que se referia a Vytautas. Escreveu que Kagan havia lhe contado que "um dia reparou como Rinkevicius ficou irritado ao ver um rapaz sendo espancado e concluiu de imediato que podia confiar nele. Confidenciou-lhe, então, o plano de esconder a família da noiva atrás de uma parede na usina". Dalyell lembrou aos leitores que a punição por ajudar judeus era a execução sumária para o infrator e sua família.[109]

Quando perguntei a Margaret o que ela pensava acerca das motivações de Vytautas, ela me escreveu: "A mera decência humana... não pode realmente explicar".[110]

Jaap van Proosdij (1921-) tinha apenas 21 anos quando, em 1942, ajudou a resgatar cerca de 250 judeus holandeses. Seu grupo da Resistência foi tão bem-sucedido que quase tornou inútil certidões de batismo verdadeiras porque:

> A posse de uma certidão de batismo frequentemente dava proteção durante uma batida e algumas igrejas cristãs estavam preparadas para ajudar a providenciar esses documentos. Mais tarde, redigimos as certidões em papéis timbrados de igrejas fictícias. Como os alemães tinham grande respeito por

carimbos, criamos um carimbo realmente muito bonito de um imaginário "Conselho Ecumênico Holandês das Igrejas", com uma cruz e várias palavras em latim. Todas as nossas certidões eram adornadas por esse carimbo.[111]

Tudo correu muito bem até "o dia em que o conselho judaico telefonou e disse que tinha consigo certidões autênticas da Igreja, mas que elas tinham sido recusadas pela SS por não terem esse particular carimbo".[112] Desse dia em diante, eles tiveram de pôr o falso carimbo em todos os documentos autênticos para assegurar sua aceitação pela SS. Infelizmente, Jaap me disse que o carimbo foi perdido há alguns anos e não pode ser reproduzido aqui.[113]

Jaap nasceu em 1921, sendo o segundo dentre os cinco filhos de um advogado de Amsterdã de espírito independente e ele também acabou se tornando advogado. Descreve a mãe como tendo uma personalidade forte, mas o pai como a principal influência. "Ele gostava muito de sua profissão, tinha um espírito muito independente e se importava mais com os clientes que com os honorários."[114] Quando rapaz, Jaap nada soube sobre judeus, tendo frequentado uma escola protestante e uma universidade também protestante. O escritório de advocacia no qual ingressou em 1942 chamava-se Van Krimpen & Kotting. A comunidade de judeus sefarditas havia contatado a firma para conseguir algum tipo de proteção contra a perseguição a seus membros. Judeus holandeses estavam sendo regularmente deportados de Amsterdã e embora a firma começasse o trabalho agindo de maneira legal, tornou-se finalmente claro para Jaap e seus colegas que o único meio efetivo de salvar judeus dos nazistas era provar que eles não eram judeus e, com isso em mente, começaram a agir de modo ilegal.

Os alemães invadiram a Holanda em 10 de maio de 1940. Após um brutal bombardeio aéreo, o país capitulou em 14 de maio, tendo a rainha Guilhermina e o governo fugido para Londres. Um administrador alemão civil, o austríaco Artur Seyss-Inquart, foi empossado a 18 de maio de 1940 e o controle holandês independente terminou.[115] Havia 140 mil judeus na Holanda nessa época, dos quais 30 mil eram refugiados da Alemanha e da Áustria e a maioria – 80 mil – morava em Amsterdã. Setenta e cinco por cento desses judeus foram assassinados pelos nazistas e um importante joguete da época foi o Joodsche Raad (Conselho Judaico), criado à força em 12 de fevereiro de 1941, à primeira vista para impedir distúrbios entre judeus e nazistas holandeses. Em 9 de maio de 1942, o uso da estrela amarela tornou-se compulsório.[116]

Jaap explicou que a Holanda tinha registros populacionais muito detalhados. "Possuía um registro meticuloso da população, que revelava as origens da maioria do povo desde os tempos de Napoleão" e eles, portanto, perceberam que a única chance de sucesso era provar às autoridades alemães que as pessoas que defendiam não eram judias. Num caso em particular, Jaap chegou a convencê-los de que um homem que era chefe de uma sinagoga não era sequer remotamente judeu.[117]

O trabalho era baseado no fato de que:

> Se você fosse solteiro e pudesse provar que tinha dois avós não judeus, era considerado um não judeu. No caso de uma pessoa judia ser casada com uma pessoa não judia, a prova de dois avós não judeus também era requerida. Se uma pessoa judia era casada com outra pessoa judia, era então necessário ter três avós não judeus. Todos os casos de que eu e Kotting tratamos eram ilegítimos e tivemos de forjar documentos e falsificar papéis.[118]

Haviam pedido que Jaap auxiliasse o dr. Hans Georg Calmeyer, o administrador civil durante a ocupação da Holanda, que lidava com classificação racial. Calmeyer decidia em última instância se alguém era judeu ou não. Sua decisão determinava quem era mandado para o campo de trânsito holandês de Westerbork e depois para os campos de trabalho ou campos de morte.

Antes de se envolver, Jaap fez várias visitas a Haia para conhecer os funcionários que estavam lidando com essa documentação vital.

> Viajei diariamente para Haia durante três semanas e fiz cópias dos carimbos oficiais e da caligrafia dos funcionários, estudei os procedimentos internos e fiz amizade com a equipe. Meu sócio, dr. Kotting, persuadiu o secretário holandês no escritório de Calmeyer a aceitar um pagamento mensal igual a seu salário oficial. Daí em diante tivemos também acesso a todas as outras fichas de Calmeyer. Toda essa informação era muito valiosa para o que íamos fazer mais tarde com outras petições.[119]

Jaap era convincente porque era jovem, louro e tinha ar inocente. De início, Calmeyer aprovou Jaap porque Jaap preparou uma lista de pessoas que achava que não valia a pena salvar. Isso impressionou Calmeyer, que acreditou, disse Jaap, "no meu trabalho 'honesto e leal' e, dessa época até o final da guerra, confiou em mim como profissional, como pessoa honesta e digna de confiança (mal sabia ele que os nomes que lhe demos eram de pessoas que não existiam mais)".[120] Depois da guerra, Calmeyer se recusou a admitir que fora enganado por Jaap. "Van Proosdij foi sempre honesto e não teve participação nesses embustes", ele sustentou.[121]

Em 1942, a SS começou a exigir que Calmeyer acelerasse o processo de classificação e preenchesse um trem semanal de deportação contendo mil pessoas. Essa política foi implacavelmente posta em prática, reduzindo a população de 140 mil judeus da Holanda para 40 mil em setembro de 1944, quando a ofensiva aliada de Arnhem destruiu as linhas férreas. Jaap van Proosdij recorda uma ocasião terrível em que, desesperada para preencher a "cota" semanal das terças-feiras, a SS arrebanhou cada homem, mulher e criança que encontrou no Hospital Psiquiátrico Judaico, em Apeldoorn (fossem pacientes, membros da equipe médica ou visitantes), e conduziu 1.500 pessoas para o trem da morte.[122]

Olhando para o passado, Jaap admitiu que ele e seus colegas usaram um excelente falsário e "falsificaram certidões de casamento, lançaram falsas certidões de nascimento em registros da igreja, forjaram certidões de batismo e forjaram documentos para adoções secretas, mostrando que a pessoa não havia nascido judia".[123] Tudo isso foi feito sob grande risco pessoal; se ele e o restante do grupo fossem de repente descobertos, teriam sido todos executados. Uma determinada moça que ele salvou de Westerbork veio a se tornar pediatra e visitou-o na África do Sul, nos anos 60. Jaap disse que foi um momento de grande emoção e que conversaram noite a dentro sobre o que acontecera. Comentou que foi a primeira vez que se sentira seguro para falar sobre o que tinha feito.[124]

Antes mesmo de a guerra acabar, Jaap estava pensando em como devolver propriedades judaicas a seus donos. Organizou um comitê que, na verdade, rascunhou a legislação e posteriormente tratou de muitos casos. "Tratamos de muitos daqueles casos – você devia ter visto como a nata dos advogados ficou irritada comigo, aquele rapaz presunçoso e insolente que tinha se especializado nessas leis."[125] O trabalho de restituição tornou-se sua especialidade até ele emigrar em 1951. Na África do Sul, Jaap precisou se requalificar e teve então o que descreve como um "exercício humilde da profissão".[126]

Com o fim da guerra, Jaap se casou com a irmã de seu melhor amigo em 1947. Em 1951, eles emigraram para a África do Sul – um país que, a partir de certa época, se tornou um Estado pária devido à política racial. Ele comenta:

> Nada se pode comparar ao puro mal dos nazistas, que organizaram o assassinato científico de milhões de judeus. Na África do Sul havia opressão, não aniquilamento. Mas a conexão assustadora é que, em ambos os casos, havia uma total intolerância e falta de respeito por outra raça – o que é inaceitável em qualquer nível.[127]

Jaap reconhece a influência de seus pais. "Fomos criados dentro de elevados padrões éticos que, junto com a religião deles, eu creio, contribuiu para a retidão do modo agir." Ele acrescenta: "Por que a maioria das pessoas não ajudou os judeus? Isso devia ser perguntado a elas. Talvez não estivessem em condições de fazê-lo ou estivessem assustadas demais. É possível, é claro, que talvez simplesmente não se importassem com seus semelhantes".[128]

Jaap é extremamente modesto acerca de seus feitos e não será chamado de herói: "Detesto a inadequada palavra 'herói'. É um exemplo do aviltamento de valores humanos que transforma a decência comum em heroísmo!".[129]

> Por que fiz isso? Porque era a única coisa normal a ser feita. Não se pode ficar sentado olhando quando há pessoas correndo um perigo mortal, mesmo que não as conheçamos. Em nosso trabalho, passamos a conhecer cada vez mais judeus e muitos se tornaram amigos. Sim, a situação também se tornou mais arriscada. Se os desembarques em Arnheim, em setembro de 1944 (quando os que colaboravam com os alemães fugiram), tivessem acontecido duas semanas mais tarde, teríamos sido apanhados, como descobrimos lendo os documentos após a guerra. Mas fomos salvos e isso é tudo que posso dizer.[130]

Depois de uma vida longa e frutífera, Jaap encara o trabalho que fez ao salvar judeus holandeses como a época "em que fui mais útil".[131]

> É uma coisa importante em minha vida sentir que fui útil em algum lugar... que não vivi apenas para me divertir. Nada do que fiz depois foi tão importante. Um amigo me disse que a guerra foi a época em que ele realmente viveu. Para mim, foi a época em que vivi mais intensamente.[132]

Jaap parece ter uma sensibilidade voltada mais para as pessoas do que para as causas:

> Não sei se sou um humanitário. Devo confessar que não fico comovido com uma enchente na Índia ou um terremoto no Irã, por mais trágicos que esses acontecimentos possam ser. Mas automaticamente ajudarei uma pessoa ou uma família, como meus pais sempre fizeram. Meu pai, sendo advogado como eu fui, exerceu uma influência mais geral sobre mim.
> Quanto à África do Sul, nunca me envolvi, nem na Holanda, nem aqui, em qualquer atividade política organizada. Posso, contudo, ter influenciado algumas pessoas. Sessenta anos se passaram, mas às vezes penso no que aconteceu durante os transportes naqueles trens para os campos de extermínio. Só o que posso fazer é tentar esquecer.[133]

Quando perguntado sobre suas ações, ele foi humilde: "Por que fiz isso? Como poderia não fazer? Se visse você se afogando, eu o salvaria. Qualquer pessoa decente com imaginação para fazer algo para ajudar teria ajudado. Se não ajudasse, não seria decente".[134]

Em 29 de maio de 2003, Jaap foi homenageado pelo Yad Vashem, sendo reconhecido, no Salão da Lembrança, como um Justo entre as Nações. Jaap tinha viajado com um grupo de cinquenta judeus sul-africanos numa missão de solidariedade e eles plantaram cinquenta árvores na Floresta Memorial Sul-Africana "Golani Junction". "Ao que parece o sr. Van Proosdij foi dominado pela emoção nessa cerimônia, que para ele representava a encarnação de um povo oprimido numa nação soberana."[135]

John/Jaap Schoen (1923-2007). A família de John Schoen proporciona um exemplo semelhante de humanitarismo, pois criaram os filhos para serem gentis com todos e ajudar as pessoas. John foi criado em Geldermalsen, a cerca de uma hora de trem de Amsterdã. O pai era supervisor da estrada de ferro e eles moravam perto da estação:

> Meu pai sempre ajudava as pessoas. Toda noite vinha gente até nossa casa querendo um emprego e meu pai deu emprego a muitos na estrada de ferro. Durante a guerra, muitos vinham das cidades atrás de comida e minha mãe sempre deu comida a essas pessoas.[136]

John nasceu em 26 de julho de 1923. Ele disse que os pais eram muito carinhosos e se compadeciam muito dos outros, mas não eram religiosos. Disse que tinha uma vida familiar muito feliz. John estava com 21 anos quando, em julho de 1944, os pais foram abordados por uma bela jovem do movimento clandestino holandês. A moça tinha 20 anos, e John admitiu que realmente se interessou por ela e, mais tarde, acompanhou-a de volta à estação.[137] Ela viera de Amsterdã para pedir que os pais de John cuidassem de uma menininha judia de cerca de 5 anos de idade. Na época, o irmão de John, Joost, conhecido como Joop, tinha 10 anos e a irmã Trijntje, conhecida como Tiny, tinha 15. Todos eles sabiam que Suze era judia e que ficar com ela era muito arriscado. Contudo, ela parecia mais indonésia que judia. Se os nazistas tivessem descoberto quem era Suze, a família inteira poderia ter sido mandada para um campo, mas concordaram em ficar com ela.[138]

John me contou que, quando a família de Suze foi arrebanhada pelos nazistas, ela devia estar na casa de um vizinho, pois escapou. John disse também que todos os membros da família foram mandados para Auschwitz e mortos na câmara de gás. Compreensivelmente, disse John, a menina ficara muito perturbada ao entrar pela primeira vez na casa deles e tinha chorado muito: "A princípio, Suze acordava durante a noite gritando pela mãe e pelo pai, e estava também molhando a cama, mas, sendo tão jovem, acabou aceitando minha mãe como mãe dela. Amou demais minha mãe, assim como minha mãe a amou".[139]

John disse que os pais haviam se juntado ao movimento clandestino porque se opunham à invasão da Holanda pelos alemães. E também em razão da perseguição aos judeus feita pelos nazistas. Estavam envolvidos em proteger pilotos aliados, usando um rádio oculto e uma máquina impressora para transmitir informações vitais.

Em setembro de 1944, partes da Holanda foram recapturadas por tropas britânicas e canadenses. Elas lançaram a operação Market Garden que pretendia resgatar o restante do país. A missão fracassou, e o filme *Uma Ponte Longe Demais* apresentou a história. Como resultado do desencadeamento da operação, uma greve ferroviária geral foi convocada para interromper os transportes alemães e 90% dos trabalhadores apoiaram a greve. Qualquer um que participasse da greve corria grave risco de ser preso e morto. Por esse motivo, como o pai de John ainda trabalhava na estrada de ferro, a família teve de sair de casa e ir para um esconderijo em Asperen, uma pequena cidade perto de Geldermalsen. Esse esconderijo abrigava a gráfica que trabalhava para a Resistência.[140]

Não podemos esquecer que as repercussões da greve foram terríveis: os alemães tiveram de trazer seus próprios ferroviários para manter os trens rodando e decidiram, em outubro de 1944, proibir a importação de comida para a Holanda. As rações alimentares foram reduzidas de 1.400 calorias por dia, em agosto de 1944, para 1.000 calorias em dezembro e, em abril de 1945, elas caíram para 500 calorias. Esse inverno é conhecido como "Inverno da Fome", e as pessoas estavam tão desesperadas por comida que chegavam a comer caules de tulipas.[141] Ria Sanders, que nasceu em 1926 e morou em Haia, enviou-me suas lembranças da época. Contou que as pessoas comiam beterraba sacarina, que era normalmente considerado alimento para o gado, e os caules de tulipas, que eram muito bem cortados em fatias e fritos como cebolas, mas quando a luz faltava, não podiam cozinhar, mesmo que tivessem comida. Ela disse que todos os coelhos, gatos e cachorros desapareceram nessa época.[142]

Enquanto os Schoens estavam alojados na gráfica, quase foram traídos por um nazista infiltrado, que eles achavam que estava na Resistência e que lhes pedira para imprimir alguma coisa. Pouco tempo depois, a casa foi atacada por três homens com revólveres. Eles arrombaram a porta perguntando por um rapaz de 20 anos. O pai disse que tal rapaz não morava lá. Jaap [John] estava escondido num dos dois sótãos, tremendo de medo e de frio dentro do pijama. Parece que a "Gestapo não percebeu que nossa menina, a única morena numa família loura, era judia". Perguntaram a Suze o que havia no sótão e ela respondeu que só havia camundongos. Jaap disse:

> Minha mãe, Anna Johanna, começou a rir, para irritação da Gestapo, que a mandou pôr as mãos para cima ou atirariam. Minha mãe disse que senhoras não faziam coisas desse tipo e se recusou a obedecê-los. Ficamos muito assustados, mas não atiraram nela. Foram embora, e ficamos salvos por mais um dia.[143]

Parece que deram uma olhada no sótão errado, por isso Jaap não foi descoberto. Jaap relatou que não era o rapaz em questão. O outro foi finalmente apanhado, sentenciado por um tribunal de dois juízes e, após cavar seu próprio túmulo, foi baleado.[144]

O total absurdo dos métodos nazistas de controle era exemplificado pela proibição de os holandeses plantarem flores de laranjeira em seus jardins, pois elas eram interpretadas como sinal de lealdade à rainha holandesa, chefe da Casa de Orange [Laranja]. Parece que o pai de John desenterrou todos os seus cravos-de-defunto* e colocou-os no monte de turfa e folhas secas, mas a mãe de John logo os resgatou e os replantou. John disse: "Ela mostrou grande coragem do início ao fim da ocupação".[145]

É interessante que John tenha relatado que todos os amigos de seus pais tinham moças judias para esconder. Significativamente, por toda a Europa ocupada, foram salvas mais meninas que meninos judeus, simplesmente porque meninos judeus circuncidados eram facilmente identificados e representavam, portanto, uma iniciativa mais arriscada.[146] John Schoen foi específico ao me dizer que não havia meninos judeus escondidos em sua vila.[147]

John disse que os pais não tiveram amigos judeus porque sua casa não ficava numa área onde tivessem vivido judeus. Contudo, ele comentou que a maioria das pessoas na Holanda "sempre teve os judeus em alta estima. Logo após os alemães irem para a Holanda, vimos os judeus usando a cruz judaica mas, à medida que o tempo passava, nós os víamos cada vez menos. Sabíamos que eram mandados para as câmaras de gás".[148]

Ele escreveu sobre a tomada de consciência de que os judeus estavam desaparecendo e sobre a experiência de vê-los sendo transportados:

> Um dos trens apinhados de judeus a caminho de um campo de concentração parou na estação de nosso lugarejo e jamais vou me esquecer de seus rostos – cheios de desespero.
>
> Houve uma reação imediata: todos que estavam olhando na plataforma correram para comprar tudo que havia para comer na barraca de lanches e entregá-lo às pobres almas pelas janelas do trem.[149]

Suze ficou extremamente ligada aos Schoens e manteve contato com eles mesmo após se mudar para a América. Em 1953, ela voltou para o casamento

---
* Que poderiam passar por flores de laranjeira. (N. do T.)

de Tiny[150] e todo ano visitava Anna Schoen na Holanda, até Anna morrer. Suze se casou com um policial judeu, Arnold Brown, em 1956.

John visitou Suze, na Flórida, em meados dos anos 90: "Era maravilhoso tornar a vê-la, saber que tivera uma vida longa e feliz". Ela teve duas filhas, Arleen Rose (1959) e Diane Kitty (1963), mas morreu de câncer em maio de 1999, com apenas 60 anos, depois de sofrer por cinco anos com câncer no pulmão. Arnold ainda mantém contato com John Schoen e disse:

> Conheci Suze em Connecticut, em 1953, e três anos depois estávamos casados. Costumávamos conversar muito sobre a guerra e ela me contava sobre como sua família fora levada para os campos e como ela havia escapado, abrigada por Jaap e pela família dele.
>
> Embora minha esposa tenha morrido, ainda falo de vez em quando com Jaap ao telefone. Há uma espécie de laço entre nós que nenhuma soma de tempo pode apagar. Sem os Schoens, eu nunca teria encontrado minha esposa e me apaixonado. E não teria levado a vida maravilhosa que tive o privilégio de compartilhar com ela.[151]

Quando conversei com Arnold Brown, ele me contou que Suze havia sido transferida de um lugar para o outro pelo movimento clandestino e, embora o tempo que passou com os Schoens tenha sido muito feliz, ela ficou muito traumatizada por suas experiências. Não conversava com as filhas sobre essa época.[152]

John ingressou no exército holandês em junho de 1945 e, em 1946, durante parte de seu treinamento, ficou estacionado no quartel de Wolverhampton*. Num baile local, conheceu Pamela Cox e se casou com ela em fevereiro de 1947. Em maio, foi transferido para a Indonésia, onde serviu até 1950, quando voltou à Inglaterra e se instalou com a esposa, trabalhando para a intendência militar local. Tiveram três filhos: Christopher (1952), Peter (1955) e Gerard (1959). Em 1966, a família se mudou para Cardiff e John se tornou gerente da praça de alimentação na loja de departamentos de David Morgan, onde trabalhou até se aposentar em 1984.[153]

Lamentavelmente, John Schoen, meu informante original por meio do CCJ, morreu em 8 de maio de 2007, aos 83 anos.[154] Seu filho Peter forneceu

---

* Cidade inglesa, a noroeste de Birmingham. (N. do T.)

alguma história familiar adicional e o primo de Peter, Ed van Rijswijk, filho de Tiny, trouxe informações muito importantes sobre a história de Suze e o trabalho da Resistência holandesa. Ele fez a história da família remontar a algo em torno de 1700. Arleen* visitou Ed em março de 2009, quando ele lhe falou da pesquisa sobre a família da mãe: os pais de Suze eram Samuel van der Bijl (nascido em 23 de outubro de 1908) e Alida Hamerslag (9 de janeiro de 1911), cujos filhos foram Bernard (16 de novembro de 1931), Kitty (3 de fevereiro de 1933) e Suze (14 de janeiro de 1939). Todos os cinco haviam nascido em Amsterdã. A família foi presa lá, em sua casa, na Ruyshstraat 98 II, em 20 de junho de 1943. Cerca de 5.500 pessoas foram detidas na cidade nesse dia, como resultado de uma grande batida (uma coleta de judeus – similar à Aktion**).[155] Ed explicou:

> No caso de 20 de junho de 1943, todo um setor de Amsterdã foi isolado, ninguém podia entrar ou sair e todas as pessoas que moravam dentro desse setor foram retiradas de suas casas. Tinham de abandonar seus lares com uma bagagem mínima e trancar as casas. As chaves tinham de ser dadas aos alemães. Mais tarde, toda a mobília foi tirada das casas e a maior parte dela desapareceu na Alemanha. As pessoas tiveram de se reunir nas praças dos arredores, de onde foram levadas para as estações ferroviárias mais próximas em caminhões ou trólebus. As pessoas que estavam [lá] nesse dia, mais de 5.500, foram diretamente para o Campo Westerbork.[156]

Westerbork era um campo holandês de trânsito no nordeste da Holanda (os judeus holandeses eram mandados para lá ou para Vught). De Westerbork, eles foram deslocados para o campo de extermínio de Sobibor, na Polônia, em 13 de julho de 1943 e mortos em 16 de julho de 1943. John pensou que tinham ido para Auschwitz, o que é compreensível, já que frequentemente a verdadeira sorte e o paradeiro das vítimas só foram conhecidos após o final da guerra, época em que John estava servindo o exército. Mais de 110 mil judeus foram mandados para Auschwitz, Sobibor e alguns outros campos menores; 75% desses judeus holandeses não sobreviveram.

---

* Filha de Suze. (N. do T.)

** Operação envolvendo coleta em massa, deportação e extermínio. (N. do T.)

Suze foi salva por um grupo da Resistência chamado NV-Groep (*Naamloze Vennootschap*), que estava baseado em Amsterdã, também na Ruyschstraat. Era parte de uma rede de quatro grupos que resgatavam crianças judias. Os grupos eram organizados por um judeu alemão chamado Walter Süsskind, um ex-empregado da Unilever que perdera o emprego por ser judeu. Ficara a seu cargo um centro de deportação fronteiro a um jardim de infância e ele concebeu um plano para contrabandear judeus através do jardim de infância. Durante 18 meses, Süsskind salvou mais de mil crianças e muitos adultos. Infelizmente, ele e a família foram mandados para Auschwitz, onde Süsskind morreu. Acredita-se que tenha sido visto como colaborador, em virtude das relações que travou com os nazistas para desviar a atenção de suas atividades; ele foi atacado por judeus holandeses no campo. Sua vida foi homenageada no filme *Secret Courage* [Coragem Secreta].[157]

Os membros do NV-Groep tinham de fazer sondagens para encontrar famílias adotivas. Um deles, Annemarie van Verschuer, descreveu como detestava a tarefa: "Sempre achei a coisa assustadora... Achava mais assustador que levar as crianças de Amsterdã para Heerlen, pois nunca se sabia como as pessoas reagiriam. E como um vendedor que vai de porta em porta, tínhamos de persuadir as pessoas a aceitar uma criança".[158]

Há alguma confusão no exame documental sobre quem levou Suze para Geldermalsen em 19 de junho de 1944. Acredita-se que tenha sido Truus Vermeer. Era uma moça da família Vermeer, radicada em Brunssum, no sul. Toda a família estava envolvida na Resistência holandesa e trabalhava em contato com o NV-Groep.

O NV-Groep estava particularmente envolvido na transferência de crianças. Transferiam-nas de Amsterdã para Brunssum e seus arredores, onde eram escondidas por famílias. Mais tarde, elas passaram a ser deslocadas para outras áreas, como Betuwe (área de Geldermalsen) e Achterhoek (área de Nijverdal). Ed não foi capaz de identificar o que aconteceu a Suze de junho de 1943 a junho de 1944, mas presume que estivesse escondida com outra família. Arleen disse-me que Tiny lhe contara (por *Skype*) que a primeira família não quis ficar com Suze porque ela molhava a cama. Parece que o pai de Tiny disse que não se importava com isso porque Tiny, aos 15 anos, ainda molhava a cama.[159] O NV-Groep apoiava as famílias que escondiam crianças judias com dinheiro e cupons de alimentação, o que implicava uma visita às famílias. Era Truus Vermeer quem fazia isso por Suze e ela também verificou que Suze estava sendo tratada devidamente.

Depois de julho de 1945, Suze passou seis meses com outra família em Geldermalsen e ficou, em seguida, com uma tia. Foi então transferida para a casa de outra tia por parte de mãe, Klara Hamerslag, que tinha sobrevivido à guerra com os dois filhos. Klara se casou de novo, tornou-se Klara Aarderwerk e, em 1949, adotou formalmente Suze. A Holanda introduziu uma legislação, em 1949, segundo a qual quem não havia retornado da guerra era oficialmente declarado morto. Como resultado, houve muitos casamentos, muitas adoções e outros problemas legais resolvidos. Em novembro de 1953, a família inteira, incluindo Suze, emigrou para os Estados Unidos.[160]

Arleen Kennedy contou-me que sabia da história de a mãe ter sido escondida pelos Schoens desde quando era menina. Escreveu que, em 1964, quando tinha 5 anos, eles foram visitar Tiny na Holanda, e Arleen acredita que foi a partir daí que ficou sabendo. Ela confirmou que Suze não gostava de falar sobre detalhes da guerra e nunca contou exatamente o que havia acontecido à família. Arleen presumiu que não sabia. Foi a pesquisa de Ed que deu a Arleen e aos filhos, Craig (1988) e Jason (1990), a informação sobre o destino da família. Como resultado disso, Arleen retornou a Amsterdã em março de 2009 e, durante a visita ao Museu Judaico, viu uma exibição de fotos das crianças judias resgatadas e reconheceu uma foto de Suze, que o museu não tinha identificado. Tiny imediatamente disse: "Esta é Suze".

Arleen concluiu: "Gosto muito de Tiny e de toda a sua família. São pessoas incríveis, generosas e carinhosas. Agradeço por tê-las em minha vida".[161]

3

Voluntários com Outros Motivos

Oskar Schindler (1908-74), que se tornou conhecido no mundo inteiro pelo filme *A Lista de Schindler* (1993) de Steven Spielberg, não viveu para ver seu sobrenome se transformar num termo genérico para voluntários não judeus no Holocausto. Os outros voluntários são mencionados como Schindlers de diferentes tipos: Varian Fry foi descrito como o "Schindler dos Artistas",[1] Henk Huffener foi chamado "o Oskar Schindler de Surrey",[2] Chiune Sugihara foi descrito como "Schindler do Japão",[3] o dr. Ho foi chamado de "Oskar Schindler da China"[4] e o embaixador britânico em Lisboa, em 1940, *sir* Ronald Hugh Campbell, foi chamado de "Schindler britânico".[5]

Entretanto, a personalidade e os motivos complexos de Oskar exemplificam muitos dos traços de todos os resgatadores e, portanto, um estudo de seu papel como voluntário é necessário antes que os motivos de outros voluntários sejam discutidos.

No final da guerra, Oskar Schindler escreveu sobre os esforços para transferir sua fábrica, juntamente com seus mil empregados judeus, da Cracóvia para Brinlitz, na região dos Sudetos. Hoffman, proprietário em Brinlitz,* fez objeções e, como bom nazista, recorreu a todos os meios possí-

---

* Wilhelm Hoffman era um dos dois irmãos que possuíam o grande complexo têxtil para onde Schindler queria transferir sua pequena fábrica de armamentos. Schindler queria arrendar uma parte do vasto complexo. (N. do T.)

veis para impedir a transferência. "Foi à Gestapo, ao Landrat* e ao governador do distrito, insistindo para que Schindler não tivesse permissão de encher a área com os seus judeus, que eram propensos a trazer varíola, atrair a atenção de bombardeiros inimigos etc." Mas Schindler conseguiu obter permissão da sede da SS.

> É impossível alguém de fora imaginar que trabalho árduo tive de enfrentar para conseguir cumprir minha decisão de transferir os judeus, até ver as mil pessoas alojadas no novo local. A confusão geral que reinava no período, a burocracia, a inveja e a malevolência de várias pessoas puseram-me às vezes à beira do desespero. Fui sustentado, porém, por um desejo intenso de salvar os judeus (alguns dos quais tinham se tornado amigos íntimos, leais, durante os cinco ou seis anos precedentes) dos crematórios de Auschwitz ou de outro lugar, depois de ter conseguido protegê-los durante tantos anos, e ao custo de tamanho esforço pessoal, das garras da SS.[6]

Oskar Schindler não era uma pessoa religiosa, mas era humano. Victor Dortheimer, nº 385 na lista de Schindler, um dos judeus que chegou a conhecê-lo melhor, disse que sabia que Schindler cuidaria dele desde a primeira vez que o encontrou: "Não foi nada que ele disse – foi só o fato de ter sido gentil comigo, de ter falado comigo como se eu fosse um ser humano normal. Nenhum outro alemão me tratava como um ser humano".[7] Victor acreditava que os motivos de Schindler para ajudar os judeus eram seu senso de aventura e seu senso de moralidade: "Ele estava sempre levemente de porre e sempre com uma bela mulher. Era um gângster cavalheiro, mas acho que, quando viu o que estava acontecendo com os judeus, percebeu que tinha de nos ajudar".

Victor era decorador e foi escolhido para decorar a mansão do comandante da SS, Amon Goethe, sendo depois destacado para a pintura na fábrica de Schindler. Passou a conhecer Schindler quando se sentou com ele, tomando vodca, em seu apartamento. Trocaram confidências e Victor lhe pediu favores para os colegas de trabalho. Victor o descreveu como um sujeito esperto e

---

* Oficial de distrito. (N. do T.)

habilidoso. "Ganhou uma fortuna que gastou protegendo a nós, seus judeus. Se os alemães tivessem descoberto, ele teria sido fuzilado."[8]

Em 1995, Victor Dortheimer foi tema de um documentário de TV, no qual foram descritas as ações de Schindler. Ele havia salvado de Auschwitz, entre outros, duas mulheres que tinham o sobrenome de Victor: uma era sua esposa, Helena, e a outra era a esposa de seu irmão – eram os números 28 e 29 da lista. Victor disse que a fábrica foi uma enorme decepção. Não produzia nada:

> Não produzíamos sequer um cartucho. A empresa agia como camuflagem para nos proteger. Além disso, Schindler permitia que ouvíssemos a BBC no rádio do carro na garagem. Soubemos o que estava acontecendo no *front* antes mesmo de nossos guardas alemães. Se tivessem nos capturado, teríamos sido fuzilados.[9]

Outra perspectiva foi proporcionada por Herbert Steinhouse, um jornalista canadense que conheceu Oskar no período do imediato pós-guerra na Alemanha. Ele encontrara um vizinho dos Schindlers de Svitavy,[10] cidade natal de Oskar. O vizinho, cujo pai fora o rabino local, conversou sobre Schindler com Steinhouse:

> O camarada disse que, como alguém que foi um fascista dos Sudetos e que tinha sido membro do partido de Henlein, mais tarde absorvido pelo grande partido nazista da Alemanha, Schindler fora sem a menor dúvida um verdadeiro crente em tudo, com exceção de uma coisa. Essa coisa era a política racial. Ele fora amistoso com vários judeus dos Sudetos. Tinha conversado com seu vizinho e o pai deste, o rabino. Falaram sobre a sofisticada literatura ídiche da Polônia e da Tchecoslováquia, sobre os contos folclóricos, a mitologia, as anedotas e as antigas tradições judaicas das aldeias da Polônia oriental ou da Moldávia.[11]

Herbert manteve um registro de encontros em Munique, em 1948, com Oskar e Emilie Schindler. O artigo subsequente só foi publicado em 1994. Ele especulava sobre os motivos de Schindler, observando que Ifo Zwicker, também salvo por Schindler, conhecia-o da cidade onde os dois moravam: "Como cidadão de Zwittau,* eu jamais o teria considerado capaz de todos

---

* Nome alemão da cidade de Svitavy. (N. do T.)

esses feitos incríveis. Antes da guerra, você sabe, todos aqui o chamavam de *gauner* (trapaceiro ou vigarista)".[12] O próprio Oskar usava uma palavra alemã específica para se descrever – "*maßlos*" – que significa literalmente "sem moderação ou freio, mas tem a conotação adicional da presença de uma irresistível força interior que faz a pessoa ir além de um comportamento considerado aceitável".[13]

Schindler era um bom conhecedor dos atributos humanos – escolheu um futuro juiz da corte suprema de Israel para produzir documentos forjados. Moshe Bejski descreveu Schindler como alguém "que não costumava pôr panos quentes nas coisas":

> Schindler era um beberrão mulherengo. Sua relação com a esposa era um tanto complicada. Tinha sempre não uma, mas várias namoradas. Após a guerra, foi inteiramente incapaz de levar à frente um negócio normal...
>
> Tínhamos de aceitá-lo como era – uma pessoa muito complexa. Schindler era um bom ser humano. Era contra o mal. Agia espontaneamente. Era aventureiro, alguém que assumia riscos, mas não tenho certeza se gostava disso. Fazia as coisas porque as pessoas lhe pediam que fizesse. Gostava muito de crianças. Via todos os filhos e netos daqueles que resgatou como sua própria família. Era muito, muito sensível. Se Schindler tivesse sido um homem normal, não teria feito o que fez. Tudo que fazia o colocava em perigo....
>
> Um dia, no final dos anos 60, perguntei a ele por que fez tudo aquilo. Sua resposta foi muito simples: "Eu conhecia as pessoas que trabalhavam para mim. Quando você conhece as pessoas, tem de tratá-las como seres humanos...". Esse era Schindler.[14]

A psicoterapeuta Luitgard Wundheiler escreveu, em 1986, muito antes do filme de Spielberg, um longo artigo sobre o desenvolvimento moral de Schindler durante o Holocausto. Ela mesma nos interessa, pois o pai era juiz na Alemanha. Em 1936, juntamente com todos os demais funcionários públicos alemães, o pai foi instado a ingressar no partido nazista, assinando um juramento de lealdade. Ele discutiu a questão com a filha Luitgard, de 14 anos, e explicou as possíveis consequências de uma negativa, que incluíam sua morte. Na realidade, embora não tenha assinado o juramento e tenha sido demitido como juiz, ele conseguiu emprego como mensageiro do fórum enquanto durou a guerra e, vivendo na pobreza, sobreviveu com a filha. Cinquenta anos depois, o artigo da filha discutia como Schindler se transformara de alguém que ajudava de forma impulsiva e oportunista numa pessoa dotada de compaixão e, por fim, num altruísta com bons princípios. E também como, de um homem cujas preocupações estavam limitadas às pessoas que conhecia, passara a ser alguém que se preocupava com muitos que não conhecia.[15]

Ela se refere à consciência que Oskar tinha de sua impulsividade, de novo em resposta a Bejski, que perguntara: "Por que você fez o que fez, por que arriscou a vida por nossa causa?". Schindler respondeu:

> "Se você fosse atravessar a rua e houvesse um cachorro correndo o risco de ser atropelado por um carro, você não tentaria ajudar?" Essa resposta é reveladora. Schindler sem dúvida encarava suas ações de resgate como reações diretas e humanas à visão do sofrimento; encarava-as como coisas tão normais que não lhe ocorria que precisassem de uma explicação. Daí a pergunta desafiadora no fim: "Você não tentaria ajudar?". A pessoa quase experimenta uma certa impaciência por ser interrogada sobre algo tão evidente. Há também uma cativante inocência nessa resposta, como se, mesmo após o Holocausto, ele ainda não tivesse percebido que a maioria das pessoas não tenta ajudar outra criatura em perigo se, para fazê-lo, precisa se colocar numa situação de risco.[16]

Esta visão é confirmada, até certo ponto, por uma mulher chamada Ingrid, que foi salva por Schindler. A mulher afirmou: "Ele não podia tolerar o sofrimento. Não esperava que as coisas chegassem ao ponto que chegaram". Seu marido acrescentou:

> Veja, ele era um nazista, mas estava trabalhando para a Abwehr [inteligência militar] e eles desprezavam a SS. Mas você sabe, ele ganhou muito dinheiro; podia ter ficado com tudo. No entanto, usou cada centavo para salvar aquelas pessoas. No fim, ficou sem nada.[17]

Alguns anos mais tarde, o juiz Bejski acrescentou: "Schindler foi diferente por duas razões. Suas proezas foram feitas numa escala muito ampla e ele as levou à frente durante um tempo muito longo".[18] Nesse longo tempo, foi apoiado pela esposa Emilie, que era mais perspicaz sobre os nazistas do que Oskar. Ela escreveu mais tarde que tentou persuadi-lo de que os nazistas estavam planejando "impor o nacional-socialismo pela força das armas e de uma dominação brutal... Mas meus protestos ante Oskar, repetidos vezes sem conta, eram inúteis. Na época em que ele percebeu o que estava acontecendo, a guerra já havia reclamado a maior parte de suas vítimas".[19]

Schindler se casara com Emilie em 1928, quando ambos eram muito jovens – ele tinha 20 anos e ela 21. Emilie foi educada num convento, onde sua melhor amiga era judia. O casamento parece ter sido infeliz desde o início – talvez o fato de morarem com o pai beberrão e a mãe inválida de Oskar não ajudasse.[20] Não tiveram filhos; contudo, ela foi extremamente solidária com Schindler em sua obra de ajudar os judeus, embora Schindler não lhe fosse particularmente leal:

> Eu via esse infeliz povo judeu reduzido à escravidão, as pessoas tratadas como animais e desprovidas de tudo – incluindo, independentemente das estações, o uso de roupa de baixo sob os uniformes. Ao vê-los desse jeito, com todas as suas posses e mesmo suas famílias tiradas deles, e sem o direito a uma morte digna, não podia deixar de lamentar o seu terrível destino.[21]

O incidente dos judeus de Goleszów (Golleschau) demonstra não apenas a barbárie dos nazistas, mas também a coragem e a humanidade de Emilie e Oskar ao enfrentarem tamanho horror.

Emilie escreveu suas memórias para se contrapor ao modo como o marido "foi banhado por toda aquela luz que a história lhe concedeu, o que não me parece inteiramente justo. Não estou fazendo isso por sua causa, mas em nome da verdade".[22] Emilie deu uma noção da motivação deles:

> O filme de Steven Spielberg, o livro de Thomas Keneally e todos os rios de tinta derramados cinquenta anos depois dos fatos descrevem meu marido como um herói deste século. Isso não é verdade. Ele não foi um herói, nem eu. Só fizemos o que tínhamos de fazer. Em tempos de guerra nossas almas vagueiam desnorteadas, ao sabor da corrente. Eu fui uma daquelas sombras fugazes afetadas pela atrocidade, por toda a sua miséria e veemência, suspeita e contradição, que deixaram uma marca indelével em minha memória.[23]

Seu livro é concluído com uma declaração simples:

> A moral de minha história é simples: nosso semelhante tem sempre o direito à vida. Como tantos outros durante a guerra, acho que experimentei em minha própria carne que "amar uns aos outros" não é uma expressão vazia, mas uma máxima pela qual vale a pena viver, mesmo na pior das circunstâncias. Os descendentes dos que estavam na lista de Schindler mostraram que isso era verdade; estão vivos, tendo filhos, recordando...[24]

Em 2001, Emilie entrou com uma ação judicial para obter a cópia original da Lista de Schindler.[25] Ela morreu nesse mesmo ano.

O artigo de Steinhouse ficou quarenta anos num baú, porque no período do imediato pós-guerra ninguém quis publicá-lo. Quando *A Lista de Schindler* foi lançada em dezembro de 1993, Steinhouse tirou de lá o artigo, que causou um bom impacto. Ele o atualizara com a partida de Schindler para a Argentina, no verão de 1949, bancado por uma certa Beneficência Judeu-Americana (JDC)*. Schindler foi tratado generosamente, chegando com dinheiro suficiente (cerca de 15 mil dólares) para iniciar um negócio de peles. Ele fracassou, tentou ser fazendeiro, mas também não teve êxito. "Era otimista e continuava esperançoso – como sempre." Segundo a esposa, "na Argentina, ele simplesmente vivia na cama", embora se levantasse à tarde para visitar a namorada. Possuía 500 mil pesos quando, em 1958, deixou Emilie na Argentina e retornou à Alemanha. Ela própria pagou as dívidas e ficou sem nada.[26] Também na Alemanha Schindler fracassou e, de novo, perdeu o dinheiro de seus benfeitores – dessa vez numa fábrica de cimento. A esposa disse que ele era "um vendedor, um sonhador e um empresário não muito honesto":

> Ele sabia como se mover no mercado negro e soubera se tornar um milionário. Nas condições da guerra, de suborno e doações, ele fez dinheiro. Mas como empreendedor correto, parece que fez uma grande trapalhada na Argentina e de novo na Alemanha.[27]

A história dele foi contada brevemente na TV alemã no início dos anos 60. Schindler estava morando em Frankfurt quando alguém o reconheceu na rua

---

* Iniciais do nome inglês da instituição American Jewish Charity. (N. do T.)

e cuspiu-lhe na cara, chamando-o de "beijoqueiro de judeu". Embora Konrad Adenauer tivesse lhe dado uma condecoração e uma pequena pensão, ele estava na miséria. Morava num quarto perto da estação de Frankfurt e continuava vivendo de donativos dos *schindlerjuden* (judeus de Schindler). Embora fosse reconhecido pelo Yad Vashem e festejado por judeus em Israel, que visitava todo ano, andava bebendo demais. Morreu em 1974, com apenas 66 anos, vítima "da pobreza e do alcoolismo", segundo Steinhouse. Infelizmente para ele, isso aconteceu seis anos antes de Thomas Keneally, em 1980, entrar na loja de malas de Poldek Pfefferberg, em Beverly Hills, e encontrar a história de sua vida.

Trude Simonsohn havia conhecido Schindler quando ele se mudou para Frankfurt em 1958. Ela atuava nos Amigos de Frankfurt* da Universidade Hebraica de Jerusalém. Aos 73 anos de idade, Trude disse a um jornalista da *Reuters*: "Ele era uma alma exausta. Como se toda a energia que possuíra na vida tivesse se esgotado nessa ação de resgate... Podemos sentir isso nele. Uma pessoa que teve tanta força naquela época terrível, não conseguia mais se equilibrar".[28]

Yitzhak Stern, que trabalhou com Schindler durante todo o período dos resgates, deu um testemunho em maio de 1962, num encontro de sobreviventes com Schindler. Ele disse:

> Encontrei Schindler em 18 de novembro de 1939... Quando ele me estendeu a mão, eu disse: "Sou judeu", pois um judeu tinha de anunciar que era judeu quando falasse com um alemão. Schindler não ligou para isso e disse: "Bobagem. Por que você me lembra que sou alemão? Já não sei disso?".

Em 4 de dezembro de 1939, Oskar entrou correndo, contou a eles sobre a criação do gueto e o arrebanhar de judeus, mas ninguém lhe deu atenção. Mais tarde eles se lembrariam: "Schindler havia nos contado sobre os planos, e nós, pessoas estúpidas, não lhe demos ouvidos". O testemunho de Stern não deixou de abordar o respeito de Schindler pelas tradições judaicas: ele criou um cemitério judaico especial quando uma certa sra. Hofstater morreu e ela foi enterrada com todo o ritual apropriado. Como disse Stern: "Foi a única instalação de um cemitério judaico na Europa ocupada...".

---

* Grupo *quaker*. (N. do T.)

Depois de descrever os horrores do resgate do trem de Goleszów, Stern concluiu: "Na linguagem hebraica, há três termos, três níveis: pessoa, homem e ser humano. Creio que há um quarto: Schindler".[29]

A palavra final sobre Schindler devia ser dada a alguém que o conheceu bem durante um longo período: o dr. Moshe Bejski, que o descreveu com a palavra ídiche *mensch*. Isso é geralmente traduzido como "um sujeito decente" ou "uma boa pessoa".[30] Ele disse que Schindler fora criado como um *bon vivant* e gostava da boa vida. Nascido em 1912, não tinha mais de trinta e poucos anos quando chegou à Polônia para fazer dinheiro, mas ao ver o modo como os judeus estavam sofrendo, sentiu que devia fazer alguma coisa:

> Era um verdadeiro ser humano e muito sensível ao sofrimento humano. No terreno da fábrica de Brinlitz havia uma enfermaria e nela uma jovem moça judia, com 22 ou 23 anos, estava em estado terminal com tuberculose. Schindler foi visitá-la e perguntar se queria alguma coisa. A moça disse que tinha vontade de comer uma maçã. Isso foi no inverno de 1944-1945, mas ele foi até Zwittau e voltou lhe trazendo uma sacola de maçãs.[31]

O dr. Bejski disse que aquilo era um exemplo de sua grande generosidade, mas admitiu que Schindler tratava a esposa mal. "Era muito cruel com ela." Bejski me contou que Schindler era o único alemão que ele não temia. Bejski trabalhava fazendo desenhos técnicos no escritório: "Quando Schindler ia lá, às vezes acendia um cigarro e deixava o resto do maço sobre a minha escrivaninha. Eles eram extremamente valiosos. Dois cigarros podiam comprar meia bisnaga de pão no campo".

Schindler foi um homem de motivações complexas, como muitos dos voluntários. Encontrou um nicho durante a guerra, mas sua vida após a guerra foi um desastre e, de fato, ele teve de ser apoiado, pelo resto da vida, pelos judeus que salvara. Não obstante, no momento crucial de sua existência, foi um benevolente e verdadeiro salvador para seus 1.100 judeus.

Voluntários Envolvidos com a Resistência

Henk Huffener (1923-2006). Toda a família de Henk esteve envolvida com a Resistência. O pai, Hendrik, que era um ativo antifascista desde 1935, começou a realizar reuniões da Resistência em casa, em 1941. "Meu pai era uma pessoa incrivelmente generosa e valente. Nunca demonstrava absolutamente qualquer ansiedade."[32] A família consistia de Hendrik, os sete filhos e a madrasta. A mãe verdadeira, Guilhermina Huffener-Merks, havia morrido em 1932. Era uma família de católicos não praticantes, o que Henk disse não ter significado para ele.[33] Moravam numa área remota de Bilthoven, nos limites de uma propriedade muito grande, pois o pai se tornara administrador local de um hospital e sanatório para pacientes com tuberculose. Esse isolamento teve um valor inestimável para o trabalho da Resistência.[34]

A família de Henk era apreciadora da música e, nos finais de semana, dava concertos de câmara com amigos que faziam parte de seu grupo da Resistência. Contudo, a primeira façanha deles, em 1941, foi desastrosa, quando um certo dr. Browser, que estabeleceu contato pelo rádio com o governo holandês no exílio em Londres, pediu que Henk e seu irmão mais novo, Joep, informassem sobre instalações militares alemãs e movimentos de tropas. Henk admitiu:

> Eu tinha 18 anos, mas aparentava 14, e conversaria com os soldados. Seria bem-humorado, descontraído e diria: "Puxa, estão indo mesmo nessa direção?". Os alemães acabaram detectando a antena do médico e irromperam na casa dele. Pegaram-no com a mão na massa; ele foi levado e fuzilado.[35]

Henk, que nasceu em Utrecht, em 24 de fevereiro de 1923, diz que era um rapaz precoce e que, aos 15 anos de idade, já tinha uma mescla de amigos que incluía judeus, ateus, *quakers* e protestantes.[36] Sua educação formal terminou aos 17 anos, quando os alemães ocuparam a Holanda. Ele era muito próximo da irmã mais velha, Ann, e do irmão Joep, que foram os mais envolvidos na Resistência.

Henk também escreveu sobre a grande influência que sofreu de Betty Cadbury, uma *quaker* de Birmingham, que se casou com Kees Boeke, que dirigia a escola Werkpaats – "um internato excêntrico, progressista". Betty apresentou-o a várias pessoas interessantes: Victor Gollancz, o editor, Fenner Brockway, membro do Parlamento, e Corder Catchpole, outro *quaker* que estava ativamente empenhado em aliviar a agonia causada pelos nazistas e que era muito lúcido quanto ao destino dos judeus. Como os Boekes, Catchpole estivera internado durante a Primeira Guerra Mundial em virtude de atividades pacifistas. Contudo, na Europa dos anos 30, "os *quakers* decidiram evitar a palavra 'pacifista' e se descreviam como 'Amigos da Paz', porque os nazistas presumiam que o pacifismo demonstrava um envolvimento político com os comunistas, que eram encarados como traidores".[37]

Henk escreveu: "Por causa dela [Betty], tornei-me um ardoroso pacifista e via pouco sentido em resistência armada. A resistência armada foi no essencial contraproducente e custou na época incontáveis vidas".[38] Em 1940, os Boekes haviam empregado dois professores judeus alemães em sua escola, mas, no final de 1941, tornou-se proibido empregar judeus. Betty, sendo uma mulher inglesa, já havia despertado o interesse dos nazistas e possuía um considerável material incriminador na escola, como os endereços de judeus alemães e os livros escritos por eles. Henk se ofereceu para guardar isso em um esconderijo seguro, pois os nazistas poderiam dar uma busca. Ele escreveu: "Enchi um carrinho de mão com caixas, sem saber o que havia nelas".[39] Mas nem todo trabalho envolvia ajuda aos judeus: Ann, irmã de Henk, coordenava uma "estrada suíça", uma rota de fuga que:

> a princípio, se destinara a permitir que antigas personalidades parlamentares holandesas chegassem a Londres via Genebra, e o dr. V. Hooft, chefe do Conselho Internacional das Igrejas, contrabandeava microfotos de certos materiais (principalmente documentos secretos) e de instalações militares por esse mesmo caminho. A organização oficial articulada com Londres, envolvendo mais de cinquenta países trabalhando com retransmissão de dados, começou na Holanda, onde Ann conseguiu uma casa segura na qual muito material foi reunido e acondicionado em aparelhos de barbear, canetas-tinteiro, escovas de cabelo etc. Finalmente eu soube que cerca de cinquenta tripulações dispensadas da aviação civil foram mandadas pela rota 2 para Espanha e Portugal. Em 1942, persuadi-a, juntamente com o marido suíço, mensageiro da rota, a ajudar judeus a chegarem pelo menos à Bélgica. Os judeus eram a exceção, não a regra.[40]

Em 1942, o grupo enfrentou seu primeiro grande desafio, quando lhes pediram para evacuar um *kibutz* de sionistas alemães, conhecido como Hachshara Home, em Loosdrecht:

O grupo de resistência recebeu um alerta de que os alemães dariam uma batida no *kibutz* e mandariam seus ocupantes para campos de concentração. O grupo dispersou o *kibutz* em apenas algumas semanas. Eles foram diluídos em pequenos grupos, alguns com trajes de excursionistas e ciclistas. O sr. Huffener e sua irmã deslocaram todos os judeus para acomodações permanentes e seguras. O sr. Huffener chegou a conseguir colocar uma menina com síndrome de Down numa casa para crianças mentalmente deficientes. Levou-a para essa casa de trem e de bicicleta.[41]

Isso, é claro, era muito perigoso e, em certa ocasião, quando estava escoltando uma moça de traços judaicos acentuados e que não falava holandês, Henk foi parado por soldados alemães. "Ele a beijou, explicou aos alemães que se não chegassem logo seus pais iam criar problemas e a coisa deu certo." Aliás, foi o pai dessa moça que posteriormente mostrou a Henk sua condecoração da Primeira Guerra Mundial encaixada numa almofada de veludo preto. As palavras dele foram: "Essa é uma Cruz de Ferro de primeira classe. Estou protegido de deportação". Henk suplicou que não acreditasse nisso, mas infelizmente o conselho foi ignorado.[42]

A questão dos judeus e a Cruz de Ferro era de grande importância, particularmente entre judeus assimilados. Judeus que se viam como inteiramente assimilados sentiam-se seguros em muitos países. No início da Primeira Guerra Mundial, as principais organizações judaicas encorajaram os judeus a se alistarem nas forças armadas para mostrar seu compromisso com a terra natal. Cem mil judeus lutaram pela Alemanha na Primeira Guerra Mundial, incluindo o pai de Anne Frank, Otto, o tio de Wilfrid Israel, Richard, e seu primo Ernst. Representavam um quinto da população judaica e, enquanto 12 mil tombaram em batalha, 30 mil foram condecorados e 2 mil se tornaram oficiais.[43] Os túmulos dos que tombaram ainda podem ser vistos no cemitério Weissensee, em Berlim – o maior cemitério judaico da Europa. "Uma seção inteira homenageia os caídos de 1914-1918 com fileiras de pequenas estelas brancas alinhadas com precisão militar." Foram erguidas em 1927, quando "era ainda possível homenagear judeus alemães que haviam morrido como patriotas pela terra natal".[44]

Aqueles soldados sobreviventes, particularmente os que foram condecorados, sentiam-se muito seguros. Mas os judeus alemães que se consideravam "alemães da crença mosaica", que haviam aderido com entusiasmo ao chauvinismo prussiano em 1914, iam finalmente ficar desapontados.[45] Eles acreditavam ser parte integrante da cultura alemã:

> Depois de 1933, ficaram chocados ao perceber que eram alvos das leis raciais nazistas – que as diatribes de Hitler eram dirigidas contra eles. Convencidos de que houvera algum engano, veteranos da Primeira Guerra Mundial puseram as medalhas no peito e visitaram funcionários nazistas locais para enfatizar seu patriotismo. Em março de 1933, a congregação judaica de Berlim mandou uma declaração a Hitler ratificando "a garantia de que pertencemos ao povo alemão; é nosso dever sagrado, nosso direito e nosso desejo mais profundo desempenhar um papel ativo em sua renovação e florescimento". Ainda em 1936, a "Associação do Reich de Soldados Judeus do Front" homenageava os camaradas tombados na Primeira Guerra Mundial com uma cerimônia em Berlim que destacava sua lealdade à terra natal.[46]

Else Pintus descreveu um incidente em Dantzig, no verão de 1941. O sr. David, que possuía uma loja de móveis, estava na fila por comida quando uma mulher lhe disse que a fila era só para alemães. Ele respondeu: "Sou tão alemão quanto você. Servi quatro anos no *front* alemão". Alguém deve ter transmitido a conversa à Gestapo. Embora o encontrassem doente na cama, arrastaram-no de casa e oito dias depois ele estava morto.[47]

O dr. Arthur Arndt, que ficou escondido em Berlim com outros seis judeus do início ao fim da guerra, fora agraciado com a Cruz de Ferro pelos serviços prestados como médico do exército na Primeira Guerra Mundial. Em 16 de agosto de 1935, um mês antes de serem aprovadas as Leis de Nuremberg, concederam-lhe um diploma da Cruz de Honra, de novo pelo trabalho durante a Primeira Guerra Mundial. Em julho de 1938, ele foi informado de que os médicos judeus estavam sendo excluídos do registro médico e não poderiam mais se autodenominar médicos ou tratarem de pacientes arianos. Os médicos judeus deveriam agora ser conhecidos como *krankenbehandler* (cuidadores de enfermos judeus).[48] Finalmente, na Hungria, todas as exceções para judeus, mesmo heróis de guerra, foram revogadas a 15 de outubro de 1944, quando o governo Szálasi chegou ao poder.

Esses orgulhosos soldados não deveriam ter esquecido os acontecimentos de 1º de novembro de 1916, quando no momento em que a guerra começou a se voltar contra os alemães, o alto comando – na pessoa do ministro da guerra prussiano, Adolf Wild von Hohenborn – achou que os judeus dariam um bom bode expiatório para a falta de êxito germânica. Foi decidido que um censo de judeus haveria de mostrar que eles estavam negligenciando os deveres militares para com a terra natal. Contudo, devido ao sincero patriotismo dos judeus, o *judenzahlung* (contagem judaico ou censo judaico) demonstrou que, além de estarem servindo entusiasticamente, os judeus, de modo desproporcional, estavam se oferecendo espontaneamente para missões na linha de frente. Os resultados da pesquisa jamais foram publicados, pois não serviam ao objetivo para o qual o exercício fora projetado.[49]

Henk encontrou esconderijos para muitos judeus, incluindo a família Da Costa e Bep e Mani Aalsvel, que ficaram temporariamente abrigados na casa da família dele.

> Quando um garoto judeu de origem austríaca, cujo nome falso era Jan Boon, precisou de uma cirurgia, Henk alugou uma carroça e levou-o para a cidade de Utrecht, onde ele foi tratado, por incrível que pareça, por um cirurgião com simpatias germânicas. A iniciativa foi muito perigosa, pois Jan falava muito pouco holandês.[50]

Henk e Joep precisavam de dinheiro e cupons de racionamento para os que estavam aos seus cuidados. Joep atacou centros de distribuição e...

> Henk fez rodadas de coletas para arrecadar fundos, visitando judeus ricos em esconderijos, como Kurt Leipziger, que possuía um cinema em Berlim, Eddy Salm, um antigo editor de Amsterdã e o filósofo Wolfgang Frommel. Para Henk, esses judeus eminentes representaram não apenas uma fonte de dinheiro, mas uma excelente universidade subterrânea.

Henk foi preso em Arnhem, em março de 1943, enquanto visitava alguns de seus *kibbutzniks** escondidos lá. Foi detido apenas por infrações menores e acabou como trabalhador escravo na Alemanha. Escapou datilografando sua própria autorização de partida A5 (que ainda tinha quando o visitei), mas se

---

* Membros de *kibutz*. (N. do T.)

encontrava num estado precário. Mostrava-se ansioso para retornar às atividades clandestinas, e amigos lhe deram a chave de um apartamento vazio em Amsterdã. Parece que um jovem violinista judeu se refugiara lá com a esposa. Não tinham comida e, como não tinham cupons de racionamento, nada podiam comprar. Estavam tão desesperados que disseram que queriam se matar. Henk prometeu ajudá-los mas, ao acordar no dia seguinte, descobriu que era tarde demais. Ele ficou desconsolado e isso o levou a um esgotamento nervoso. Prescreveram-lhe pílulas e mandaram que descansasse mas, como os alemães estavam de novo atrás dele, Henk teve de continuar procurando onde se esconder.[51]

Henk está entre aqueles cujo desejo de ajudar minorias com problemas continuou após a guerra. Ele ficou transtornado com o racismo com que se deparou em Londres quando lá chegou pela primeira vez, em 1950, e quis ajudar um colega a vender arte africana. Mais tarde, em 1972, ajudou refugiados chilenos, como também ajudou antilhanos vivendo em Notting Hill durante os anos 70, que estavam sofrendo em virtude da lei "Sus"*. Organizou uma Associação de Defesa Legal (LDA)**, "por meio da qual as famílias contribuiriam com 50 *pence* por semana para garantir acesso a um advogado em caso de prisão e de custos judiciais".[52] Assim, Henk viu com os próprios olhos o racismo e o preconceito na Inglaterra do pós-guerra; como resultado de ser visto frequentando a reunião para criar a LDA, na "casa chique de um amigo em Kensington com antilhanos e africanos", minutos depois de sair de lá foi parado na Kensington High Street por policiais que ocupavam um carro de aparência comum. Acusaram-no de roubo de carros e o dele foi revistado. "Na mala do meu carro, encontraram um pedaço de madeira carcomido que foi considerado arma ofensiva, assim como meu guarda-chuva."

Mais tarde ele abriu um centro de artes chamado Atlantis numa igreja abandonada em Bruton, Somerset, para pessoas de todas as raças (incluindo antilhanos, africanos, judeus e uma variedade de pessoas do continente), que dirigiu durante cerca de dez anos. Henk escreveu: "Todos eles contribuíram para a cultura desta nação".[53] E acrescentou:

---

* Nome informal da lei que permitia à polícia revistar e mesmo deter pessoas com base apenas na suspeita ("sus" vem de *suspicion*, suspeita). (N. do T.)

** Sigla do nome da entidade em inglês: *Legal Defense Association*. (N. do T.)

> Pretendia-se que [o centro] fosse um local de encontro para o pessoal de Guildford que não tivesse sido reintegrado, que tivesse espaços de estúdio para estudantes de arte pós-graduados e músicos promoverem suas carreiras, e que também funcionasse como um centro social para aposentados locais. Encontros sociais, concertos (clássico, de câmara, orquestral) e teatro. Trinta e seis estudantes passavam o tempo trabalhando lá. O uso das instalações era gratuito.[54]

Ele encorajou a falecida Maria Sax Ledger em sua pintura.[55] Um grupo chamado Treatment gravou em seus estúdios de 1981 a 1985. Eles lhe agradeceram na capa do disco *Cipher Caput*, em 1993, com as palavras: "Montagem da Contracapa: Henk Huffener – que também merece nossa eterna gratidão pela energia e magia que nos dedicou muito tempo atrás em Atlantis, Bruton. Obrigado pela acolhida que então nos deu".[56] Philip Hardaker, o escultor, teve um estúdio lá de 1980 a 1985 e me disse que se lembrava do Treatment, que havia tocado em Glastonbury. Disse que havia um estúdio de gravações um tanto primitivo no porão da Atlantis, que diferentes grupos usavam e, quando Glastonbury começou, muitos deles hospedavam-se no centro, que ficava bem perto. Os hóspedes só tinham de pagar a água e a luz, mas alguns abusavam da generosidade de Henk. Havia muita gente diferente lá, incluindo tecelões, um fabricante de guitarras e bandolins, assim como fotógrafos:

> Como era pintor e um artista criativo, ele deu também um grande apoio a artistas jovens. Sempre vou recordá-lo como um dos mecenas mais generosos, que mais davam apoio, e um dos homens mais divertidos que já encontrei. Tinha um grande espírito e uma paixão pela vida que contagiava todos à sua volta.[57]

Henk contara a Philip sobre seu trabalho na Resistência, mas obviamente achava doloroso conversar sobre o assunto. Contou a ele sobre quando foi preso e trabalhou numa fábrica U2,* onde sabotava as peças que estava fazendo. Henk lhe disse que foi para a Inglaterra após a guerra porque, na Holanda, muitas das pessoas que tinham colaborado com os nazistas ainda se conservavam em altos cargos. Ele e a esposa Margaret tiveram três filhos, mas perderam Guy, o único filho homem, por volta de 2004, quando ele e a esposa

---

* Fábricas U2 eram fábricas de armamentos, talvez especificamente as que usavam mão de obra dos campos. (N. do T.)

pegaram malária cerebral na África, morrendo ambos ao retornar para casa, na Alemanha. Philip concluiu falando das saudades que tinha de Henk.[58]

Depois da guerra, Henk recebeu a Cruz Comemorativa da Resistência. Henricus (Henk) Huffener foi reconhecido pelo Yad Vashem como um Justo entre as Nações em 23 de julho de 1998 e foi homenageado em Londres, em 3 de fevereiro de 1999. Em sua fala na ocasião, o embaixador israelense fez um comentário incomum sobre o trabalho de Henk no pós-guerra:

> Depois da guerra, o sr. Huffener quis ajudar as vítimas dos nazistas e fez o que pôde para encontrar trabalho útil nessa área. Acabou trabalhando como psicólogo da UNESCO em Paris até 1950. Após vir para a Inglaterra e se casar com sua esposa Margaret, foi dono e diretor de um centro cultural em Somerset, ajudando pessoas jovens em suas carreiras.[59]

Henk era modesto sobre suas realizações. Quando perguntado por que se arriscou a morrer para salvar estrangeiros quando tantos outros não o fizeram, ele disse: "Eu tinha amigos judeus. É difícil dizer. Sou um pouco excêntrico pelo fato de gostar muito da diversidade cultural".[60] Infelizmente, Henk morreu em 2006, mas as palavras de Sua Excelência Dror Zeigerman na embaixada israelense vão durar pela eternidade: "Você é uma luz brilhando por entre a escuridão do Holocausto; sua incrível bravura é um testamento para toda a humanidade".

Claire Keen-Thiryn (1924) era uma menina que morava em Bruxelas quando se envolveu com o trabalho dos pais na Resistência. Ela disse: "Como tantos trabalhadores da Resistência, acabamos nos envolvendo com os judeus. Mesmo involuntariamente, muitos de nós se envolveram".[61]

Claire considerava sua família muito "tradicional", visto que o pai, Eleuthere Thiryn, era militar de carreira, oficial do exército belga. Servira do início ao fim da Primeira Guerra Mundial sem ser ferido e, depois da guerra, tornara-se professor na Academia Militar. A mãe foi para a Inglaterra como refugiada durante a guerra e permaneceu durante quatro anos em Bexhill. O irmão de Claire, Louis, nasceu lá em 1918. A experiência tornou seus pais anglófilos liberais. Claire recordou que ela e o irmão pediram à mãe para votar nos nazistas em 1936, quando as mulheres votaram pela primeira fez.

Eles achavam que era o início de um novo período, com o governo de direita da Bélgica varrendo a sujeira com uma vassoura nova.[62]

Claire acreditava que os judeus estavam bem integrados na Bélgica, assim como na França, em razão da influência da Revolução Francesa, que dera aos judeus igualdade de cidadania. Falou da mãe "visitando o único restaurante *kosher* belga com sua melhor amiga judia e comentando que havia saboreado a comida *kosher* como se comesse alguma coisa exótica. A própria Claire sabia que havia judeus em sua escola, mas só soube quem eram eles depois que desapareceram, juntamente com um professor, após a invasão de 10 de maio de 1940".[63]

O pai de Claire ficou encarregado do ministério da alimentação, que racionava a comida para todos na área ao redor de Bruxelas, conhecida como Brabante. Ele estava em contato contínuo com os nazistas e tinha de alimentar suas tropas. Foi em junho/julho de 1940 que a família se juntou à Resistência e, quase imediatamente, um casal judeu na faixa dos 50 ou 60 anos veio morar com eles. Como o homem estivera no exército com o pai durante a Primeira Guerra Mundial, pode ter sido uma questão de lealdade. Eles só ficaram seis meses, e Claire acredita que conseguiram uma rota de fuga da Bélgica. Sabia que o casal não comia com a família – talvez só se alimentassem com comida *kosher*, visto que o homem frequentemente saía.

Em novembro de 1940, a família de Claire sofreu uma catástrofe quando sua rica avó, que sempre gostara de entesourar seus bens, foi obrigada a entregar aos nazistas uma coleção de moedas antigas de ouro. Ela morreu de choque logo depois disso e, nesse momento, a família tomou a decisão de atuar na inteligência da Resistência. O irmão de Claire, Louis, envolveu-se ativamente na Resistência com uma mulher que conheciam como madame Hardy. Era uma britânica que trabalhava com o MI5 ou o MI6. Louis trabalhou com madame Hardy para preparar os desembarques aliados.

> Claire disse que não conheceu ninguém que trabalhasse na Resistência e que não estivesse ajudando também os judeus. Eram pró-judeus. Sua família resistiu por causa da luta do pai na Primeira Guerra Mundial e ele viu aquilo como uma continuação da guerra. Sua mãe via a situação mais como antialemã que como antinazista. Esconderam aviadores britânicos e alguém que baleara um soldado e fora condenado à morte. Já estavam vivendo nas margens das atividades ilegais e esconder os judeus era parte da atividade antinazista.[64]

Em 1943, madame Hardy pediu que a família tomasse conta de duas moças judias de Antuérpia, cujo pai era lapidário. Suas irmãs mais velhas tinham sido levadas pelos nazistas para trabalhar num bordel num campo de concentração. Claire disse que todos os campos de concentração tinham bordéis, pois os alemães acreditavam que os homens trabalhavam melhor se tivessem satisfação sexual. As duas moças eram conhecidas como Fadette, que tinha 13 ou 14 anos, e Yvette, com 17 ou 18. Só Fadette morava com eles; Yvette estava fixada em algum outro lugar, mas de vez em quando visitava a irmã. Não podiam ter as duas ali porque havia também muitos aviadores na casa. Todos os amigos deles tinham visitantes judeus que eram transferidos para outros lugares no caso de uma visita da Gestapo.

Fadette era uma moça muito tranquila. Comia com a família, mas raramente falava e passava a maior parte do tempo em seu quarto. Estava obviamente muito assustada. Claire acha que a mãe dela estava em alguma outra casa. O pai de Claire sabia os verdadeiros nomes das moças e que após a guerra elas foram para Tel Aviv. As duas foram os únicos membros da família que sobreviveram.

Tanto Louis quanto madame Hardy foram finalmente traídos por um homem considerado amigo – Prosper De Zitter. Ele nasceu em Flandres e fora soldado no Canadá. Parece que ofereceu seus serviços à embaixada alemã antes mesmo da ocupação. Calcula-se que foi responsável pela denúncia de várias centenas de membros da Resistência, aviadores aliados e prisioneiros de guerra fugidos. Ele os levava para casas seguras na Bélgica e na França, mandando-os depois de trem para Paris, onde eram apanhados assim que deixavam a estação. Tanto ele quanto sua cúmplice, Flore Dings, foram sentenciados e fuzilados no mesmo dia, em 17 de setembro de 1948.[65]

Quando Claire me falou pela primeira vez sobre o irmão, contou-me também que a misteriosa madame Hardy, considerada uma heroína belga, foi presa em janeiro de 1944 e mandada para Mauthausen para ser submetida de imediato à câmara de gás. Os prodígios da internet me possibilitaram agora descobrir que madame Hardy teve muita influência na organização de rotas de fuga, no trabalho da Resistência e na obtenção de esconderijo para evadidos. Embora fosse conhecida como Edith Hardy na Resistência, recebera o nome de Edith May Bagshaw ao nascer em Aston, Birmingham, em 1899. O pai tinha um armazém e ela foi a quarta criança dentre cinco filhos – todos os outros eram rapazes. Edith serviu na Primeira Guerra Mundial como membro do Corpo Auxiliar Feminino do Exército em janeiro de 1918 e depois na Força Aérea Real Feminina. Em 11 de dezembro de 1919, casou-se com um cavalheiro belga, chamado Van-den-Hove, na Catedral de Birmingham. Ele tinha 29 anos e ela 20.

O próximo fato que se conhece de madame Hardy aconteceu em seguida à invasão, quando ela se casou com outro belga, Felix Hardy. Independentemente de suas atividades, foi presa em casa, em 26 de janeiro de 1944, por socorrer o inimigo – ela era membro do SRA, Service de Renseignements d'Action [Serviço de Informações para a Ação], nome genérico dos serviços de inteligência. Foi mandada para a prisão de Saint-Gilles, em Bruxelas, que era o destino comum de membros da Resistência, e ficou lá até 21 de julho de 1944, quando foi enviada para a Alemanha. Parece que chegou ao campo de Ravensbrück, que era principalmente para mulheres, em 30 de dezembro de 1944 e depois, em 7 de março de 1945, foi enviada para o campo de Mauthausen, onde foi morta na câmara de gás em 15 de março de 1945.[66] Claire me disse que, após a guerra, seu marido belga foi visitá-los e contou que Edith era judia. Isso parece improvável, dado que o primeiro casamento de Edith fora na Catedral de Birmingham, mas ela pode ter se convertido em algum momento.

Louis foi mandado para o campo de Dora-Mittelbau, nas Montanhas Harz, que foi instalado em 1943 como um subcampo de Buchenwald. Sessenta mil pessoas foram mandadas para lá, das quais 20 mil pereceram. O campo de trabalho Dora não é tão bem conhecido como muitos dos outros campos nazistas. Seus horrores foram descritos por um de seus internos, Guido Zembsch-Schreve, membro das Operações Executivas Especiais (SOE)**. Guido chegou em fins de 1944 e descreveu o medo que ele e seus companheiros sentiram quando descobriram onde estavam: "Um campo de trabalho tão secreto que era incluído na classificação 'Natcht und Nebel' ('noite e neblina', ou ultrassecreto), significando que um interno só conseguiria sair de lá através da chaminé do crematório".[67] Os internos eram forçados a produzir mísseis V2 para os alemães.[68]

---

* Sigla do nome em inglês: Special Operations Executive. (N. do T.)

Embora cada trabalhador escravo tivesse um soldado alemão nas suas costas, mais da metade dos V2s fabricados em Dora falharam, tão mal foram feitos. A própria equipe de Zembsch-Schreve foi um dia visitada por Wernher von Braun, que percebeu de imediato que eles eram sabotadores. Foram todos instantaneamente fuzilados pelos companheiros da Gestapo de von Braun, exceto Zembsch-Schreve, que tinha tomado a precaução de apoiar-se contra a parede atrás dos atiradores, onde não foi notado.[69]

O irmão de Claire morreu num trem em 1944, aos 27 anos de idade, enquanto estava sendo evacuado do campo Ellrich, que ficava perto de Dora. Ali os prisioneiros executavam:

> o mesmo trabalho, mas... as coisas eram muito piores. Ele [Louis] sobreviveu à doença graças aos amigos, mas no final pesava apenas 48 quilos. Ellrich foi evacuado, alguns prisioneiros a pé, morrendo quase todos, e outros de trem. Loulou [Louis] estava no trem e esse transporte foi também letal: os que sobreviveram à falta de comida e bebida foram finalmente metralhados pela RAF e foi assim que Loulou morreu. Todos os 186 que morreram com ele estão num túmulo sem inscrições em Dreetz, na linha férrea entre Hamburgo e Berlim.[70]

O campo Dora não é muito bem conhecido e um antigo interno, Freddie Knoller, sugeriu que isso acontecia porque Wernher von Braun estava encarregado do trabalho científico que era feito lá. Após a guerra, tanto a América quanto a Rússia lutavam pela supremacia na tecnologia dos mísseis e, quando von Braun se transformou num herói norte-americano, seria inconveniente recordar o trabalho dele em Dora e todos os horrores associados a ele.[71]

Claire disse que a família ficou sabendo da morte de Louis em julho de 1945 e que sua mãe morreu de tristeza em 1950. Encontrei o nome de Louis Thiryn arrolado com o de milhares de outros prisioneiros políticos belgas sob o nº 60.511 e relacionado como "maler", que está traduzido como pintor num site sobre prisioneiros.[72]

A família de Claire, como tantas outras, pagou um alto preço pelo envolvimento na Resistência, com a morte da avó, a morte prematura da mãe e o assassinato do irmão de Claire. Contudo, é impossível saber quantas pessoas foram salvas pelo trabalho deles na Resistência. Compareci com Claire ao programa *Woman's Hour* [Hora da Mulher], da BBC Radio 4, em 6 de janeiro de 2005, para falar sobre a história dela e de outros voluntários do Holocausto. Claire também participou do Holocaust Memorial Day [Dia em Memória do Holocausto], um evento de âmbito nacional realizado em Cardiff, em 2006, sendo apresentada a Tony e Cherie Blair.

Jacob (1881-1953) e Hendrika (1889-1971) Klerk. Henri Obstfeld, que mora agora em Londres, foi deixado com um casal de sobrenome Klerk, em Arnhem, em 1942, quando tinha dois anos e meio de idade. Ficou com eles até os 5 anos. Henri não sabe como foi estabelecida a relação com os Klerks, nem com a filha adotiva do casal, Els Willemsen, com quem manteve contato regular até ela morrer em janeiro de 2003, aos 87 anos. Ela se casou em 1942, e os Klerks, que estavam então na faixa dos 50 anos, ficaram sozinhos em uma casa grande, praticamente vazia. Jacob Klerk era um corretor de imóveis e de seguros, que trabalhava em casa. Era maçom dedicado, tendo sido iniciado em 1909 e se tornando mestre maçom em 1920. Em 1932, ingressara numa nova loja em Arnhem, da qual foi secretário durante muitos anos.[73] Ele era também presbítero da igreja batista. A esposa se chamava Hendrika. Henri presumiu que os pais fizeram contato com eles por meio dos maçons, embora seu pai não fosse membro.[74]

O pai de Henri viera originalmente da Cracóvia, hoje na Polônia, mas morou em Viena de 1910 a 1925. Mudou-se para Amsterdã em 1925 e, gradualmente, toda a família foi se juntando a ele. Tornou-se um *designer* de calçados e finalmente assumiu, juntamente com o irmão Simon, o comando do negócio de chinelos da família. Casou-se com a mãe de Henri em 1933. A família dela vivera na Holanda desde antes de 1800. Henri nasceu em abril de 1940 e, um mês mais tarde, houve a invasão alemã. Gradualmente, a vida foi se tornando mais difícil para os judeus, pois aumentavam as restrições às atividades deles. Em 1942, ordenaram que o Conselho Judaico selecionasse judeus para trabalhar no leste e os pais de Henri receberam papéis de convocação para Henri. Não causa surpresa que seus pais ficassem alarmados ao se dar conta que o filho, de 2 anos de idade, tinha de se apresentar com uma mochila, roupas e comida para alguns dias, para ser mandado trabalhar no leste. Imediatamente levaram-no para a casa do tio dele, Dolek, enquanto procuravam um lugar permanente para deixá-lo.[75]

Henri descreveu como inicialmente foi levado de trem a Arnhem para encontrar os Klerks:

> Parece que fiquei extremamente impressionado com as figuras nos azulejos azuis de Delft* que decoravam o banheiro deles. Depois que retornamos a Amsterdã, minha mãe começou a me dizer com frequência que teriam de me deixar durante algum tempo, mas que voltariam para me pegar mais tarde. Algum tempo depois, fomos de novo a Arnhem, para visitar a família Klerk. Enquanto eu me mantinha ocupado com os azulejos decorados no banheiro, meus pais foram embora em silêncio.[76]

Henri admite que sua vida foi bastante agradável, visto que ele não teve consciência de carências, mas não fazia ideia de como os Klerks conseguiam aquelas coisas quando todos tinham carnês de racionamento. Ele só brincava com Emmy Willemsen, neta dos Klerks, que era três anos mais nova que ele e com quem Henri permaneceu em contato.[77] Infelizmente, ela morreu em janeiro de 2006.[78] Parece que Henri era apresentado como um sobrinho cujos pais haviam morrido no bombardeio alemão da cidade de Rotterdã, nos primeiros dias da invasão alemã. Muita gente morreu nessa época e a presença de muitas crianças "escondidas" era justificada dessa maneira. Só em 2001, Els contou a ele que, um dia, quando o levou para passear com Emmy, esta em seu carrinho de bebê, alguém perguntou se, por acaso, ele não seria uma criança judia. Els respondera: "Oh não, ele é um sobrinho".

Mesmo depois de Henri ser devolvido aos pais, pelo menos um lojista indagara se aquele menino não era uma criança judia.[79] Essa curiosidade sobre sua presença deve ter criado ansiedade, já que os Klerks podiam ter sido traídos, a qualquer momento, por vizinhos intrometidos. Contudo, Henri não foi fisicamente escondido e se recorda de brincar na parte de trás do jardim, de onde via passar os bondes. Também saía para fazer as compras com a "tia". Lembra-se de brincar na parte da casa que era usada como escritório e, portanto, os empregados da casa e as visitas o teriam visto e tido consciência dele.[80] Henri se lembra de ter feito, em certa ocasião, uma visita com a "tia" a um dos empregados dos Klerks. A casa do empregado ficava

---

* Louça holandesa. (N. do T.)

logo depois da esquina, dava para o pátio de manobras da estação ferroviária de Arnhem e ele gostou de ver os trens. Embora nada fora do comum tenha acontecido, Henri se lembra dos Klerks falando sobre isso e decidindo não fazê-lo de novo.

Quando lhe perguntei sobre até que ponto aquilo deve ter sido arriscado, ele disse que alguém poderia ter procurado os nazistas; de fato, muitos o faziam e simplesmente davam um endereço. Uma vida judia valia 7,00 florins, quantia que era paga ao informante. Henri não tinha certeza do que isso valia na época, mas em 1961 uma libra correspondia a 10 florins.[81]

Em setembro de 1944, antes da batalha de Arnhem, apresentada no filme *Uma Ponte Longe Demais*, eles foram evacuados para Harskamp, um lugarejo a 20 km de lá, e foram libertados pelos canadenses em 17 de abril de 1945. Quando a guerra acabou, os Klerks escreveram, por meio da Cruz Vermelha, para o último endereço conhecido onde os pais de Henri haviam se escondido. Felizmente, eles também haviam sobrevivido para reclamar seu "bebê" – agora com 5 anos de idade.[82] Parece que, quando Henri viu novamente a mãe, ele a reconheceu e disse: "Você demorou muito mesmo".[83]

As conclusões de Henri sobre a motivação dos Klerks, em seguida a uma conversa com a filha deles são estas:[84]

> Primeiramente, eram pessoas religiosas que estavam dispostas a cuidar de mim por razões humanitárias. Em segundo lugar, os nazistas tinham proibido os maçons de atuarem. Isso, por si só, teria sido uma razão suficientemente boa para meu pai adotivo, maçom dedicado, agir em sentido contrário às suas ordens.[85]

Henri propôs os Klerks, bem como a filha e o genro deles, ao Yad Vashem, para serem reconhecidos como Justos Não Judeus, o que foi concedido em 10 de abril de 2000 na sinagoga em Arnhem.

Eu não tinha a menor ideia da obsessão dos nazistas pelos maçons até investigar a história de Henri. Ironicamente, os nazistas encaravam todos os maçons como aliados dos judeus e ambos eram vistos com suspeita pelas instâncias de direita, na Alemanha e na França, desde a década de 1840. A infame publicação *Os Protocolos de Sião* relacionava conspirações judaicas e maçônicas, afirmando que os maçons estavam coligados aos "Sábios de Sião". Na Suécia, o notório antissemita Elof Eriksson se concentrava desde 1932 nos maçons "como os principais associados dos judeus e veículos de propaganda de sua busca de dominação mundial".[86] Quando os nazistas chegaram ao poder, criaram um museu antimaçônico. Os membros da maçonaria receberam ordem de abandonar as lojas e os que não o tinham feito antes da ascensão dos nazistas ao poder, em 30 de janeiro de 1933, não eram aceitos no partido nazista e alguns foram mandados para campos de concentração. Em setembro de 1935, todas as lojas foram obrigadas a se dissolver e sua propriedade foi confiscada.[87]

A queda da França em junho de 1940 levou o ministro do exterior alemão, Alfred Rosenberg, a atacar instalações maçônicas; documentos foram apreendidos e lojas saqueadas. Em 1º de maio de 1942, Hermann Göring, o nazista mais poderoso depois de Hitler, disse:

> A luta contra os judeus, os maçons e outras forças ideológicas que se opõem a nós é uma tarefa urgente para o nacional-socialismo. É por essa razão que saudamos a decisão de Reichleiter Rosenberg de estabelecer forças-tarefas cujo trabalho será a guarda em segurança de todo o material documental e ativos culturais dos locais acima mencionados.[88]

Esse espólio foi confiscado pelas forças soviéticas em 1945 e só retornou à França após o colapso do comunismo em 1990, em seguida à sua descoberta por um pesquisador norte-americano, Kennedy Grimstead. No total, 750 caixas de material foram enviadas de Moscou para Paris, por caminhão, em dezembro de 2000.

Evert Kwaadgras me abasteceu com muita informação sobre a vida pregressa de Jacob Klerk. Ele nasceu em 19 de abril de 1881, em Warder, um povoado na província holandesa da Holanda do Norte. Parece ter se empenhado pela primeira vez em ingressar na maçonaria em 1909, em Hoorn, perto de Warder. Foi aceito e iniciado em 26 de outubro de 1909, mas na época estava morando temporariamente na Alemanha, em Essen, no Ruhr. Trabalhava como "representante de uma companhia holandesa de transporte de hortigranjeiros". Evert me chamou atenção para o fato de a Holanda sempre ter sido uma grande exportadora de hortigranjeiros, especialmente para a Alemanha. Em algum momento antes de 1915, Klerk se mudou para Breda e depois, em 1916, para Arnhem. Ingressou na loja local e se tornou mestre maçom. Em 1923, ingressou numa nova loja chamada "De Oude Landmerken", da qual foi secretário durante muitos anos.[89] Os maçons não têm registro de Klerk cuidando de Henri:

> Mas não era o tipo de assunto sobre o qual se deveria falar durante a guerra ou do qual nos gabaríamos desmedidamente depois. Sabemos que ele tinha um forte senso de justiça. Quando após a guerra alguns membros da loja foram expulsos por conta de atitudes ou atividades pró-alemães durante os anos de ocupação, ele assumiu a defesa de dois deles, afirmando que tinham sido falsamente acusados... Isso o caracterizaria como um homem que gostava de ser justo e honesto em suas opiniões e ações.[90]

Os maçons holandeses não têm registros dos anos da guerra: "Como os nazistas baniram e suprimiram todas as organizações maçônicas, incluindo a nossa, entre os anos de 1940 e 1945 não houve atividades maçônicas regulares, como reuniões nas lojas e, por conseguinte, não existem registros normais disponíveis".[91]

Kwaadgras concluiu:

> Seja como for, na época em que a *shoá** foi desencadeada, os maçons já eram coisa do passado aos olhos dos nazistas. Já haviam sido suprimidos e suas posses saqueadas ou destruídas na Alemanha e em todos os países ocupados ou dominados pelos alemães.[92]

Henri continuou como filho único, crescendo com uma extensa família de primos, tias e tios, a maioria dos quais também havia sobrevivido se escondendo. No início da adolescência, Henri se juntou a grupos de jovens judeus, participando de acampamentos e de seminários educacionais hebraicos. Aos 16 anos, começou a frequentar o curso dos oculistas holandeses em Rotterdã, após o qual passou a trabalhar em alguns consultórios. Um de seus chefes dava algumas aulas em regime de meio período e mandou Henri fazer isso em seu lugar. Henri percebeu que precisava ampliar os conhecimentos de optometria e pediu para estudar em Londres em 1961. Permaneceu em

---

* *Shoá*, ou *Shoa*, é uma palavra ídiche que significa, literalmente, calamidade.

Londres fazendo pesquisa e ampliando sua capacitação até se tornar professor titular da City University. Esteve empenhado em organizar cursos de optometria em sua Holanda natal e também lecionou no exterior.

Em 1972, casou-se com Dorothy, que nasceu na Cidade do Cabo. Tiveram dois filhos e dois netos. Na década de 1990, ele encontrou um velho conhecido de Amsterdã, também vivendo em Londres, que o apresentou a um grupo de judeus sobreviventes. Ele e Dorothy atuam agora na Federação Mundial de Crianças Judias Sobreviventes do Holocausto (WFJCSH)*, onde Henri ocupa o cargo de vice-presidente. Ele também participa da Associação Europeia de Sobreviventes.[93]

Jacob Klerk morreu em 2 de fevereiro de 1953, quinze dias antes do Bar Mitzváh de Henri.[94] Sua esposa Henrika morreu em 18 de julho de 1971. A neta deles, Emmy, irmã de criação de Henri, morreu em 28 de janeiro de 2006.[95]

Robert Maistriau (1921-2008) tinha apenas 22 anos quando, em 19 de abril de 1943, liderou uma ousada batida no trem que carregava 1.600 judeus da Bélgica para Auschwitz. Seus dois colegas, Youra Livchitz e Jean Franklemon, tinham ambos 25 anos quando o grupo partiu em suas bicicletas com o seguinte equipamento: uma pistola, três pares de alicates de corte, uma lanterna e um papel vermelho. Esse foi também o dia em que começou o Levante do Gueto de Varsóvia.

Os três percorreram de bicicleta os 40 km de Bruxelas a Boortmeerbeek, em Flandres, e usaram o papel vermelho para transformar a lanterna num sinal vermelho temporário capaz de deter o trem em seu caminho para leste. O trem estava levando 1.631 judeus do campo de trânsito de Mechelen (Malines) para Auschwitz (uma lista completa compilada por funcionários nazistas em Mechelen dá nomes, datas de nascimento, locais de nascimento e ocupação; mostra que iam no trem um grande número de crianças em idade escolar).[96] Assim que o trem parou, eles usaram os alicates para abrir as portas, encorajaram as pessoas a saltar e 17 pessoas o fizeram. Quando os guardas abriram fogo, Livchitz disparou a pistola enquanto os outros dois abriam outro vagão e de novo incitavam as pessoas a saltar. Alguns que iam no trem haviam sido avisados do resgate e conseguiram arrombar um terceiro

---

* Sigla de World Federation of Jewish Child Survivors of the Holocaust. (N. do T.)

vagão e escapar. Um total de 231 judeus fugiu e, embora 23 tenham morrido, a maioria escapou e foi ajudada de alguma maneira pelos belgas. Alguns, como Simon Gronowski, um menino de 11 anos, pulou assim que o trem começou a se mover. Ele caminhou a noite inteira e finalmente se aproximou de uma casa. Contava uma história de ter se perdido de seus companheiros de brincadeiras. Foi levado para a polícia local e ficou aterrorizado com a possibilidade de ser devolvido aos alemães. O policial disse a Simon: "Eu sei de tudo. Você estava no trem judeu e fugiu. Não precisa se preocupar. Somos bons belgas, não vamos denunciá-lo".

Maistriau contou que uma mulher, ao ver a escuridão à sua volta, lhe perguntou o que devia fazer. Ele disse: "Madame, Bruxelas fica deste lado, Louvain fica para lá. Escolha por si mesma. Eu fiz tudo que podia".[97] Jacques Grauwels e seu amigo haviam pulado do trem e, enquanto esperavam um trólebus, ficaram com medo de que sua aparência suja chamasse a atenção. Resolveram esperar na escada, para escapar rapidamente caso fosse necessário:

> E então aconteceu uma coisa que Jacques Grauwels jamais esqueceria enquanto vivesse: "Os trabalhadores tinham provavelmente reparado que havia algo de errado conosco, que estávamos com algum tipo de problema. Como em resposta a uma ordem silenciosa, eles nos rodearam sobre a plataforma para que ficássemos protegidos contra olhares curiosos".

Outra dupla chegou com passo trôpego a uma igreja e disse ao padre muito espantado que eram judeus que tinham fugido do trem para Auschwitz e que não tinham dinheiro. O padre lhes deu uma nota de 50 francos, disse "Deus os abençoe" e ensinou-os a chegar a Liège, onde tinham um parente para ajudá-los.

Nenhum dos que fugiram foi denunciado por um belga (*l'honneur des belges*).[98] Marion Schreiber atribui a uma "modéstia nacional" a razão para ninguém saber o quanto os belgas ajudaram seus semelhantes judeus. Além disso, ela comenta que seu livro recebeu pouca atenção da mídia na França e na Holanda, "países que trombetearam um passado de resistência, enquanto foram um tanto menos francos acerca de seus colaboradores". Ela atribui isso à inveja.[99]

Como Maistriau não falava inglês, pedi a uma secretária bilíngue que o visitasse em meu nome, o que ela fez em 2 de agosto de 2004. Ele lhe disse que, embora afirmasse num livro ter ficado entediado com seu trabalho, na realidade tinha sido "treinado" contra os alemães desde os 5 anos de idade. O primeiro marido da mãe fora judeu e estivera no exército francês. Depois que ele morreu na Primeira Guerra Mundial, ela se casou com um belga, que era médico no exército belga.[100]

Há uma tendência no Reino Unido de olhar para os Países Baixos como uma área homogênea. Isso é particularmente incorreto quando se trata do resgate de judeus no Holocausto.

> Quatro mil crianças, como eu mesmo, sobreviveram ao Holocausto vivendo sob identidades falsas com famílias, em internatos, mosteiros e lares infantis. Sessenta por cento dos 60 mil judeus que moravam na Bélgica na época não foram deportados porque conseguiram escapar das garras dos fanáticos raciais alemães com a ajuda de vizinhos, de amigos e de estranhos.[101]

De fato, na Bélgica foram salvas mais crianças judias do que em qualquer outro país ocupado. Por quê? Uma resposta é dada por Steve Jelbert. Ele sugere que os belgas, ao contrário dos holandeses, eram severamente antigermânicos por terem experimentado a "brutal ocupação alemã na Primeira Guerra Mundial".[102] Ele também sugere que os belgas tinham um forte traço individualista: "Devido a uma natural individualidade burguesa (tratava-se, afinal, do lar de surrealistas, como Delvaux e Magritte), a energia da sociedade civil tolheu as tentativas nazistas de executar suas políticas criminosas".[103] Steve conclui que "a burguesia belga da época sem dúvida se reconhecia pelo estilo de vida e pela cultura; a ideia de discriminação contra minorias que compartilhavam claramente os mesmos valores contradiz, de maneira óbvia, as crenças centrais de sua sociedade civil".[104]

Quando as deportações começaram em 1942, o jornal patriótico clandestino *La Libre Belgique* incitava os leitores a mostrar apoio aos judeus: "Cumprimente-os ao passar! Ofereça-lhes o lugar no bonde! Proteste contra as medidas bárbaras que estão sendo aplicadas a eles. Isso deixará os 'Boches' furiosos!"[105] Os burocratas também desempenharam sua parte, a despeito dos cartazes advertindo contra a ajuda a judeus, e alguns foram descobertos e punidos:

> Em todas as prefeituras e câmaras municipais havia funcionários que discretamente emitiam cupons de alimentação adicionais para parentes de pessoas que

supostamente haviam sido mortas em bombardeios ou cujas sobrinhas tinham de repente aparecido do nada. Houve funcionários de prefeituras que deram à Resistência formulários em branco, aos quais só tinha de ser acrescentado o nome falso e colada a devida foto de passaporte. E havia também carteiros que interceptavam cartas dirigidas à Gestapo e aos comandos de guerra quando suspeitavam que poderiam conter denúncias. Eles abriam os envelopes, avisavam as pessoas denunciadas e entregavam as cartas dois dias mais tarde, para dar-lhes tempo de se esconderem. "Serviço D" – contra o derrotismo e a denúncia – foi o nome que os membros deste grupo deram a si próprios. Eles provavelmente salvaram 5 mil pessoas de serem entregues à polícia de ocupação.[106]

Estima-se que cerca de 200 mil belgas estiveram na Resistência, muitos motivados pelo forte sentimento antigermânico que resultou da Primeira Guerra Mundial. Robert Maistriau era a perfeita matéria-prima da Resistência.[107] Ele estava desesperado para se vingar dos alemães por causa das atrocidades de 1914:

> Não se tratava apenas do fato de tudo que os belgas tinham economizado por cuidadosa administração – alimento, tecido ou carvão – estar indo para a Alemanha. Agora gente jovem estava indo para lá, forçada a trabalhar em fábricas alemãs para manter em movimento as engrenagens da indústria de armamentos de Hitler. Mais ou menos nessa época, Robert se viu pensando sobre o pai. Médico militar e originalmente apreciador ardoroso da cultura alemã, com seus poetas, músicos e filósofos, perdera todo o respeito pela nação germânica na Primeira Guerra Mundial, no *front* em Yser. Considerava particularmente bárbaro que, durante a invasão em 1914, os alemães tivessem incendiado a preciosa biblioteca de Leuven, com todos os seus livros e manuscritos insubstituíveis. "De um modo ou de outro", Maistriau relembra, "nós, jovens, nos opúnhamos aos alemães, antes mesmo da Segunda Guerra Mundial."[108]

O ódio sentido contra os alemães na Bélgica foi confirmado por Bob Whitby, filho de um major inglês e de mãe belga que, em 1940, aos 19 anos, foi internado na Bélgica. Ele disse: "Estávamos muito assustados porque minha mãe tinha nos contado sobre a Primeira Guerra Mundial, as crueldades e assim por diante".[109]

Paul Spiegel escreveu:

A Bélgica é o vizinho desconhecido da Alemanha. E isso é particularmente verdadeiro no que diz respeito à questão da resistência e da desobediência civil contra o regime nazista na Bélgica... Esses belgas se arriscaram à prisão ou mesmo ao transporte para um campo de concentração porque estavam infringindo as leis baixadas pela administração militar alemã, segundo as quais qualquer ajuda aos judeus perseguidos deveria ser considerada um sério crime.[110]

Outra explicação do sucesso da Bélgica está baseada na inclinação dos belgas para a desobediência. "A polícia belga tornara-se extremamente vagarosa, os ferroviários deixavam as portas dos trens de deportação abertas ou organizavam emboscadas, muitos judeus encontravam lugares para se esconder."[111] Enquanto isso na Holanda, 20 a 25 mil judeus foram para esconderijos, metade destes foram descobertos, "sem dúvida por meio dos esforços de informantes profissionais e ocasionais". E é significativo que, "dos 10 mil judeus que sobreviveram escondidos, cerca de 75% fossem estrangeiros – uma porcentagem que comprova a pouca disposição dos judeus holandeses para encarar a realidade".[112]

Em 1939, a população da Bélgica era de 8.386.600 habitantes e 1.381 foram reconhecidos como Justos Não Judeus (ver Quadro 2 nos Apêndices). Talvez o mais notável caso de resgate com que me deparei tenha sido o de Gisele Reich, que em 1941 estava em Malines esperando, com os pais, a deportação para Auschwitz. O pai foi deportado primeiro e Gisele, com 5 anos de idade, que sofria de uma doença do pulmão, ficou à espera com a mãe. Um oficial alemão teve pena de Gisele e perguntou à mãe se haveria alguém para cuidar dela. A mãe deve ter mencionado seus vizinhos, a família Van de Velde, que era de cristãos devotos. O nazista telefonou para eles, que concordaram de imediato e logo vieram pegá-la de carro; eles a acolheram na família, embora fosse iminente o nascimento de um oitavo filho. O pai era cozinheiro-chefe em um hospital. Gisele morou com eles até se casar. Teve filhos e netos, mas infelizmente ficara severamente traumatizada por suas experiências. Seu filho, Willi Buntinx, atribuiu as ações da família Van de Velde à genuína vontade que têm alguns de serem prestativos e nunca falara a ninguém da história até Rose Marie Guilfoyle lhe dizer que eu pedira que ela fosse visitar Robert Maistriau.[113]

Maistriau estava então muito fraco, com visão e mobilidade precárias. Contou a Rose Marie sobre sua infância e sobre as atitudes antigermânicas da família. Também revelou que sentia ter recebido menos crédito do que lhe era devido, visto que fora ele, sozinho, quem de fato abrira as portas do trem em 19 de abril de 1943. Afirma que Youra Livchitz ficou assustado ao ver um oficial alemão perto do trem, que poderia reconhecê-lo, e desapareceu. Robert ficou também incomodado porque parecia que o crédito pela liderança do acontecimento tinha sido igualmente atribuído a Youra – especialmente no Museu do Holocausto em Washington.[114]

Todos os três foram posteriormente detidos por outras razões. Livchitz foi apanhado meses depois e fuzilado como "comunista" em 1943. Maistriau foi preso em março de 1944, mandado para Buchenwald, mas terminou em Bergen-Belsen, onde foi libertado em abril de 1945. Franklemon morreu em 1977. Maistriau foi reconhecido como um Justo entre as Nações em 1994 e morreu em 26 de setembro de 2008, aos 87 anos. O ataque ao vigésimo comboio foi histórico – foi a única vez, na Europa ocupada, em que combatentes da Resistência libertaram um trem de deportação.[115]

Resgates Motivados pela Lealdade

Maria (Mitzi – *née* **Müller) Saidler (1900-94)** era uma católica romana nascida na Áustria rural. Depois de quinze anos trabalhando como cozinheira para Hermann e Camilla Fleischner, e dormindo no emprego, teve de partir por causa de um decreto nazista. Não era mais permitido que uma mulher ariana com menos de 50 anos de idade vivesse sob o mesmo teto que um homem judeu. De qualquer modo, como Hermann tinha sido privado do ganha-pão, pois seu comércio atacadista de botões fora "arianizado",[116] o casal não poderia mais se dar ao luxo de mantê-la. Não obstante, Mitzi continuou a ir ao apartamento deles para ajudar a sra. Fleischner, que ficara inválida desde o início dos anos 30.

Quando eles tiveram de deixar sua casa, "porque um nazista a 'requereu'", e se mudaram para um prédio onde tinham de compartilhar um apartamento com várias famílias, Mitzi continuou a visitá-los, chegando inclusive a levar-lhes comida. Quando os dois receberam ordem de se reinstalarem em Theresienstadt, Mitzi aconselhou-os a não obedecer e se ofereceu para escondê-los em seu pequeno apartamento. Como Camilla sofria com os problemas de saúde, a oferta foi vista como impraticável e não foi aceita. Mitzi prontamente fez contato com uma amiga dos Fleischners, a sra. Sommer, que aceitou a oferta e morou com Mitzi de 1942 até o final da guerra. Mitzi alimentava-a compartilhando com ela seu carnê de racionamento. Esconder judeus podia ser penalizado com a morte ou, pelo menos, com a deportação para um campo de concentração, um risco que Mitzi de bom grado enfrentou.[117]

Otto Fleming, o filho dos Fleischners, contou-me que, mesmo após os pais terem sido mandados para Theresienstadt, Mitzi continuou a mandar-lhes comida e também cooperou com o grande rabino de Viena e com a esposa dele mandando pacotes de comida para outros em Auschwitz. O próprio grande rabino Öhler estava morando no mesmo apartamento que os pais de Otto, mas foi protegido por um veterano nazista que lhe conseguiu trabalho nos Arquivos Judaicos.[118] Parece que os Fleischners foram mandados para o apartamento do grande rabino juntamente com quatro outras famílias, de modo que cada uma ocupava um quarto num apartamento de seis quartos. Como resultado das muitas visitas que fez, Mitzi tornou-se uma boa amiga da sra. Öhler. Quando Otto e a esposa Dorothy foram visitar Mitzi, em maio de 1982, e pegar alguns objetos de valor que os Fleischners lhe confiaram, ela os levou para conhecer a sra. Öhler e eles viram o quarto onde os Fleischners haviam vivido.[119]

Otto levou as ações de Mitzi ao conhecimento do Yad Vashem, assim como Resi, filha da sra. Sommer, que tinha trabalhado como intérprete na embaixada britânica em Teerã durante a guerra. Mitzi foi homenageada na companhia da própria filha, plantando uma árvore no Bosque dos Justos Não Judeus, no Yad Vashem, em março de 1981; posteriormente, Mitzi foi homenageada pela embaixada israelense em Viena.

Meu informante, Otto Fleming, o filho dos Fleischners, que se tornou clínico geral em South Yorkshire, morreu em 2007. Ele escrevera sobre sua família e a vida deles em Viena. Explicou que só experimentou o antissemitismo no final de seu tempo de escola secundária, o que deve ter sido por volta de 1932, visto que ele nasceu em 1914. Parece que o chefe de turma chamou-o para uma conversa em particular:

Disse que nós sempre tínhamos nos dado bem, mas que agora ele havia entrado no partido nacional-socialista (o partido nazista). Não tinha nada contra mim pessoalmente, mas eu devia compreender que, daquele momento em diante, não poderia mais falar comigo. Acho que isso foi muito decente e, quando tornei a vê-lo em 1980 e ele estava sofrendo com a doença de Parkinson, eu lamentei muito por isso.[120]

Depois de ter se matriculado na universidade, Otto decidiu estudar medicina, embora a vida estivesse ficando difícil para os estudantes judeus, que estavam sendo atacados e espancados mesmo no recinto da universidade. Começou o curso em 1933 e sofreu um considerável preconceito de todos os lados, mas uma das ocasiões mais memoráveis teve lugar quando uma mulher sozinha fez um discurso bombástico contra ele e um amigo na rua. Em março de 1938, ia prestar os exames médicos finais quando o *Anschluss* impediu os judeus de fazê-los. Os judeus começaram a ser atacados na rua ou levados à força para os campos. Ele raramente saía de casa e por fim resolveu ir embora da Áustria. Contudo, não era fácil encontrar um país disposto a aceitar judeus desesperados, que aliás poderiam ser presos quando estivessem parados nas longas filas na porta de várias embaixadas. Otto conseguiu obter uma passagem para Xangai mas, como também adquirira um visto de turista para a Palestina, deixou a Áustria em julho de 1938 e passou alguns anos lá. Em 1942, ingressou no exército britânico e, depois da guerra, completou suas qualificações médicas, tornando-se finalmente clínico geral em South Yorkshire. Em 1999, foi convidado para voltar a Viena e receber um doutorado honorário da universidade, 61 anos mais tarde.[121]

Otto escreveu sobre o retorno a Viena com apreensão:

Durante todo o tempo que permanecemos em Viena, eu sentia um mal-estar cada vez que encontrava um homem da minha faixa de idade. Sempre pensava: "Será este o homem que matou meus pais?". Mas também me reuni com alguns velhos colegas de escola, que me receberam muito calorosamente.
Nos anos 80, eu estava de férias com minha esposa em Seefeld. Ao cruzarmos com um homem idoso, o ouvimos murmurar: "Há estrangeiros demais por aqui de novo. Devíamos pegar algum gás e usar". Foi depois disso que resolvemos não voltar a passar férias na Áustria.[122]

A esposa de Otto, Dorothy, que veio de Praga no Kindertransport, contou-me que encontrou Mitzi pela primeira vez em agosto de 1958, quando eram hóspedes de um amigo da família de Otto perto de Salzburg. Otto ficou doente e Mitzi lhe trouxe uma tradicional canja de galinha e o *knaidlach* (nhoques de pães ázimos), que a mãe dele a ensinara a fazer. Mitzi deu a eles alguns objetos de estimação da família, que havia guardado desde a guerra. Depois dessa visita, Mitzi se casou com um ferroviário chamado Saidler, teve uma filha, mas depois ficou viúva. Da próxima vez que a viram foi no Yad Vashem, quando foi homenageada como Maria Saidler em 29 de março de 1981. A terceira vez que a encontraram foi em maio de 1982, quando os Flemings levaram os três filhos a Viena e a Praga para lhes mostrar suas "raízes". Estiveram com Mitzi no apartamento dela e conheceram sua filha. Mitzi levou-os para visitar o apartamento de Öhler, onde os pais de Otto moraram até serem levados para Theresienstadt em 1942; eles foram posteriormente assassinados em Auschwitz, em outubro de 1944.[123] Hermann tinha 63 anos e Camilla 62.

Durante a viagem de 1993, os Flemings também visitaram a antiga casa dos Fleischners, onde foram recebidos com alegria por Resi Sommer – a filha da sra. Sommer que Mitzi escondera em seu minúsculo apartamento. Quando os russos atacaram no final da guerra, a sra. Sommer correra para o apartamento dos Fleischners e reivindicara que fosse retirado dos nazistas que estavam vivendo lá, para o caso de a família retornar. Ao que parece, não muito depois dessa visita de 1993, Mitzi mudou-se para uma casa de retiro administrada pelas ferrovias, pois estava ficando esquecida e não se julgava segura em sua própria casa. Morreu em 1994, aos 94 anos.[124]

Parece que a motivação de Mitzi foi a lealdade aos Fleischners e um desejo de ajudar pessoas para quem havia trabalhado por tantos anos e com quem tinha um bom relacionamento. Essa lealdade se estendeu à amiga deles, sra. Sommer. Otto disse a seu respeito: "Era uma mulher simples que sabia o que era certo e o que era errado".[125]

Sr. e sra. Stenzel. Else Pintus (1893-1975) foi escondida por dois anos e meio por uma família chamada Stenzel, em Dantzig.[126] Else nasceu em Chmielno, sendo a mais nova dentre oito filhos. Nunca se casou e tomou conta da casa de seu irmão Heinz, um relojoeiro de Kartuzy (antiga Karthaus).

Em 1947, escreveu um memorial de guerra em forma de uma carta aos irmãos Gustav e Paul, que foram, com Else, os únicos três filhos a sobreviver ao Holocausto. Gustav ficou escondido na Alemanha, e Paul morou em Xangai com a esposa e o filho durante a guerra.

Else afirmou que os Stenzels a esconderam porque tinham um bom relacionamento com seus pais. Além disso, quando a última vaca dos Stenzels morreu, eles ficaram numa situação financeira muito grave. Else e o irmão Heinz foram os únicos dispostos a lhes emprestar dinheiro. Os Stenzels, portanto, a esconderam por lealdade. Doris Stiefel (*née* Pintus) traduziu o diário de Else do original alemão em 1998. O pai de Doris, Richard Pintus, era um dos primos-irmãos de Else e eles se corresponderam regularmente após a guerra. Doris, que hoje mora em Seattle, vê da seguinte maneira a razão de a terem ajudado:

> Parece que no caso dos Stenzels, como em outros, a motivação humanitária, dependendo de como é definida, estava baseada num relacionamento caloroso, pessoal e antigo que existia entre os que faziam o resgate e o indivíduo resgatado. [Os] Stenzels de bom grado arriscaram suas vidas por Else Pintus, mas é difícil imaginar que tivessem feito isso por qualquer judeu que passasse em sua porta. Else menciona repetidamente a generosidade deles para com ela. A meu ver, [os] Stenzels eram pessoas simples do campo, gente muito decente, que obviamente não tinham a ideologia nazista.[127]

Else descreveu em seu diário como eles a pegaram em 14 de dezembro de 1942:

> A sra. Stenzel imediatamente falou sobre o tempo em que as coisas tinham ficado ruins e o xerife foi atrás deles, quando até mesmo a última de suas vacas sucumbiu. E então Heinz, sem que fosse preciso lhe pedir, emprestou-lhes dinheiro. Ela chegara nessa época e havia conversado sobre toda a má sorte deles. Não pedira nada, apenas mencionara que nem a família nem os amigos estavam dispostos a ajudar. Nós tínhamos acabado de receber pelo arrendamento do lago. Por acaso, eu estava ocupada na cozinha naquele momento e Heinz veio me perguntar se não devíamos lhes dar o dinheiro do arrendamento, as coisas estavam indo muito mal para eles. Concordei de imediato e ela pegou

o dinheiro – sem nada dizer, pois não tinham pedido nem esperavam receber qualquer ajuda. Com nosso dinheiro, então, tornaram a se levantar. Primeiro tiraram o xerife de suas costas, compraram outra vaca e começaram a receber hóspedes para o verão.[128]

Else enfatizou continuamente a bondade dos Stenzels, apesar dos grandes riscos pessoais que estavam correndo. Contudo, Else passou por uma fase muito difícil nas mãos de Regina, a filha mais velha da família, que a tratava como uma escrava, explorando severamente sua situação. Else tinha chegado à casa dos Stenzels em dezembro de 1942, inicialmente para ficar apenas até o verão seguinte. Na realidade, continuou escondida até 25 de março de 1945 e, durante todo esse tempo, não experimentou qualquer tipo de ar fresco. Seu quarto ficava num sótão sob um "forro baixo e fino como papelão, um local de aproximadamente três metros de comprimento por dois de largura – onde eles guardavam trastes. No verão era quente como um forno; no inverno, frio como gelo. No inverno, minha respiração congelava a cama contra meu nariz".[129] Ela descreve como era difícil ficar encarcerada:

> Eu podia ver e ouvir conhecidos na rua. Só me atrevia a abrir uma pequena fenda da janela. Tinha medo de ser vista da rua e reconhecida. Será que algum dia tornaria a andar por aquela rua, como uma pessoa livre? Frequentemente perdia toda a esperança a esse respeito. Quantas vezes me lembrava da canção: "Liberdade, que é minha". Tínhamos cantado isso na escola sem compreender seu significado. Agora eu sabia o que significava ser livre. [Os] Stenzels levavam a comida para mim; mas tinham de se certificar de que nem a criada nem as crianças davam conta disso. Para mim, o pior e mais constrangedor era a improvisação do banheiro. Um balde para a noite era colocado no corredor, junto da janela, ao lado de minha porta, aparentemente para Regina, que também vivia no andar de cima. De manhã as crianças tinham de esvaziá-lo.[130]

A provação de estar confinado, mas sem deixar de ouvir as vidas comuns seguindo adiante, é um tema comum nas memórias de judeus perseguidos no Holocausto. Uma experiência que não me saiu da mente, desde a primeira vez que li sobre ela em 1995, é a de Eva Heyman, que poderia ser descrita como uma Anne Frank húngara – ela inclusive cuida de seu diário como alguém muito parecido com Anne.

Eva era uma mocinha de 13 anos no gueto em Nagyvárad*, onde meu pai nasceu. Ela manteve um diário durante alguns meses em 1944, antes de ser deportada para Auschwitz, onde o famigerado Mengele a selecionou e ele próprio a jogou num caminhão para ser morta em 17 de outubro de 1944.[131] Eva fez a crônica do período que passou no gueto e, em 14 de maio de 1944, descreve ter ouvido o sino do vendedor de sorvete tocando do lado de fora. Ela comenta que o ato de olhar pela janela era punido com a morte, por isso não pôde vê-lo, mas ela e a prima Marica o ouviram.

> Esta tarde eu e Marica ouvimos o sino do sorveteiro. Como você sabe, não podemos olhar pela janela, pois só por isso já podemos ser mortos. Mas ainda temos permissão de ouvir e assim, eu e Marica ouvimos o sorveteiro tocando seu sino do outro lado do muro. Eu gosto de sorvete e devo dizer que gosto muito mais do sorvete que vendem em casquinhas na rua do que do sorvete que vendem em confeitarias, embora nas confeitarias ele seja muito mais caro! Antigamente, sempre que ouvia o sino do sorveteiro, eu corria para o portão. Na maioria das vezes, pedia uma casquinha de limão. Mas se eu não ouvisse o sino, Ági [mãe de Eva] e a vovó ou Juszti ou Mariska correriam para fora e trariam a casquinha de limão. Ági gostava de dizer que, na frente de nossa casa, o sorveteiro "com certeza ganha alguma coisa" – isto é, ele tinha certeza de vender pelo menos uma casquinha.
>
> Um dia aquele pobre vendedor de sorvetes estava muito triste porque um de seus filhos ficara doente. Fui com ele até a farmácia do vovô, que lhe deu remédios sem cobrar nada. Lembro que, durante um bom tempo, ele não veio, mas de repente apareceu com uma enorme casquinha de limão e não cobrou nada por isso. Naturalmente, eu não sei, pois não posso ver, se o homem tocando o sino do outro lado do muro é o mesmo sorveteiro que costumava nos visitar, mas em toda Várad havia apenas dois vendedores de sorvete. Talvez seja realmente ele e agora está triste porque seus fregueses estão trancados atrás do muro. Acho que deve se lembrar de mim, porque fui com ele falar com o vovô na ocasião do remédio para o filho. Marica e eu chegamos a comentar uma com a outra como o menino do sorveteiro está bem agora, como está bem melhor que nós; todos no mundo estão melhores que nós porque podem fazer o que quiserem e ir para onde quiserem. Só nós estamos no gueto.[132]

---
* Cidade na Transilvânia, noroeste da Romênia, perto da fronteira húngara. (N. do T.)

1. Bertha Bracey com a sobrinha-neta Pat Webb por volta de 1938. *Pat Webb*

2. Charles Fawcett e a autora em Londres, 1998. *Coleção da Autora*

3. Charles e April Fawcett com Tony e Cherie Blair no Dia em Memória do Holocausto, evento nacional realizado em Cardiff, 2006. *HMDT*

4. Da esquerda para a direita: Miriam Ebel-Davenport, Charles Fawcett e homem desconhecido, 1999. *Coleção da Autora*

5. Annette Fry (viúva de Varian) no Colóquio Varian Fry em Marselha, 1999.
Coleção da Autora

6. A casa dos Stenzels, onde Else Pintus ficou escondida, década de 1980. *Doris Stiefel*

7. Judeus reunidos na frente da Casa de Vidro, o Escritório de Imigração Suíço, esperando a emissão das *Schutzpass* (Cartas de Proteção), 1944. *Agnes Hirschi*

8. *Schutzpass* emitida para Istvan Krausz e a esposa Rozsa, pais de Tom Keve, 23 de outubro de 1944. *Tom Keve*

no sentido horário a contar de cima

9. Carl Lutz aos 55 anos, 1950. *Agnes Hirschi*

10. Agnes Hirschi. *Agnes Hirschi*

11. Hermann Maas. *Paul Mower*

12. Vali Rácz em sua casa em Budapeste, durante a guerra. Marietta Herzog escondeu-se atrás da estante durante uma busca da Gestapo. *Monica Porter*

13. Vali Rácz. *Monica Porter*

14. Soeur St. Cybard aos 59 anos. *Louis Lacalle*

15. Alunos da *École Saint-Gauthier* em Confolens, 1944/45. *Louis Lacalle*

16. Josie Martin Levy e a autora, 2003. *Coleção da Autora*

17. Józef Barczynski e a esposa Anna, década de 1970.

18. Anna Barczynska com o prêmio do Yad Vashem recebido por Józef,1998. *Olympia*

19. Família Guicherd com Betty e Jacques, 1943. *Betty Eppel*

20. Betty Eppel e Victor Guicherd, 1983. *Betty Eppel*

21. Victor, Josephine e Betty, 1983.
Betty Eppel

22. Betty na cozinha com o depósito de pão e farinha em que ela e o irmão costumavam se esconder, 2009. *Betty Eppel*

23. Mitzi Saidler no Yad Vashem, 1981. *Dorothy Fleming*

24. Mitzi com Otto Fleming, 1993.
Dorothy Fleming

25. Mitzi, 1988, *Dorothy Fleming*

À esquerda 26. Dr. Ho, 1937. *Manli Ho;* à direita 27. Monumento de Xangai. A inscrição no monumento diz: "De 1937 a 1941, milhares de judeus chegaram a Xangai fugindo da perseguição nazista. As autoridades de ocupação japonesa os encaravam como 'refugiados sem Estado' e destinaram essa área específica para restringir sua residência e ocupação". *Coleção da Autora*

28. Família de Vytautas Rinkevicius, década de 1950. *Margaret Kagan*

29. Vytautas, década de 1970.
Margaret Kagan

30. Margaret e Joseph Kagan com Vitalija, filha mais nova de Vytautas, 1989.
Margaret Kagan

31. Suze van der Bijl, resgatada pela família Schoen aos 4 anos de idade. Foto tirada pelos Schoens em maio ou junho de 1945. *Peter Schoen*

32. Joost e Anna Schoen, 1945.
Peter Schoen

33. A visita dos Klerks a Heemstede com Henri Obstfeld, julho de 1946. *Henri Obstfeld*

34. Os Klerks com os Obstfelds em Arnhem, abril de 1947. *Da esquerda para a direita*: Jan Willemsen, sua esposa Els (filha dos Klerks), Henri Obstfeld (7 anos), Emmy Willemsen (cerca de 5 anos), Hendrika Klerk, mãe de Henri, e Jacob Klerk. *Henri Obstfeld*

35. Cartaz da escola de dança de Hilde Holger, década de 1930.
Primavera Bonan-Behram

36. Pai de Henry Walton, Siegmund Wetlinger, com a Rainha e Willy Brandt, 1965.
Henry Walton

Adina Szwajger, que era uma estudante de medicina de 22 anos trabalhando no hospital do gueto, recordou a derrota da revolta no Gueto de Varsóvia em 19 de abril de 1943, quando a Luftwaffe despejou bombas incendiárias até o lugar ser tragado pelas chamas. Houve tiroteio, e os judeus pulavam das casas em chamas, mas enquanto isso, literalmente a poucos metros do gueto, "o carrossel dava voltas e uma música alegre tocava. E as pessoas se divertiam". Famílias polonesas vieram dos ofícios da Páscoa nas igrejas vizinhas para passar algum tempo no Parque Krasinski, bem ao lado do muro do gueto. Ela mais tarde retorna ao mesmo tema: "Mas lembro do riso das crianças. Porque estavam brincando e rodando no carrossel. E a música estava tocando".[133]

Para voltar à história de Else, ela escreveu que a casa dos Stenzels estava equipada para receber hóspedes no verão – presumivelmente hóspedes pagantes, porque ela descreve uma variedade de diferentes pessoas que se detiveram na casa enquanto ela estava encarcerada. Recorda-se da polícia fazendo várias vezes refeições na casa e de nazistas fanáticos que eram parentes de Berlim e tinham dois filhos, de 3 e 6 anos. Ela descreve os problemas com essas crianças curiosas andando por perto:

> Frequentemente, elas forçavam a maçaneta, sacudiam a porta, espiavam pelo buraco da fechadura e reclamavam com Regina – tive de cobrir o buraco da fechadura e todas as fendas. [Os] Stenzels me advertiram para que, em nenhuma situação, revelasse a minha presença. As crianças de Berlim estavam por toda a parte. Trazer comida para mim era muito difícil. Ainda pior era o problema do toalete. No calor opressivo, sob o forro fino como cartolina, eu não bebia uma gota de líquido, sufocava a sede simplesmente para não encher a bexiga. Não conseguia dormir à noite com medo de me entregar enquanto dormisse; tinha medo de ressonar.[134]

O medo contínuo de ser denunciada atormentava ela e seus salvadores. A Gestapo costumava vir à noite, e Else sempre ficava pronta, para poder alegar que acabara de chegar. Mais para o final da guerra, em janeiro de 1945, Else escreve sobre oitenta homens da SS sendo alojados na casa dos Stenzels. Estavam buscando desertores e guerrilheiros. Eram baderneiros com idades entre 18 e 20 anos, que aterrorizavam a todos porque traziam alguns ucranianos perigosos com eles. Revistavam casas e faziam buscas com cães. Ela escreveu:

Naquele momento, achei que minha hora final havia chegado, cinco minutos antes do fechamento dos portões. Mesmo [os] Stenzels, que sempre tinham parecido muito calmos ou pelo menos nunca se revelaram a mim de outra maneira, estavam agora muito nervosos. Queriam encarregar alguém de me conseguir algum tipo de documento, mas eu estava com medo de colocar outra pessoa a par do segredo. Não queria ter toda a família Stenzel em minha consciência caso algo desse errado e tinha de me preparar para dar um fim à minha vida.[135]

Embora Else tivesse um pouco de veneno, a coragem lhe faltou. Por isso, ainda estava viva quando de repente, depois de quatro semanas, a SS partiu. Os russos finalmente libertaram a área em março de 1945; todos, porém, se esconderam no porão com medo das atividades dos russos, e Else mais tarde descobriu que eram antissemitas. Ela descreve sua saída do esconderijo assim:

> Essa foi a primeira vez, de 14 de dezembro de 1942 até 25 de março de 1945, que saí para o ar livre. Os últimos poucos dias tinham sido passados inteiramente no porão. Cheguei ao lado de fora e fiquei tonta de imediato. E, para minha aflição, mal conseguia andar. Através dos sapatos finos, as pedras do calçamento se enterravam nos meus pés como cravos. As solas de meus pés haviam se tornado delicadas como as de uma criança. Eu ficara com tanto medo das pessoas que não queria ser vista por ninguém. Acima de tudo, havia o medo de que os russos ainda pudessem ser repelidos. Fui vista, no entanto, a caminho da casa paroquial. A notícia correu pela aldeia como um rastilho de pólvora. Gente que eu conhecia vinha me visitar e me fazer convites. Mas eu não queria ir a parte alguma; foi preciso um longo tempo para que me acostumasse ao ar fresco.[136]

Else sobreviveu à guerra graças aos Stenzels. Ironicamente, após a guerra eles tiveram de provar que não tinham dado apoio aos nazistas e que tinham sido bons para os poloneses. O fato de terem protegido Else foi contado a seu favor, e ela foi sua principal testemunha. Else contou aos irmãos que fora a única pessoa judia a sobreviver na região de Kartuzy e o único pessoal judeu que havia em Dantzig viera do leste. "Dos judeus que tínhamos um dia conhecido, ninguém sobrou aqui."[137]

Em 1949, Else escreveu a Erich Pintus, um tio de Doris Stiefel, sobre sua vida. Anotou com muita tristeza:

> Estou viva, mais ou menos saudável e só isso já é motivo para uma pessoa se sentir agradecida. Mas o fato é que aqui eu vegeto, solitária, abandonada e esquecida por todos, a única judia em toda a região de Karthaus, sem nenhum parente ou conhecido – todos foram mortos ou emigraram. Consigo sobreviver como empregada doméstica ou algo parecido. O que isso significa para mim, aos 56 anos, só você pode imaginar. Felizes as pessoas que foram capazes de virar a tempo as costas para a Europa.[138]

Ela se mudou para Berlim após a guerra e morreu em 1975 no lar de idosos judaico. Deixou toda a propriedade da família em Chmielno para os Stenzels, em gratidão pelo que fizeram por ela. Doris Stiefel, cujo pai era um dos primos de Else, conheceu a filha dos Stenzels, Dorota Prycskowska, em 1992, quando ela tirou umas fotos. Dorota era moça jovem durante a guerra. Ela ainda morava na casa da família onde Else esteve escondida, com alguma lembrança daqueles anos. Morreu em 17 de fevereiro de 2006, aos 85 anos.

János Tóth. Naomi Szinai (nascida em 1924, *née* Mayer) foi criada em Hajdudorog, na Hungria, uma cidadezinha de 12 mil habitantes com algumas centenas de judeus. O pai dela era um dos cinco médicos da vila:

> Ele deve ter criado, com certa rapidez, um consultório movimentado que proporcionava à família uma renda não grande, mas razoável, visto que a população majoritariamente camponesa não podia se dar ao luxo de pagar demais pelos cuidados de saúde. Além disso, muitos de seus pacientes não podiam pagar e o pai os tratava de graça ou por um valor simbólico.[139]

Naomi era a mais velha de três filhos e teve uma infância feliz. Como o consultório do pai ficava em casa, a família estava encarregada de abrir a porta para os pacientes e atender ao telefone. Às vezes, eles também o acompanhavam em visitas domiciliares, quando podiam ter conversas particulares. No inverno, escorregavam de um tobogã na neve que era muito divertido. Foram educados até os 14 anos de idade na cidade e viveram num círculo judaico. Muitos desse círculo foram assassinados pelos nazistas. A vida era relativamente primitiva com limitada água corrente nas casas e água de beber trazida do poço pelas criadas. Passavam as férias num hotel judeu em Ujhuta, nas Montanhas Bukk: "No verão, costumávamos sair de férias com a Mãe; o Pai só ia um dia ou dois, pois não deixaria seus pacientes por mais tempo que isso".[140]

O antissemitismo era um fato da vida desde um tempo muito antigo. Os húngaros quebravam janelas de casas judias quando embriagados e gritavam obscenidades. Na escola, havia muitos comentários – alguns mais desagradáveis que outros. Embora a Hungria só fosse ocupada pelos nazistas em março de 1944, assim que a guerra começou, homens judeus foram convocados para trabalho forçado e o dr. Mayer era frequentemente chamado para prestar assistência médica. Os pais de Naomi ouviam as irradiações em húngaro de Londres para tomar conhecimento das verdadeiras notícias e não da propaganda húngara, mas como aquilo era proibido Naomi costumava ficar de guarda fora da casa e correr para avisá-los se alguém se aproximava.

Naomi tinha resolvido fugir de sua cidade natal, antes mesmo que os judeus fossem mandados para o gueto. Decidiu arranjar trabalho como criada, mas para fazê-lo precisava de documentos falsos. Ela escreveu sobre a influência do pai em seu sucesso:

> Meu pai era o médico local. Sempre cuidara com dedicação de seus pacientes e um deles, em nossa hora de necessidade, estava disposto a recompensar a generosidade de meu pai, embora isso pusesse seu trabalho, sua liberdade e mesmo sua vida em risco. Era funcionário na repartição de registro e, portanto, tinha a possibilidade de me fornecer documentos falsos, com os quais pudesse passar por ariana.[141]

Naomi lembra que o nome do funcionário era János Tóth e me contou que a irmã Elizabeth havia escrito para recomendá-lo ao Yad Vashem.[142] Em virtude de seus documentos falsos, ela pôde conseguir trabalho como criada numa cidade próxima. Apresentou-se num balcão de empregos onde os criados esperavam por possíveis empregadores, que os examinavam e negociavam salários – coisa similar às tradicionais "hiring fairs" [feiras de empregos] na Inglaterra rural. Naomi descreveu o que aconteceu ali:

Uma mulher corpulenta e extremamente perfumada parou na minha frente e pediu meu livro de serviço, um documento que todo empregado doméstico tinha de ter. "Qual é seu nome, moça?", ela perguntou. "Maria Falus", respondi, controlando o tremor em minha voz, pois pronunciava meu novo nome pela primeira vez. Ela deu uma olhada no livro de serviço. "Ora, você ainda não trabalhou e já está com 18 anos." A maioria das moças camponesas começava a trabalhar aos 14. Eu tinha minha resposta pronta: "Minha mãe estava doente. Tive de ficar em casa ajudando no serviço e a cuidar das crianças mais novas". Isso a satisfez e ela começou a negociar o salário.[143]

Naomi foi levada porque estava disposta a aceitar um salário baixo. Trabalhou no encardido hotel comercial de sua patroa e do marido dela e tomava conta de um filho do casal, uma criança mimada de 6 anos. Era um trabalho muito árduo, desde de manhã cedo até onze da noite e ela dormia numa cama de armar na cozinha. Ficou horrorizada quando um dia ouviu que os judeus foram mandados para o gueto e temeu pela família. Certa vez, estava levando o menino para seu passeio da tarde quando se deparou com um novo muro de seis metros de altura – o gueto estava lá atrás. O menino atirou algumas pedras no muro, e ela estava prestes a detê-lo quando o guarda se aproximou e gracejou com o menino sobre os judeus encarcerados.[144]

Uma tarde, quando ela o levou ao parquinho, as crianças perderam o interesse pelo cercado de areia e disseram: "Vamos brincar de húngaros e judeus". Mandaram que ela fizesse o judeu e os meninos lhes apontaram as armas de brinquedo. Ela foi tomada de terror e desmaiou. Quando voltou a si, ouviu pessoas afirmando que era judia e outros concordando. Enquanto estavam pensando em chamar a polícia, uma senhora idosa perguntou-lhe duas vezes se ela estava "esperando". Naomi demorou um minuto para entender; então admitiu que estava com três meses de gravidez e começou a chorar.[145] A senhora salvou-a por sua compaixão e presença de espírito.

Naomi estava tão perturbada e parecia tão pálida que o patrão ficou com medo que estivesse doente e que o filho pudesse pegar alguma coisa. Mandaram-na, então, para o ambulatório:

> A sala de espera estava cheia e eu estava rígida, com medo de que alguém reconhecesse a filha mais velha do médico. Escondi-me atrás de um jornal. Isso

trouxe seu próprio terror com as notícias da caçada aos judeus. Elas descreviam as pesadas punições para as pessoas que escondessem judeus ou tentassem ajudá-los de alguma maneira. Havia notícias sobre a captura e execução de judeus fugitivos...

Naquele momento a porta do consultório se abriu e eu era a paciente seguinte. Olhei para o médico e nos reconhecemos de imediato. Era um dos colegas de meu pai. "Meu nome é Maria Falus", eu disse rapidamente.

Ele fechou a porta e tanto ele quanto a enfermeira ficaram em silêncio. Sabia o que lhe passava pela cabeça. Poderia se arriscar em não me denunciar à polícia? A enfermeira não poderia denunciá-lo ou chantageá-lo mais tarde? Vi-os se entreolharem por um instante, enquanto eu prendia a respiração aterrorizada.

Então uma inclinação de cabeça indicou o acordo entre eles. Minha sorte não havia acabado. Não iam me denunciar. Ele segurou minha mão, aparentemente para sentir o pulso, mas percebi que queria me tranquilizar e me desejar boa sorte. Ao pegar a receita, relaxei e sorri agradecida. Ele também me daria força nos dias sombrios que vinham pela frente, quando eu me lembrasse de sua generosidade e coragem.[146]

Mas Naomi ficou assustada e abandonou o trabalho, voltando para casa. Agora a Hungria estava ocupada e a vida se tornava difícil para todos os judeus. A irmã de Naomi comentou que era ela quem fazia as estrelas amarelas que todos os judeus eram obrigados a usar e as costurava em suas roupas. "Tinha de ser um certo tipo de amarelo, descrito como amarelo-canário. Ex-colegas de escola faziam comentários na rua ao nos ver com a estrela amarela. A vida estava se tornando cada vez mais desagradável."[147]

O pai das duas foi levado para prestar serviço médico e as mulheres foram enviadas para o gueto em Hajdudorog. O pai e o único rapaz, Imre, acabaram no campo de Mauthausen, mas milagrosamente todos da família sobreviveram ao Holocausto e, em 1951, estavam de novo juntos em segurança em Israel, embora Naomi tenha se casado em 1948. Ela mora agora na zona norte de Londres. Nada disso teria acontecido se o funcionário do registro, János Tóth, e o médico não tivessem protegido Naomi, na Hungria devastada pela guerra, por causa da lealdade para com seu pai. Como o sr. e a sra. Bela Grunfeld declararam, János Tóth continuou a ser um verdadeiro amigo dos judeus.

Conhecíamos János Tóth desde sua juventude; era bem conhecido em nosso distrito pela atitude liberal. Na década de 1940 era um funcionário público, trabalhando na prefeitura. Durante esse tempo, que correspondeu aos anos de perseguição aos judeus, todas as suas ações foram voltadas para dar apoio e assistência às vítimas do fascismo. Durante esses tempos difíceis, ele foi a única fonte de notícias para nós, em especial no que dizia respeito à marcha dos acontecimentos políticos.[148]

János provou mais tarde ser um verdadeiro herói, ao impedir pessoalmente que um judeu fosse atirado de um trem por um grupo de soldados húngaros:

A este respeito podemos atestar o seguinte: num determinado dia de verão de 1944, meu cunhado Arnold Weinstrock estava retornando de trem a Hajdudorog, vindo de Debrecen. Uma série de soldados no vagão começou a gritar com ele: "Você não sabe, judeu fedorento, que não tem permissão para viajar?". Então o agarraram e quiseram atirá-lo do trem em disparada. O sr. Tóth, tendo presenciado esses acontecimentos, se colocou de pé na frente da porta e conseguiu acalmar um pouco a fúria dos soldados – foi devido à intervenção decisiva do sr. Tóth que meu cunhado não foi atirado do trem. Esse incidente nos foi relatado por meu cunhado. Posteriormente, ele morreu num campo de concentração.[149]

O próprio János Tóth contribuiu para a narrativa descrevendo a situação após o incidente e, de passagem, mostrando como suas ações foram espontâneas.

Em seguida aos acontecimentos descritos, um homem, um civil, gritou comigo, escandalizado, da extremidade do vagão: "Vossa Senhoria há de pagar por isso!". Reconheci o homem como György Molnár, estalajadeiro, e um dos líderes da Cruz Flechada local [o partido nazista húngaro]. Só então percebi que provavelmente minha ação teria consequências perigosas.[150]

János Tóth conseguiu proteção pedindo ajuda ao oficial médico local, dr. Imre Olah, que era responsável pelo controle de saúde das estalagens do lugar:

Quando o estalajadeiro voltou para casa, encontrou o médico em seu prédio, com o objetivo de realizar uma inspeção de saúde oficial. O médico informou a Molnár que, se ele falasse com alguém sobre os acontecimentos no trem ou se eu sofresse algum dano, a estalagem seria fechada com base em problemas de saúde pública. Fiquei com muito medo que Molnár comentasse minha atitude com os nazistas e soldados que bebiam regularmente em sua estalagem, cujo resultado, sem a menor dúvida, teria sido minha deportação e a deportação de minha família.[151]

Tóth estava realmente assustado e tinha razão de estar com medo. Seria atacado duas vezes. A primeira, no final de outubro de 1944. Quando estava passando por outra estalagem, esta de József Révész, alguém gritou: "Lá vai János Tóth, que é pago por judeus!", e seis capangas da Cruz Flechada, incluindo Molnár, saíram e foram atrás dele. Tóth correu, mas deu quatro tiros com sua pistola e feriu Molnár; depois fugiu. Após a guerra, os membros da Cruz Flechada formaram uma série de partidos políticos de direita e se infiltraram no Partido Independente dos Pequenos Proprietários. Às dez da noite de 6 de março de 1946, dezoito meses após a libertação da cidade natal de Tóth, "um bando de 20 membros do Movimento Jovem do Partido Independente dos Pequenos Proprietários me atacaram com porretes na presença de minha esposa. Com o resto de minhas forças, caído no chão, consegui disparar as últimas duas balas. O barulho dos tiros fez os atacantes fugirem".[152]

No final de sua declaração, Tóth escreveu: "Após a libertação, em meu cargo de tabelião do distrito, fui capaz de ajudar judeus que retornavam a seguir o rastro de seus bens e a recuperá-los". Ele foi reconhecido com Justo Não Judeu pelo Yad Vashem em 1999.[153]

Karl (Charles) Petras (1896-1952). Incluí aqui o resgate de Hilde Holger (1905-2001) porque foi muito difícil definir exatamente quais foram seus motivos. Lealdade e amizade parecem os mais plausíveis. Ela era uma dançarina famosa que morou muitas décadas em Camden Town e com mais de 90 anos ainda tinha alunas. Foi uma das primeiras a me contatar quando publiquei um anúncio na revista *AJR* pedindo que as pessoas se apresentassem com suas histórias. Escreveu-me pela primeira vez em agosto de 2000, aos 95 anos, para me contar sobre Karl Petras, um jornalista austríaco que salvara a vida dela lhe conseguindo um visto para a Índia em 1939. Ela escreveu: "Karl

Petrascu mandou-me um visto da Índia para que eu escapasse dos campos de concentração de Hitler. Ele era jornalista. Infelizmente, toda a minha família morreu nas câmaras de gás – a guerra estourou, as fronteiras foram fechadas. Minha gratidão será sempre insuficiente ante o que ele fez por mim".[154]

Infelizmente, Hilde morreu antes que eu pudesse me encontrar com ela em Londres. Contudo, fiz recentemente contato com sua filha, que está lutando com o enorme arquivo da mãe na casa onde Hilde viveu e ensinou desde os anos 50.

Hilde nasceu em 1905, em Viena, como Hilde Sofer, numa família judia austríaca. Seus bisavós tinham compartilhado uma casa com Johann Strauss:

> A juventude de Holger coincidiu com um florescimento cultural na capital austríaca – foi a era dos compositores Alban Berg e Arnold Schoenberg, dos pintores Oskar Kokoschka, Gustav Klimt e Egon Schiele, do escritor Stephan Zweig e do poeta Hugo von Hofmannsthal. Em seu trabalho, ela ia prestar uma homenagem ao espírito dessa época.[155]

Hilde começou a dançar aos 6 anos de idade e, aos 14, tornou-se aluna da influente e pioneira professora de dança e coreógrafa Gertrud Bodenwieser, com cujo grupo de dança fez uma turnê pela Europa nos anos 20. Em 1926, formou seu próprio grupo, o Hilde Holger Tanzgruppe (*ver lâmina 35*). Também trabalhou como modelo para muitos fotógrafos, como Martin Imboden e Anton Josef Trcka (conhecido como Antios), para os pintores Felix Albrecht Harta e Benedikt F. Doblin, posando também para a famosa escultura de Joseph Heu, de 1926.

Os nazistas eram esquizofrênicos acerca de seu tipo de dança livre expressionista, da qual se apropriaram para utilizá-la nas olimpíadas de Berlim, em 1936, ao mesmo tempo em que a condenavam como "degenerada". Hilde percebeu que ia enfrentar dificuldades quando sua escola foi fechada pelos nazistas, mas ela e os alunos estavam muito ansiosos para continuar se expressando por meio da dança. Ela escreveu como um grande amigo, Felix Harta, que morava e trabalhava num imenso armazém, permitiu que usassem seu estúdio para aulas de dança e apresentações secretas. Era um risco porque a Gestapo estava vigiando e eles tinham de sair em grupos muito pequenos para não levantar suspeitas. "Essas aulas, apesar da terrível pressão e temores, deram grande consolo a todos nós, visto que dançávamos e nos libertávamos por algumas horas de todo o horror que nos era imposto." Posteriormente, Hilde ouviu de alguns dos alunos que sobreviveram ao Holocausto como aquelas lições foram importantes para eles naquele momento difícil.[156]

Suas memórias registram a consciência de que a impossibilidade de conseguir um visto para emigração significaria acabar num campo de concentração. Ela descreve como, armada desse conhecimento, entrou em contato com todos os seus amigos no exterior pedindo-lhes que a ajudassem a obter um visto de saída para mostrar à Gestapo que estava habilitada a partir. Escreveu:

> Em virtude de minha profissão, eu tinha feito amigos norte-americanos e tinha também um grande amigo na Índia, um jornalista vienense chamado Charles Petrasch [Karl Petras], a quem escrevi dizendo: Salve minha vida! E graças à sua pronta ação, ele me conseguiu um visto de entrada para a Índia e também encontrou alguém para dar a garantia de que eu não seria um fardo para o governo indiano.[157]

Ela descreve como há muito tempo tinha interesse pela Índia e sua dança, assim como tivera amigos indianos em Viena. Recebeu seus documentos por meio de Petras. Conta como o dinheiro que lhe fora dado para a viagem por tias generosas foi roubado por um nazista que ameaçou denunciá-la à Gestapo se ela não fizesse aquele pagamento. O comportamento dele era ilegal, mas naquela época "não havia lei nem justiça".[158]

Viajou para a Índia em 6 de junho de 1939 e ficou muito perturbada ao se despedir da mãe e da irmã, que foram até a estação para vê-la partir – elas sabiam que não se veriam mais e, de fato, quatorze membros da família de Hilde foram assassinados em Auschwitz.[159] Hilde viajou para Paris e de lá foi de trem para Marselha, onde tomou o navio da P&O para a Índia. Chegou a Bombaim em 21 de junho de 1939 e foi recebida por Charles Petras e o dr. Trivikram. Num primeiro momento, morou com o médico e sua jovem esposa grávida. Ele tinha o consultório em casa e diz-se que ela dormia no sofá do consultório.

Inicialmente, o homem que salvou Hilde era misterioso em virtude da limitada informação que ela me passou a seu respeito e do pequeno registro feito em suas memórias. As variações na grafia do nome dele também não ajudavam. Acredito que ele o trocou de Karl Petras para Charles Petrarch, deixando-o com uma sonoridade mais inglesa num país que era parte do império britânico. A grafia Petrasch, contudo, é também encontrada.

A dra. Margit Franz, da Universidade de Graz, está pesquisando o *Exílio para a Índia durante a Segunda Guerra Mundial* e examinou o arquivo de Hilde. Estou grata por ter compartilhado comigo o que descobriu. Ela escreveu que Hans Glas, um arquiteto e ex-amante de Hilde, emigrou para a Índia em julho de 1938. Tinha um contrato como arquiteto em Calcutá e tentou fazer Hilde ir para a Índia. Há várias cartas de Glas no arquivo e uma, que tem a data de 16 de outubro de 1938, explica como andara se informando em Calcutá sobre a possibilidade de alguém ganhar dinheiro com dança. Ele dizia que não era uma boa situação, já que dançar estava associado à prostituição, e se desculpava profusamente pela impossibilidade de ser mais útil. Ao que parece, Glas também estava tentando ajudar seus dois irmãos a irem para a Índia. Como resultado de suas informações, Hilde frequentou um curso de *heilmassage* (massagem medial) antes da partida de Viena, presumivelmente para poder contar com outra fonte de renda.

Karl Petras já estava em Bombaim quando Glas chegou à Índia em 1938. Glas escreveu a Hilde dizendo que não conseguira se encontrar com Petras a caminho de Calcutá, mas que lhe escreveria. Até agora, tudo que a dra. Franz descobriu sobre Petras, antes de sua chegada à Índia, é que ele era jornalista e entrevistara Gandhi em Londres, em 29 de outubro de 1931.[160] Parece ter sido um homem de grande cultura, que foi internado pelos britânicos, como estrangeiro inimigo, entre 1939 e 1945. Durante esse período escreveu poesia e pintou aquarelas. Foi internado com 1.500 outros estrangeiros inimigos alemães, austríacos e italianos no campo central de internamento Dehra Dun, nos contrafortes do Himalaia, perto da fronteira nepalesa.[161] Hilde se empenhou muito para conseguir soltá-lo. Há uma carta no arquivo, datada de 2 de fevereiro de 1940, em que o arcebispo de Bombaim se desculpa pelo atraso num encontro. No envelope, Hilde escreveu: "Carta histórica quando tentei tirar do campo para estrangeiros meu amigo 'ariano' Carl Petras, que foi acusado de ser nazista, o que não era verdade, pois salvou a minha vida, sendo eu judia".

Karl e Hilde continuaram sendo amigos íntimos durante todos esses anos e, depois de ser solto do campo, ele se tornou seu empresário. A dra.

Franz conjectura que possivelmente o objetivo disso era provar que ele tinha uma ocupação, pois era uma condição para ser autorizado a permanecer na Índia. Ele ficou na Índia pelo resto da vida e, tendo simpatizado durante algum tempo com a luta pela independência indiana, fundou, em Bombaim, um Instituto de Línguas Estrangeiras como local de encontro e articulação entre a Índia e o Ocidente. Foi diretor do que se tornou um bem-sucedido centro internacional que, em 1950, se expandiu também para Nova Delhi. Organizou exibições, apresentações, programas culturais de rádio, assim como os cursos de línguas. Ajudou artistas jovens de Bombaim organizando mostras de seus trabalhos experimentais no centro – como a exposição de Sayed Haider Raza em 1950. Raza, que nasceu em 1922, tornou-se um dos mais eminentes artistas indianos internacionais e ainda expõe seus trabalhos ao redor do mundo. Em dezembro de 2009, consegui localizá-lo em Paris. Tanto eu quanto Primavera falamos com ele ao telefone, mas infelizmente, embora Raza se lembrasse de que Petras organizou a mostra para ele e dirigia um centro de línguas, foi incapaz de nos dizer qualquer coisa sobre Karl e sobre o tipo de pessoa que ele era.

No arquivo de Holger há um recorte de jornal, num desbotado papel rosado do *Financial Times*, datado de 13 de fevereiro de 1951, descrevendo as atividades culturais do centro em Nova Delhi. Menciona cursos de chinês, inglês, francês, alemão, híndi, russo e espanhol. Em janeiro de 1951, o embaixador suíço em Nova Delhi abriu uma exposição póstuma da artista suíça Molly Ruetschi. Uma peça de Shaw foi apresentada e um recital da "soprano britânica *miss* Victoria Kingsley". Havia planos futuros de uma "Semana Indiana" com apresentações de dança e música, enquanto eminentes convidados indianos fariam palestras sobre aspectos da vida cultural indiana.[162]

Quando visitei a filha de Hilde, ela me mostrou um convite para Hilde Holger e Karl Petras comparecerem à abertura de uma exposição em 3 de janeiro de 1949, em Bombaim, e a 15 de fevereiro de 1951 Karl escreveu a Hilde de Nova Delhi, num papel de carta um tanto *art déco*, com o timbre de seu Instituto de Línguas Estrangeiras – onde era de novo apresentado como Charles Petras, diretor. Vi também fotos maravilhosas de Hilde dançando.

Hilde teve uma vida difícil, e sua filha Primavera enumerou os problemas para mim. Tornara-se dançarina e depois ensinara dança para sobreviver; fugiu de Hitler, perdeu muitos membros da família em Auschwitz e foi

sem dinheiro para um país exótico. Tendo se casado com um médico pársi*
e homeopata, o dr. Ardeshire Kavasji Boman-Behram, o primeiro filho dela
nasceu morto. Depois teve a filha, Primavera, e um filho, Darius, que tinha
síndrome de Down e problema cardíaco congênito. Após o assassinato de
Gandhi, que havia conhecido, voltou para a Inglaterra em 1948 mas, por
volta de 1962, o marido a deixou por outra pessoa. A filha acabou reunindo-
os de novo muitos anos mais tarde e eles tornaram a se casar. Posteriormente, o marido disse que, embora fosse muito difícil viver com Hilde, tinha
um enorme respeito por ela.

Como muitos sobreviventes, Hilde sofria com a culpa de ter escapado
enquanto os parentes ficaram. Ela parece ter tido o dom da amizade, de dar
apoio aos outros e de ensinar os jovens até o fim. Mantinha-se atualizada
lendo todo dia os jornais e sua casa estava sempre cheia de pessoas que ela
ajudava e que a ajudavam. É incrível imaginar que, não fosse por Karl
Petras, sua carreira de oitenta anos como dançarina poderia ter sido tragicamente interrompida pela mesma sorte que teve o restante de sua família
no Holocausto.

Karl Petras trabalhava demais e morreu em Delhi, após sofrer um ataque
do coração, em 1º de julho de 1952.[163] Mas o misterioso Karl/Charles salvara
uma mulher extraordinária. Como Julia Pascal escreveu:

> Suas realizações na Grã-Bretanha foram antes as de uma educadora que as de
> uma dançarina, embora aqui sua fama jamais tenha conhecido o patamar alcan-
> çado na Viena pré-nazista. Mesmo assim, ela deixou às futuras gerações um elo
> de acesso a uma rica herança cultural que Hitler não conseguiu destruir.[164]

A dra. Franz explicou a situação das declarações de vistos para refugiados da
Europa:

Ao que parece, como resultado do número de refugiados procurando entrar
na Índia, os britânicos tinham anulado o acordo de supressão de vistos com
a Alemanha e a Áustria em seguida ao *Anschluss* de março de 1938. Os refugiados tinham de fornecer a duas autoridades e unidades de administração, à

---

* Seguidor do parsismo, religião dos persas zoroastristas que se estabeleceram na Índia para
escapar das perseguições mulçumanas. (N. do T.)

britânica em Londres e ao governo indiano britânico em Nova Delhi, duas garantias básicas com relação à permanência na Índia britânica:

1. Não oferecer qualquer risco à segurança;
2. Não ser um fardo financeiro.

As novas regras para vistos indicavam que o requerente tinha de estar de posse de um passaporte nacional válido, trazendo um visto para a Índia concedido por uma autoridade de identificação ou consular britânica, uma passagem de retorno – mesmo se a possibilidade de retorno fosse restringida pela Alemanha – e duas cartas de chamada assinadas e autenticadas de cidadãos britânicos ou indianos britânicos garantindo a manutenção do refugiado na Índia ou uma possível repatriação. Além disso, uma garantia de emprego era muito útil e em alguns casos essencial, visto que o número de patrocínios que pessoas britânicas ou indo-britânicas podiam oferecer a refugiados era limitado. Após intensas negociações, a Jewish Relief Association [Associação Judaica de Ajuda Humanitária] conseguiu assinar garantias de manutenção de refugiados e ampliar aqueles patrocínios no início do ano de 1939. Famílias judias como os Ezras, em Calcutá, ou os Sasoons, em Bombaim, foram capazes de fornecer garantias financeiras que também contribuíram de modo decisivo para o trabalho da Relief Association.

Observei nos passaportes austríacos de meus pais que nós também tivemos condições similares impostas à nossa entrada na Inglaterra em 24 de maio de 1947. Inicialmente, só nos era autorizada a permanência de dois meses e estávamos proibidos de aceitar algum emprego, remunerado ou não.

Resgatadores Pagos

Antes de encerrarmos o tema dos resgatadores, devemos observar que nem todos que resgatavam eram altruístas. Alguns o faziam puramente por dinheiro, sem mostrar outra preocupação ante seus protegidos do que mantê-los a salvo para garantir o pagamento integral. Uma mulher polonesa, que pode perfeitamente não ter atuado sozinha, foi paga tanto por judeus quanto por grupos da resistência polonesa para cuidar de uma criança. Pani Borciñska levou uma menina judia, Margarita Turkov, para seu apartamento em Varsóvia em 18 de agosto de 1942, quando Margarita tinha 8 anos e meio. Margarita devia ser conhecida como Maria Konrad, apelidada de Marysia. Margarita tinha a sorte de sua aparência não ser tipicamente judaica. Com cabelos e olhos castanho-claros, poderia passar por uma típica criança polonesa. Meses mais tarde, ela escreveu: "Era considerada afortunada o bastante para poder circular livremente, sem sugerir que pudesse ser judia".[165]

Em sua primeira noite com aquela mulher desconhecida, um ataque aéreo forçou-as a ir para o abrigo. Numa pausa entre explosões, alguém comentou: "Nada para nos preocuparmos, eles só querem jogar algumas bombas no gueto... acabar com a judiaria", e sufocou risadinhas. Isso fez a menina chorar e dizer que queria voltar para sua mãe. Para disfarçar, Pani Borcińska disse a todos que aquela sua parenta "acabara de chegar do campo porque os pais tinham ido trabalhar na Alemanha e a criança ainda estava confusa".[166]

As últimas experiências traumáticas deixaram a menina medrosa, experiências combinadas agora pelo tratamento rude que estava recebendo, e ela começou a molhar a cama. Isso lhe causou intermináveis dissabores com sua guardiã, que não era uma alma generosa e lhe dava uma surra atrás da outra.[167] Mas Margarita escreve que a mulher não era realmente cruel, apenas geniosa:

> Pani Borcińska não quis que eu ficasse para ter uma vítima para torturar. Concordou originalmente em ficar temporariamente com uma criança judia pelo dinheiro que ganharia com isso e acabou sendo paga por duas fontes, a judaica e as organizações clandestinas da resistência polonesa, sem que uma soubesse que a outra estava pagando. Ela não pretendia ser desapiedada, mas não pôde evitar o que eu também a provocava a fazer.
>
> Pan Borciński, o marido, era um homem atarracado, louro, de olhos azuis, com um ar gentil. Nunca quis recolher uma criança judia porque não queria colocar a família em risco, especialmente a amada Bozenka [a filha deles, dois anos mais velha que Margarita]. Mas a opinião da esposa prevaleceu e ele concordou com um arranjo temporário. Então, quando o dinheiro começou a fazer diferença em suas vidas, ela o convenceu que podiam muito bem continuar. De qualquer modo, suas vidas já estavam em perigo, pois ele fazia parte da Resistência, onde também Danusia [a filha mais velha, com mais de 20 anos] e Bogdan [o filho de 15] começavam a desempenhar papéis cada vez mais ativos. E assim ele também concordou com aquilo.[168]

Margarita estabelece um contraste entre sua bondade com relação a ela e o comportamento da mulher, assinalando como era difícil suportar isso:

> O terror constante em que eu vivia me tornava impossível responder de modo afetuoso e eu só queria que ele parasse de ser amável. Aprendi a me preparar para suportar a crueldade – o sentimento de gratidão por todos os seus pequenos gestos de generosidade e simpatia lembrava muito um fardo. O que eu achava particularmente difícil de suportar eram as noites que ele chegava em casa embriagado e repreendia a esposa por me tratar do modo como tratava. Começariam a brigar e a coisa terminava invariavelmente com a mulher lhe batendo. Teria preferido levar eu mesma os socos a ver aquele homem gentil, bondoso, suportá-los por tentar inutilmente me proteger.[169]

Talvez Margarita tenha recebido o maior choque quando, não muito depois de sua chegada, mandaram que chamasse seus hospedeiros de tio e tia. Nessa noite em particular, ela estava lavando os pés antes de ir para a cama, quando apareceu Bogdan, o filho do casal:

> Um garoto magricela, louro, com olhos verdes-escuros e um ar malandrão ficou me olhando e perguntou com um sorriso afetado: "Como é se lavar com um sabonete feito de seus irmãos e irmãs?" Levantei os olhos sem compreender, enquanto a Titia sibilava para eu me lavar com cuidado sem deixar nenhuma sujeira, mandando ao mesmo tempo que Bogdan calasse a boca. Eu já olhava para o Tio, que estava sentado na mesa da cozinha e tinha baixado o jornal que lia. Havia sofrimento em seu rosto quando ele respondeu cuidadosamente àquele meu olhar: "Sim, infelizmente é verdade. O sabonete que compramos é feito nos campos, de gordura judaica". Não tirei os olhos dele enquanto a informação era absorvida. Eu ainda não sabia sobre os campos. Bogdan não pôde deixar de acrescentar: "E fazem novos abajures de suas peles". Nesse momento, ele ganhou um murro da Titia, que o mandou ficar com a boca fechada ou teria realmente a surra que merecia. Ele protestou dizendo que eu deveria aprender como eram as coisas.[170]

As memórias de Margarita são realmente terríveis de serem lidas porque narram o modo como ela se tornou insensível ao tratamento que era tão alheio à sua experiência anterior. Escreve sobre a grosseria da titia com relação aos próprios filhos, que se alternava com demonstrações de afeto, particularmente para com Bozenka, que obviamente era a favorita. Tanto nas memórias quanto na correspondência posterior, ela deixa claro seu choque:

> Quando tinha um de seus acessos, ficava propensa a investir também contra os filhos, mas eles já estavam acostumados com ela e tinham aprendido a se proteger. Era, no entanto, a primeira vez que eu deparava com alguém falando ou se comportando daquela maneira e meu constante estado de choque foi aos poucos se convertendo em entorpecimento, no fechamento numa concha dura.[171]

Ironicamente, embora Pani Borciñska a tratasse com absoluto desprezo, nunca a acusou de roubo e, quando uma pequena reserva de dinheiro desapareceu, ela perguntou a Margarita quem o tinha pegado. Margarita sabia que tinha sido Bogdan, mas, antes que pudesse responder, Pani já o interpelava:

> Ele quis saber por que a mãe suspeitaria dele e não da cadela judia. A mãe começou a bater nele, mas ele conseguiu se esquivar e correr para o patamar da escada. Convencido de que eu o denunciara, gritou com toda a força dos pulmões enquanto começava a descer correndo os degraus. "É, acredite na calúnia de uma judiazinha! A judiazinha que não serve para nada agora vale mais para você que sua carne e sangue!!" Felizmente não havia ninguém por perto para ouvir isso, e a Titia conseguiu correr atrás dele e arrastá-lo de volta para o apartamento. Dessa vez, ele teve realmente a surra que merecia.[172]

Na verdade, a titia ficou com Margarita até a Rússia libertar a Polônia e o pai vir pegá-la:

> Agora ela já estava me mantendo há um bom tempo sem qualquer dinheiro entrando e estava disposta a continuar me mantendo para o caso de meus pais ou quaisquer outros parentes terem sobrevivido e quererem remunerá-la generosamente por todo incômodo e despesa que causei. Senão, ela tinha um plano de me vender para uns camponeses.[173]

Pani teve sorte e também Margarita, que estava planejando fugir se fosse vendida. Quando o pai de Margarita apareceu para pegá-la na primavera de

1945, liquidou a dívida. Margarita recorda que ele voltou para o escritório e pediu todo dinheiro que podia pegar emprestado. Voltou algumas horas mais tarde "com o dinheiro na mão e fui embora com ele".[174]

Margarita ficou extremamente traumatizada por toda a experiência e, embora os pais tenham sobrevivido para levá-la para a América em dezembro de 1947, sua vida ficou marcada por esses acontecimentos:

> Não se falava em psicoterapia naquele tempo. Meus pais achavam que bastava eu estar de novo com eles e, embora estivessem cientes (pelo menos até certo ponto), do que passei durante o tempo em que fiquei com a sra. Borciňska, não faziam ideia do dano que isso me causara. Anos de terapia depois de adulta não conseguiram lidar, nem superficialmente, com essa experiência e só recentemente uma nova abordagem terapêutica me ajudou a atenuar e aceitar as emoções que haviam sido enterradas e negadas ano após ano e que, entre outras consequências, me impediram de ter qualquer satisfação na vida... até agora; e essa terapia foi o que me capacitou a escrever sobre essa época.[175]

Um último caso de gente que pagou pela proteção foi o dos pais de Lea Goodman, que ingressaram voluntariamente no campo de Kostrze, perto da Cracóvia, em setembro de 1942. Lea tinha nascido em 1935, na Cracóvia, e era filha única. Em 1941, a família de três pessoas mudou-se para Dzialoszyce, cidade natal da mãe. Contudo, na véspera da deportação em massa de judeus, eles viajaram para Kostrze. Lea tinha 7 anos nessa época.

O comandante do campo era um engenheiro alemão chamado Richard Strauch que Lea descreveu como um oportunista como Schindler. Ela acredita que os pais possam ter pagado para ficar lá. O campo tinha guardas judeus e havia secretários judeus no escritório de Richard na cidade. Lea se lembra de uma visita feita ao escritório. Depois de passarem um breve período no campo, Richard Strauch disse aos pais de Lea que as autoridades ficaram sabendo que havia crianças ali e ele não poderia mais ficar com elas. Encontrara lugares para todas num orfanato no gueto.

> Éramos cerca de vinte crianças numa carroça puxada por cavalos. Estávamos todas muito felizes; parecia que íamos fazer uma excursão. Meu pai seguiu a carroça e, depois de alguns quilômetros, num subúrbio da Cracóvia, me tirou

do veículo e disse que eu ia me despedir de alguns amigos e tornaria a me juntar às crianças no gueto, o que, é claro, eu não fiz. Se tivesse feito, provavelmente não estaria viva.[176]

Lea foi colocada sob a guarda de uma família cristã, sr. e sra. Soltisova, que eram amigos que o pai fizera nos negócios, e ela acredita que deveu sua sobrevivência ao fato de ficar com eles. O pai de Lea foi preso pelos nazistas no final de 1942, quando deixou sua turma de trabalho para ir a uma loja proibida aos judeus. Ele não sobreviveu à guerra.

A mãe, então, juntou-se a Lea e as duas mudaram de um lugar para outro. Finalmente, souberam que viajar da Polônia para a Hungria através da Eslováquia era possível com o auxílio do movimento clandestino. As memórias de Lea da viagem das duas a partir da Cracóvia são nítidas; como havia neve no chão, ela acreditou que fosse fevereiro ou março. No pequeno grupo de seis ou oito, havia uma moça presa com correias ao parente que a carregava – ela perdera o movimento das pernas por ter ficado escondida num espaço confinado. O guia desapareceu, mas o grupo acabou encontrando o caminho de volta para a Cracóvia.[177]

Ficando sem ter para onde ir, elas se voltaram para a velha costureira da mãe, que as abrigou, ficando com elas sem pagamento – talvez por lealdade. Houve também um professor cristão que a mãe costumava encontrar na rua. Lea acredita que ele lhe dava dinheiro e endereços de locais para ficar. Ficaram em três lugares diferentes e agora tinham de pagar uma "taxa de risco" para serem alojadas. Lea e a mãe, contudo, fizeram outra tentativa de chegar à Eslováquia – e sobreviveram. Lea se lembra do drama de cruzar a fronteira à noite. Ela comentou: "Os eslovacos, embora na época ainda fossem um regime de apoio aos alemães, comportavam-se com humanidade para com refugiados ilegais, o que na maior parte do tempo não poderia ser dito da neutra Suíça que, em situações semelhantes à nossa, mandava as pessoas de volta para a França ocupada".[178]

A verdadeira boa sorte das duas foi terem começado a jornada mais para o final da guerra, em março de 1944, e jamais terem chegado à Hungria, onde poderiam ter se juntado aos milhares mandados para a morte em Auschwitz. Como Lea escreveu: "Ficamos na Eslováquia, onde fomos libertadas pelo glorioso exército russo".[179]

Lea sempre se perguntou como os roteiros e as incursões pelas fronteiras eram organizados. Finalmente, leu o artigo de Robert Rozett que lhe contou:

> De fevereiro de 1943 até março de 1944, uma operação de resgate extraordinária e, sob muitos aspectos única, teve lugar. Membros do movimento jovem sionista, veteranos sionistas e ortodoxos antissionistas na Eslováquia e na Hungria, respaldados por representantes da Agência Judaica da Palestina e Turquia e ajudados por correios não judeus (guias), empenharam-se numa vaga aliança para livrar os judeus da Polônia ocupada pelos nazistas. Os contrabandeados da Polônia eram levados para a Hungria, geralmente através da Eslováquia, com a esperança de finalmente serem levados para a Palestina.[180]

Elas chegaram à cidade de Kezmarok, onde permaneceram até o final da guerra. A mãe encontrou trabalho como babá, fazendo-se passar por uma cristã polonesa. Após a libertação, foram para Praga e, na Páscoa de 1946, para a França. A mãe tornou a se casar e teve outra filha em 1948. Lea se casou com Dennis Goodman, em 1954. Ele fora mandado da Alemanha para a escola na Inglaterra em 1936, aos 13 anos de idade. Os pais dele haviam se mudado para a Holanda e não sobreviveram. Lea vive em Londres desde os 18 anos e é escultora. Dennis morreu em 2007, aos 84 anos.

    Lea concluiu que o fato de ela e a mãe terem sobrevivido na Cracóvia, do lado ariano, foi bastante incomum. Pouquíssimos judeus conseguiram isso numa cidade que era o quartel-general dos alemães na Polônia.[181]

Conclusões

Agora que lemos as narrativas sobre os voluntários e as pessoas que eles salvaram, eu gostaria nesta seção de comparar os voluntários, os problemas mais amplos do resgate e também mostrar a relevância da coragem deles para o mundo em que vivemos hoje.

Comparando os Voluntários

Vimos que os voluntários vieram de ambientes variados. Descobrimos que alguns voluntários, como Józef Barczynski e o dr. Ho, haviam experimentado a adversidade na juventude. A família de Barczynski fora deslocada e por esse motivo ele se identificava com os judeus. O dr. Ho fora criado numa época em que os chineses eram maltratados, por isso ele também podia se sentir solidário com judeus perseguidos.

Os Costagutis italianos, Mitzi e os Stenzels, todos eles ajudaram pessoas que conheciam e por quem nutriam um sentimento de lealdade, seja em virtude de relacionamentos anteriores ou pelo fato de morarem muito próximos. Isso também pode se aplicar a János Tóth, que certamente teve uma generosidade consistente para com os judeus sem jamais levar em conta sua própria posição. Os Costagutis conheciam as pessoas que ajudavam porque eram vizinhos em Roma. Não eram particularmente pró-judeus e alguns dos que ajudaram eram antigos membros do partido fascista, portanto o resgate estava realmente baseado na relação de vizinhança e humanitarismo.

Vali Rácz também tinha motivos variados: lealdade aos judeus porque trabalhara durante anos entre eles, mas também grande compaixão pelos que precisavam de ajuda. Sua filha descreveu-a como corajosa, humana, excessivamente generosa e possuidora de uma total autoconfiança.[1]

Uma divisão significativa entre os voluntários era que alguns deles tinham reagido especificamente aos horrores do Holocausto. Oskar Schindler, Varian Fry e Jaap van Proosdij são três voluntários que se encaixam nessa categoria. Oskar e Varian eram mais velhos que Jaap, que tinha apenas 21 anos, e suas vidas passadas não os identificariam como pessoas capazes de se desviarem de seu caminho para ajudar os outros. Eles realizaram proezas surpreendentes pelos judeus naqueles tempos de desespero, mas o altruísmo não teve um peso significativo em suas vidas antes ou depois. Tanto Oskar quanto Varian estão agora mortos, mas Jaap van Proosdij admitiu para mim: "Não sei se sou humanitário",[2] dizendo que estaria mais propenso a ajudar pessoas ou famílias do que uma nação de pessoas em crise.

Embora Fry tivesse sido chamado de "Schindler americano", os dois chegaram a seus resgatados por caminhos diferentes:

> Schindler era um sensualista e um oportunista que tropeçou num dever humanitário que não pôde ignorar, embora no início provavelmente tenha de fato tentado ignorar. Fry era um indivíduo sensível, até mesmo delicado, um esteta e um epicurista que foi impelido por motivos idealistas a cumprir um dever humanitário. O dever de Schindler foi a travessura especuladora que mudou de rumo assim que ele descobriu, por acaso, que a vida era mais importante que o dinheiro. O de Fry foi uma missão consciente que acarretou uma mudança de caráter (embora ele lançasse mão de recursos que já possuía). Apesar das diferenças entre eles, os dois homens viveram durante algum tempo no limite mesmo de suas energias, vendo suas personalidades por fim realizadas. O que Thomas Keneally escreveu sobre Oskar Schindler – "a paz jamais o estimularia como fez a guerra" – era também verdadeiro para Fry.[3]

Muitos dos voluntários ficaram conhecidos por terem sido úteis a outros durante todas as suas vidas. Charles Fawcett continuou a vida inteira a ajudar os que passavam por uma crise, a despeito de repetidos ataques de tuberculose, só parando quando ficou fragilizado demais. Na revolução húngara de 1956, socorreu inúmeros húngaros e, mais tarde, voou para o Congo Belga, onde ajudou 250 europeus a fugir. Nos anos 80, esteve no Afeganistão filmando crimes russos contra os afegãos. Henk Huffener também dedicou seu tempo a ajudar pessoas após a guerra, dando assistência a chilenos e antilhanos em Londres, nos anos 70. O pai de John Schoen estava sempre vendo gente bater à sua porta em busca de trabalho e Soeur St. Cybard ajudava permanentemente os que enfrentavam dificuldades – era como uma assistente social na área. Eram pessoas que assumiam continuamente responsabilidades por outros que precisavam de auxílio. Prestaram-no de bom grado e de modo irrestrito durante toda a vida.

Muitos voluntários encaravam seus períodos na guerra como as fases mais importantes de suas vidas. Carl Lutz, Varian Fry e Mary Jayne Gold, a rica *socialite* que bancou o trabalho de Varian em Marselha, todos concordavam com isso:

> Aqueles treze meses em Marselha foram os mais importantes de sua vida e ele nunca voltou a se sentir tão realizado. Mary Jayne Gold morreu em 5 de outubro de 1997. Um de seus amigos disse no funeral que ela "achava que apenas um ano em sua vida realmente importava e fora o ano que passou em Marselha". Ele acrescentou: "Era uma mulher muito sagaz, cujo coração estava no lado certo dos problemas e que, num momento crucial da história, compreendeu o que era preciso fazer". Esse obituário poderia falar também por Varian Fry.[4]

A enteada de Carl Lutz me escreveu: "Meu pai sempre considerou seu período em Budapeste e o resgate de judeus inocentes como a parte mais importante de sua vida".[5] Posteriormente, disse-me: "Era sobre esse assunto que mais falava. Ele escreveu muitas cartas e relatos, mas jamais escreveu suas memórias".[6] Jaap van Proosdij também disse que o período em que estava ajudando os judeus foi a época em que se sentiu mais útil na vida.

Alguns voluntários não eram particularmente pró-judeus, mas sua ajuda era prestada como sendo parte da Resistência ou graças à lealdade ou civilidade. A família Thiryn e os Costagutis se encaixavam neste grupo. Como se diz, você não precisa gostar de uma pessoa para salvá-la.

Muitos dos resgatados mantiveram, após a guerra, íntimo contato com aqueles que os salvaram. Betty Eppel ia todo ano visitar os Guicherds, até eles morrerem, e Suze Brown se manteve em contato estreito com os Schoens, vindo todo ano da América para visitá-los. Mesmo após a morte de Suze, o viúvo Arnold e as filhas têm se mantido em contato com os Schoens, embora todas as pessoas envolvidas no resgate já estejam mortas. Arnold contou-me que Suze se lembrava muito da família, mas que ficara tão traumatizada que nunca havia conversado com as filhas sobre suas experiências.[7] Margaret Kagan manteve com Vytautas tanto contato quanto a Guerra Fria permitia e sua prima tornou-se íntima do salvador de Margaret anos mais tarde, quando esta morreu. Hermann Maas manteve contato com os filhos de Rosenzweig e continuou seu trabalho por meio do ICCJ. Os laços entre essas pessoas eram fortes e não só em virtude da gratidão por vidas terem sido salvas. Com frequência, a vida em conjunto criava laços muito fortes – como aconteceu com Betty Eppel, que recebeu amor e afeto muito grandes dos Guicherds. Else Pintus, que nunca se casou e não teve filhos, deixou seu patrimônio para os Stenzels, que a esconderam por dois anos e meio e salvaram-lhe a vida. Irena Veisaite continua em contato com a família de seu salvador e os encara como sua própria família.

Algumas crianças escondidas ficaram traumatizadas pela necessidade de retornar para pais de quem não se lembravam, como Miriam Dunner, que permaneceu mais próxima de sua mãe de criação, Elizabeth, que da própria mãe; e mesmo depois que Elizabeth morreu, Miriam continuou a falar todo domingo com Jelle, o pai de criação, até ele também morrer oito meses depois. Os Eppels não queriam voltar para o pai que mal tinham conhecido. Quando os pais de Josie Martin foram buscá-la em agosto de 1944: "Dei uma olhada e percebi que não queria ir com eles. Cheguei a fingir que não sabia quem eram".[8] Ninguém fazia psicoterapia naquele tempo e esperava-se apenas que as crianças continuassem com suas vidas, julgando-se muito felizes por estarem entre "as que deram sorte". Parece que os pais de Josie não se mantiveram em contato com Soeur St. Cybard, e Josie lamenta até hoje esse fato. Frank Auerbach também lamenta não ter feito contato com Iris Origo, mas tinha apenas 8 anos na época da guerra e o contato nunca lhe foi sugerido. Manli Ho não encontrou muitas das milhares de pessoas que o pai salvou.

Se olharmos para os diplomatas que salvaram milhares de pessoas com uma assinatura em pedaços de papel, todos eles, sem exceção, enfrentaram consequências em suas carreiras – alguns com considerável perda financeira. O dr. Ho, Carl Lutz e Sousa Mendes foram criticados por exceder sua autoridade. Tanto Ho quanto Mendes perderam suas pensões após décadas de serviço leal.

É significativo que muitos parentes com quem entrei em contato ignorassem tanta coisa do que eu havia descoberto. Louis Lacalle, sobrinho-neto de Soeur St. Cybard, não fazia ideia das atividades da tia até eu lhe escrever. Paul Mower, filho de Martha Mower, que foi salvo com o irmão dela, também Paul, tinha pouca noção de como haviam feito contato com Hermann Maas. Benedetta Origo só ficou sabendo do resgate de crianças judias feito pela mãe depois que ela morreu. Parece compreensível que os voluntários não se vangloriassem de suas ações, mas talvez os resgatados pudessem ter informado melhor suas famílias.

Nechama Tec, que tentou estabelecer os fatores sociais determinantes dos voluntários, acabou concluindo: "Esses voluntários agiram de acordo com o que era natural para eles..." E Nechama também assinalou que vinham de todos os estratos da sociedade. Zygmunt Bauman justapõe as conclusões de Tec à pesquisa sobre o alto número de divórcios entre vítimas de sequestro, como documentado no *Le Monde*. Pessoas perfeitamente felizes anteriormente parecem ter descoberto que a experiência de serem sequestradas juntamente com os cônjuges revelava aspectos da personalidade dos parceiros que eram desfavoráveis e "elas passaram a vê-los sob uma nova luz". O *Le Monde* concluía que de fato esses dois lados da personalidade do cônjuge estavam embutidos, mas só a experiência de serem sequestrados fora capaz de revelar o lado desconhecido, "que estava sempre presente, mas era invisível". Bauman estabelece uma conexão entre essa pesquisa e a observação final de Tec:

> "Não fosse pelo Holocausto, a maioria desses salvadores poderia ter prosseguido em suas trilhas independentes, alguns procurando realizar ações caritativas, outros levando vidas simples, discretas. Eram heróis latentes, com frequência indistinguíveis daqueles à sua volta". Uma das conclusões mais vigorosamente (e convincentemente) extraídas do estudo era a impossibilidade

de "reconhecer antecipadamente" os sinais, os sintomas ou as indicações de disposição individual para o sacrifício ou de covardia diante da adversidade; isto é, determinar, fora do contexto que lhes dá vida ou simplesmente que "os desperta", a probabilidade de sua posterior manifestação.[9]

Varian Fry foi precisamente esse tipo de pessoa – um voluntário extremamente improvável. Contudo, essa incapacidade de prever o comportamento futuro também se aplica aos perpetradores. É significativo que a resenha de uma nova biografia de Eichmann tenha assinalado:

Nada no ambiente protestante de Eichmann na Áustria provinciana sugere por que ele se tornou um assassino em massa; a família nada tinha de excepcional, e ele não experimentou dificuldades em seu ramo escolhido de atividade como vendedor de óleos combustíveis, um trabalho que o familiarizou com distribuição e transporte.[10]

O juiz Moshe Bejski, que fora salvo por Oskar Schindler, escreveu em 1974:

Infelizmente, nenhum estudo foi até hoje realizado sobre as motivações dos que, apesar do risco envolvido, não se dobraram aos decretos das autoridades de ocupação nem seguiram o comportamento da população em geral e ofereceram auxílio aos judeus. Em cada caso, os motivos são diferentes, mas há um denominador comum entre os "justos" – a motivação humanitária que dita uma atitude generosa para com um semelhante. A hostilidade para com as autoridades de ocupação e a oposição aos atos cruéis que elas perpetravam contra a população judaica eram certamente importantes, mas mesmo nesses casos, a motivação humanitária era dominante. Com muita frequência, a convicção religiosa motivava os indivíduos a ajudarem os judeus. É paradoxal, como se sabe e foi confirmado nessa conferência, que a Igreja em si não fez quase nada para induzir seus adeptos a prestar ajuda aos judeus perseguidos. Não obstante, num grande número de casos que chamaram nossa atenção foi o profundo sentimento religioso do indivíduo que o motivou a cumprir o mandamento: "Amarás teu próximo como a ti mesmo". Naturalmente, o conhecimento pessoal e a amizade entre resgatador e resgatado também constituíam motivo para oferecer ajuda em tempos difíceis. E já mencionamos aqueles

"Justos entre as Nações" para quem atos de resgate constituíam parte integral de suas atividades clandestinas.[11]

Nos capítulos precedentes, foram examinadas as histórias de voluntários, algumas das quais entram nas categorias discutidas pelo dr. Bejski. Embora tenham sido reunidos de modo um tanto casual (ver Introdução), visto que eles ou a pessoa que resgataram se apresentavam eles próprios a mim, os voluntários vieram de vários países e de diferentes estratos da sociedade. Eles também declararam diferentes motivos para suas ações. O Quadro 3 indica seu contexto e demonstra que os voluntários não estavam restritos a qualquer ambiente, grau de instrução, vinculação política, religiosa ou econômica particulares.

Podemos, portanto, ver que os voluntários estavam motivados pelo condicionamento das várias influências que atuavam sobre eles, mas também por um inerente senso de justiça. Esse senso de justiça e retidão aparece em comentários sobre muitos voluntários, como Jacob Klerk, que cuidou de Henri Obstfeld, e a família de John Schoen, que salvou Suze.

Talvez o aspecto mais importante seja a surpresa que a maior parte deles expressa quando indagados sobre as razões de terem feito o que fizeram. Muitos, incluindo os Guicherds e Vytautas Rinkevicius, disseram que foi coisa normal – qualquer um teria feito aquilo –, mas a matemática prova que estavam errados – a maioria das pessoas não fez. Se tivessem feito, não teria havido o Holocausto e eu não teria escrito este livro.

Fazer Pequenos Gestos de Resistência Equivale a Resgatar?

Os estudos do Holocausto tradicionalmente falam de quatro categorias: perpetradores, espectadores, resgatadores e vítimas. Contudo, Hubert Locke, que se descreve como um cristão norte-americano negro, pôs em dúvida essas categorias, considerando-as uma extrema simplificação. Para apoiar seu ponto de vista, refere-se ao boicote econômico anunciado em 1º de abril de 1933, cuja expectativa era que durasse uma semana. De fato, ele fracassou um dia depois, porque os alemães comuns se recusaram a participar:

> Há incontáveis histórias de senhoras donas de casa que diziam: "Sempre comprei nesse armazém. Sei que os donos são os Steins, mas não vou dar nenhuma aten-

ção aos capangas camisas-pardas que estão parados na porta dizendo: 'Não compre nada dos judeus'". Pessoas como essas não se ajustam a qualquer das categorias convencionais: não eram perpetradoras, não eram vítimas e certamente não eram espectadoras. Como devemos compreender a motivação delas?[12]

Será que essas senhoras donas de casa acabaram escondendo judeus? Não sabemos deles. Sabemos sem dúvida sobre os pais de Henry Walton; sabemos sobre o livro de Lovenheim; sabemos sobre as pessoas que foram generosas com Victor Klemperer e *de fato* sabemos o que Mitzi fez.

Victor Klemperer (1881-1960) foi um acadêmico que manteve diários dos anos nazistas. Eles foram publicados em 1999. Embora Victor tivesse se convertido ao protestantismo em 1912 e se casado com uma "ariana", sofreu as mesmas privações graduais e sérias dos outros judeus. Um dos primeiros atos de discriminação dos nazistas foi remover os judeus do serviço público, o que abrangia a área da educação e as universidades. Klemperer, contudo, era um veterano de guerra condecorado e teve, portanto, autorização para se manter em seu posto até abril de 1935. A essa altura, acadêmicos judeus deslocados já haviam inundado a arena internacional e ele achou impossível encontrar trabalho onde quer que fosse. Seus diários registram as contínuas "mordidas de mosquito". "Mil mordidas de mosquito são piores que um golpe na cabeça."

Klemperer assinala a perda de direitos como se segue: banido dos salões de leitura da biblioteca (outubro de 1936), forçado a abrir mão do telefone (dezembro de 1936), obrigado a adicionar "Israel" ou "Sara" a determinados nomes (isto é, Klemperer deveria daí por diante assinar seu nome como "Victor Israel" – agosto de 1938), restrito a fazer compras entre 3 e 4 da tarde (agosto de 1940), proibido de ter um carro (fevereiro de 1941), "a leiteira... fica impedida de fazer entregas em casas de judeus" (março de 1941), "nova calamidade: proibição do fumo para judeus" (agosto de 1941), obrigado a entregar as máquinas de escrever ("isso me atinge em cheio, é praticamente incontornável" – outubro de 1941), impedido de usar telefones públicos (dezembro de 1941), impedido de comprar flores (março de 1942), impedido de ter animais de estimação ("é a sentença de morte para Muschel", o gato deles – maio de 1942), impedido de prover o ensino de crianças judias, privada ou comunitariamente (julho de 1942), impedido de adquirir ou possuir jornais (julho de 1942), proibido de comprar ovos ou vegetais (julho de 1942), proibido de comprar carne e pão branco (outubro de 1942). "Nem um dia sem um novo decreto contra judeus", escreve Klemperer.

Contudo, ao mesmo tempo, ele também assinala os pequenos atos de heroísmo que presenciou de alemães comuns. Gente cumprimentando judeus na rua, visitando-os em casa, dando-lhes cupons de racionamento para a compra de pão, ajudando-os a levar batatas, passando-lhes furtivamente alguma coisa extra numa compra de comida, sussurrando uma palavra amiga;[13] pequenos atos proporcionando um pequeno encorajamento e esperança.

O rabino Hugo Gryn relatou as palavras de seu pai sobre esperança quando eles foram encarcerados em Auschwitz. Os prisioneiros do bloco pouparam suas preciosas rações de margarina para permitir a celebração da Chanucá, acendendo um menorá improvisado. Hugo criou pavios com os fios de um boné abandonado. Na primeira noite do festival de oito dias todos de seu bloco se agruparam, incluindo protestantes e católicos, e Hugo, como o mais jovem ali, tentou acender os pavios, mas eles apenas estalavam e se recusavam a acender. Ninguém havia se lembrado de que a margarina não queima. Hugo ficou muito perturbado, inclusive por causa do desperdício das preciosas calorias, e interpelou o pai:

> Pacientemente, ele me ensinou uma das lições mais duradouras de minha vida e acredito que tornou minha sobrevivência possível.
>
> "Não fique zangado", ele me disse. "Você sabe que este festival celebra a vitória do espírito sobre a tirania e a força. Uma vez você e eu tivemos de ficar mais de uma semana sem alimentação adequada e outra vez quase três dias sem água, mas não se pode viver três minutos sem esperança!"[14]

Os critérios em curso para o reconhecimento de um Justo entre as Nações são muito estritos, envolvendo o fato de a pessoa ter arriscado a vida, mas, como vimos, muitos voluntários fizeram muita coisa sem fazer nada muito arriscado. Há toda uma gama de auxílio que vai de deixar comida à noite na soleira de uma porta a esconder alguém por dois anos e meio, como os Stenzels fizeram com Else Pintus.

Deparei com o seguinte texto em 1997, escrito por Monia Avrahami, no Museu Beit Lohamei Haghetaot, que é parte do *Kibutz* dos Combatentes do

Gueto. Sempre achei muito comovente o modo como ela descreve as categorias e níveis de resistência e resgate:

> Passar clandestinamente um pão – era resistir;
> Ensinar em segredo – era resistir;
> Gritar uma advertência e destruir ilusões – era resistir;
> Forjar documentos – era resistir;
> Contrabandear pessoas através das fronteiras – era resistir;
> Narrar os acontecimentos e esconder os registros – era resistir;
> Estender a mão amiga para o necessitado – era resistir;
> Fazer contato com os que estavam sob cerco e contrabandear armas – era resistir;
> Lutar com armas em ruas, montanhas e florestas – era resistir;
> Rebelar-se nos campos da morte – era resistir;
> Sublevar-se em guetos, entre os muros que se esfacelavam, na mais desesperada revolta – era resistir.[15]

O impacto principal do pequeno gesto era que ele dava às pessoas esperança e consolo, mostrando que elas não estavam inteiramente sozinhas em sua terrível situação. O rabino Leo Baeck contou uma história notável sobre um pacote que recebeu quando estava em Theresienstadt: "O conteúdo fora removido e, na realidade, havia apenas uma caixa de papelão vazia. Mas me deu alegria saber que alguém pensara em mim no exílio. Pela letra reconheci o remetente, um amigo cristão, embora ele tivesse usado um nome fictício".[16]

Ewa Berberyusz, uma importante jornalista polonesa nascida em 1929, em Varsóvia, não agiu e lamentava isso. Escreveu com franca honestidade sobre sua incapacidade de auxiliar judeus na guerra, embora fosse muito jovem. Descreve como deixou duas vezes de ajudar, quando teve oportunidade, crianças judias do gueto. Acrescenta que, quando viu alguém dando comida a uma criança, sentiu alívio ao saber que alguém estava fazendo a coisa certa. E quando viu a própria mãe fazendo aquilo: "Tornei a recuperar o meu brio. É interessante que jamais tenhamos falado uma palavra sobre isso. Tratava-se apenas de medo? Ou era apenas vergonha de que nada mais estivesse sendo feito?". Em seu ensaio de 1987, "Guilt by Neglect" [Culpa por Negligência], ela reflete:

Se então, quando o acaso me trouxe aquelas duas crianças, eu tivesse me comportado de acordo com minha consciência, teria isso alterado o destino dos judeus na Polônia? A resposta "sim" não é tão inequivocamente certa, porque minha omissão nesses casos tem de ser multiplicada por situações de igual comportamento por parte de outros. Possivelmente, mesmo que um maior número de pessoas tivesse se mostrado mais cristãs, isso não teria feito diferença nas estatísticas do extermínio, mas talvez não tivesse sido uma morte tão solitária?[17]

Espectadores

Os comentários de Leo Baeck sobre o boicote econômico são importantes e condenatórios – são também ponderados, pois foram escritos vinte anos após o acontecimento. "Na verdade, a justiça foi boicotada. A comunidade de negócios judaica superou esse dia há muito tempo; o conceito de justiça não superou esse dia." Ele continua:

> Toda retirada começa com uma grande covardia. Já experimentamos isso. O 1º de abril de 1933* fala disso. As universidades estavam silenciosas, os tribunais estavam silenciosos; o presidente do Reich, que fizera o juramento sobre a constituição, estava silencioso... Esse foi o dia da maior covardia. Tudo que se seguiu poderia não ter acontecido.

A passividade e indiferença das autoridades nesse dia deram a Hitler permissão para empreender o próximo passo contra os judeus. Baeck acha que os indivíduos não falharam e "o povo humilde da Alemanha continuou bom".[18]

A dra. Frances Henry, uma antropóloga nascida na Alemanha, retornou a seu local de nascimento em 1980. Ela realizou uma pesquisa na pequena cidade que tinha 4 mil habitantes em 1933, incluindo 150 judeus. Protegeu a cidade natal de seus avós dando-lhe o nome fictício de Sonderburg e muita gente falava francamente com ela porque era "neta dos Ostermann". A doutora acrescentou: "A avidez que tinham de falar comigo era no mínimo quase patética – como se nunca tivessem sido capazes de discutir 'aqueles tempos terríveis' com mais ninguém antes".[19]

---

* Dia do boicote, organizado pelos nazistas, às lojas e negócios pertencentes a judeus. (N. do T.)

Frances Henry descobriu que, antes de 1933, as relações entre judeus e alemães eram melhores que aquelas entre católicos e protestantes.[20] Contudo, quando os nazistas chegaram ao poder em janeiro de 1933, tudo se alterou de repente e os judeus, em particular, perceberam que a vida tinha mudado. Joshua Abraham havia, durante muitos anos, se encontrado duas vezes por semana com seus vizinhos homens para jogar cartas. "Assim que os nazistas chegaram ao poder, não fui mais informado de quando estavam jogando cartas. Tudo parou. Quando cruzava com eles na rua, fingíamos que não nos víamos. Nenhum deles falava comigo."[21]

A partir de certo momento, alguns não judeus passaram a se beneficiar da perseguição a seus vizinhos judeus – casas e negócios pertencentes a judeus foram postos a venda por consideravelmente menos que seu verdadeiro valor. Contudo, quando a vida se tornou mais difícil para os 12 judeus que permaneciam em Sonderburg depois de 1939, os vizinhos começaram a lhes trazer comida, jornais e outras coisas necessárias, até eles serem todos deportados em 1942.[22] A dra. Frances relacionou uma variedade de explicações para os diferentes comportamentos das pessoas:

– As pessoas não percebiam o que estava acontecendo com os judeus;
– Alguns eram verdadeiros antissemitas;
– Muitos se sentiam fracos e impotentes;
– Diziam que não sabiam o que fazer;
– Sentiam que tinham de obedecer aos nazistas, devido ao medo do que podia acontecer com eles, com suas esposas e filhos;
– As pessoas que ajudavam tinham laços de intimidade com os judeus;
– Os que tinham laços de intimidade com os judeus não os ajudavam necessariamente.

A dra. Henry descobriu que a realidade do pós-guerra era que os não judeus eram muito cordiais com os judeus que retornavam:

> Henry teve a impressão de que os habitantes da cidade só queriam esquecer o período nazista; não podiam compreender por que isso era impossível para os judeus que tinham passado pelo nazismo. Quando os habitantes da cidade realmente discutiam a era nazista, "a palavra *machtlos* [impotência] entrava repeti-

damente em nossa conversa". Haviam ficado impotentes, diziam os não judeus a Henry, paralisados pelo medo e a ameaça de represálias (embora, como Henry assinalou, tenha havido um número muito pequeno de verdadeiras represálias contra pessoas que, de fato, se recusaram a ceder às políticas nazistas). A maioria dos não judeus expressava perplexidade, como faz ainda hoje, ante o que acontecera a seus antigos vizinhos: "nunca souberam exatamente por que" os judeus tinham sido perseguidos e afirmavam que ainda não compreendiam.

Willy Brandt escreveu o prefácio do livro de Henry. Comentou que, se os acontecimentos tivessem seguido seu curso normal, esses judeus e não judeus teriam se dado bastante bem:

> Sob o nazismo, os não judeus de Sonderburg se tornaram espectadores do Holocausto. Essas pessoas, que haviam se dado bem com seus vizinhos judeus antes de 1933, tinham simplesmente continuado com suas vidas após essa data – não completamente alheias ao que estava acontecendo a seus vizinhos judeus, mas revelando um estranho não envolvimento, como se aquilo não tivesse nada a ver com eles. Muitos continuaram a se sentir assim, mesmo depois de 1945, e essa era a barreira que separava os cidadãos de Sonderburg muito tempo após a Shoá.[23]

A dra. Henry escreveu que sua pesquisa "lança luz sobre alguns dos aspectos intrigantes do comportamento alemão diante do nazismo". Ela conclui com o que chama de resposta parcial: "Talvez a longo prazo tenhamos de nos contentar com a explicação básica de que algumas pessoas são mais humanitárias que outras".[24] Essa opinião reforça os pontos de vista de Yehuda Bauer que, depois de examinar a questão dos voluntários, escreveu: "No final, além das convicções políticas e religiosas, o que contava era a moralidade básica. Houve lugares onde foi mais fácil ser uma pessoa com moral, moral no sentido de que, quando você era desafiado com 'o sangue do teu irmão está chamando', você respondia: 'Estou aqui'".[25]

O ponto importante é que Yehuda Bauer se refere a "teu irmão" sugerindo que nenhuma diferença era feita entre as diferentes pessoas. Ele sugere que os voluntários encaram todos como seus irmãos. Homens como János Tóth certamente não viam diferenças e, pelo que o próprio János admitiu, sua ação ao salvar Arnold Weinstock fora tão espontânea que ele nem chegara a pensar nas possíveis repercussões sobre ele e sua família antes de defender Weinstock de um grupo raivoso de soldados nazistas húngaros.

Por que a Maioria Era de Espectadores?

Ao considerar a proporção entre espectadores e voluntários, é importante ter em mente que as condições para o resgate variavam nos diferentes países. Como Yehuda Bauer afirmou:

> Deve ser dito logo de início que era muito mais fácil ser amigo dos judeus na Dinamarca ou na França, na Bélgica ou na Itália, do que na Polônia ou na Lituânia, na Ucrânia ou na Bielo-Rússia. Conhecem-se casos de poloneses sendo executados com suas famílias inteiras, tendo as casas incendiadas e as propriedades confiscadas por esconderem judeus.[26]

Contudo, mesmo Bauer, com sua considerável experiência acadêmica e conhecimento, mostra reservas quanto a generalizações acerca de voluntários:

> Generalizações acerca da atitude de não judeus para com judeus durante o Holocausto devem ser encaradas com a maior cautela. Das generalizações que resistirão ao exame, podem-se mencionar as seguintes: na Polônia, na Lituânia, na Letônia e na Ucrânia, assim como na Croácia e na Romênia, a atitude da maioria esmagadora da população local, incluindo a das igrejas majoritárias e excetuando os partidos políticos de esquerda, ia da indiferença hostil à hostilidade ativa. Os países que salvaram a maioria de seus judeus foram a Bulgária, a Dinamarca, a Bélgica e a França. Há pouca coisa em comum entre o caráter democrático da Dinamarca protestante e as pouco felizes tradições da Bulgária ortodoxa, mas o destino das comunidades judaicas foi similar, embora as razões do resgate não tenham sido. Havia diferenças enormes entre a Bélgica de idioma valão e uma sociedade francesa dividida, mas a porcentagem de judeus salvos foi semelhante. Igrejas minoritárias tendiam a proteger minorias judaicas.[27]

A coragem exigida para desafiar tanto os nazistas quanto a pressão não menos brutal da comunidade nunca deveria ser subestimada. Como escreveram muitos historiadores, os nazistas tinham bons suportes e colaboradores e, em alguns casos, os próprios nazistas ficaram chocados com o entusiasmo destes para a tarefa:

> Como em outros países ocupados, quando os alemães invadiram a Lituânia, ressentimentos arraigados contra os judeus e ódios antissemitas homicidas foram deixados à solta. Na segunda cidade da Lituânia, Kaunas, habitantes locais, incentivados por alemães atentos, mataram várias dezenas de judeus que eles afirmavam serem comunistas. Os judeus foram espancados até a morte com pés-de-cabra no pátio de um bloco de apartamentos. Assim que o massacre terminou, um homem do local pegou um acordeom, ficou de pé sobre os corpos e começou a tocar o hino nacional lituano. Para ele, a morte dos judeus era uma ocasião não apenas de satisfação, mas de celebração.[28]

Os poloneses tinham razão para ter medo de ajudar os judeus. Um cartaz de 14 de dezembro de 1943, na forma de um "Anúncio Público" da SS e da polícia do distrito da Galícia, mostra que, entre 55 pessoas sentenciadas à morte por crimes variados, "havia oito cristãos que haviam sido condenados à morte por esconder judeus".[29] Contudo, usando o princípio da "responsabilidade coletiva", os nazistas frequentemente puniam a família inteira, incluindo crianças, ou mesmo a comunidade inteira. A lição era com frequência enfatizada por execuções públicas, como no caso da família Baranek. Wincenty Baranek, agricultor próspero, mas generoso, tinha escondido quatro judeus. Em 15 de março de 1943, os alemães chegaram às suas terras no amanhecer. Ele escondeu os dois filhos, de 9 e 10 anos, mas eles foram descobertos. Todos foram fuzilados na frente dos vizinhos, juntamente com os quatro judeus que tentavam esconder. Os dois meninos tentaram fugir, mas foram impedidos por um vizinho que recebera ordens de vigiá-los.[30]

Algumas famílias foram punidas com grupos de casas sendo destruídas pelo fogo, com os ocupantes no interior. Na aldeia de Stary Cieplow, quatro propriedades foram cercadas pelos alemães, de novo ao amanhecer. Eles saquearam os chalés, pegando as melhores peças, depois puseram fogo nas casas com os ocupantes em seu interior – 33 poloneses e um número desconhecido de judeus. Segundo uma testemunha ocular, uma menina que saiu correndo de uma das casas foi fuzilada e o corpo atirado no fogo depois que suas botas pretas, novas e brilhantes, foram arrancadas. Em Huta Pienacka, no inverno de 1944, os alemães ficaram sabendo que, de vez em quando, os habitantes da aldeia davam comida e abrigo a cerca de cem judeus escondidos nas florestas. Os nazistas cercaram a aldeia e, com a ajuda da polícia ucraniana, incendiaram-na, sem permitir que ninguém a abandonasse – até mesmo os animais foram exterminados.[31]

Deve ser lembrado que os nazistas atiçavam o antissemitismo existente com sua propaganda, usando cartazes que mostravam os judeus como "criminosos repulsivos e perigosos ou como vampiros sugando o sangue polonês... Eram realizadas palestras para o público em geral, nas quais se assegurava que os judeus eram imunes ao tifo, mas funcionavam como portadores da doença, podendo transmiti-la aos arianos".[32] Irene Opdyke era uma polonesa católica que escondeu 12 judeus na casa onde trabalhava como governanta, embora seu patrão fosse oficial da SS. Ela descreveu seu horror ao retornar à cidade natal de Radom: "E nas paredes havia cartazes colados – cartazes cruéis, de deboche – caricaturando os judeus, que eram identificados com cada depravação e pecado. Cada infortúnio e aflição do povo polonês lhes eram atribuídos. Alto-falantes nas esquinas das ruas berravam advertências contra os judeus em polonês e alemão".[33]

Cabe enfatizar que os voluntários que eram sensíveis à situação dos judeus estavam indo em muitos casos contra os costumes de sua sociedade, expondo-se à condenação das autoridades e de seu próprio círculo social e familiar. Isso requeria uma verdadeira coragem moral. As preocupações de Elia Rinkevicius com o filho, quando Vytautas lhe contou que estava escondendo os Kagans, parecem perfeitamente compreensíveis quando levamos em conta os riscos que eles estavam correndo.

Michal Glowinski, nascido em 1934, é um bem-sucedido escritor polonês pouco conhecido no Ocidente. Em 1998 ele publicou um livro de ensaios, *Czarne Sezony* [*Os Tempos de Escuridão*], sobre sua infância em Varsóvia durante o Holocausto. "Cada ensaio é o registro de uma real experiência de vida, vem de lampejos de memória que não incluem todos os acontecimentos, não abrangem toda a minha vida naquela época nem toda a história de minha sobrevivência...[34] Um crítico literário polonês, Jacek Leociak, classifica os escritos como "um arquipélago da memória".[35] Num ensaio memorável, Glowinski descreve como, mesmo quando o ato de esconder um judeu não estava em discussão, a presença de um deles, mesmo que fosse um menino pequeno, deixava um grupo de mulheres polonesas comuns em pânico.

Naquela ocasião, a tia Maria de Michal, irmã mais nova de sua mãe, foi incumbida da tarefa de encontrar um local para ele se esconder:

> Ela se movia mais livremente do Lado Ariano. Possuía o que era então chamado de "boa aparência", que não era meramente um privilégio, mas também uma dádiva divina. Boa aparência significava que a pessoa que não queria ser identificada despertava menos suspeitas. As pessoas com boa aparência não atraíam atenção, podiam se misturar com a multidão; era mais fácil para elas desempenhar o papel de alguém que não eram. A aparência de Maria era ótima; era uma loura atraente que parecia ter nascido num ambiente nobre, não numa família judia de comerciantes. Só quem a conhecesse intimamente seria capaz de perceber que origens jaziam atrás daquela impecável beleza eslava. E assim, quando me encontrei sem lar e ninguém sabia o que fazer comigo, coube a Maria tratar de minha situação tão problemática.[36]

Ele descreveu sua experiência numa confeitaria onde Maria o deixou brevemente para dar um telefonema. Minutos depois estava sendo esquadrinhado por um grupo de polonesas comuns, que perceberam que era judeu e começaram a interrogá-lo. "Como era habitual em tais situações, eu teria realmente preferido que o chão me engolisse. Ouvi dizer: 'Um judeu, está fora de dúvida, um judeu. Ela certamente não, mas ele... ele é judeu. Ela o está empurrando para nós'."[37] É irônico que a aparência loura de Maria as convencesse de que ela não era judia:

> As mulheres me fizeram várias perguntas, às quais eu já tinha parado de responder, embora às vezes ainda murmurasse "sim" ou "não" (...) Contudo, eu ouvia não apenas as perguntas dirigidas a mim, mas também os comentários que as mulheres expressavam num tom mais baixo, para o lado, como se só falassem para si mesmas, mas de um modo tal que eu não poderia deixar de ouvir. Com muita frequência, cuspiam a palavra ameaçadora – "judeu" –, mas também, coisa extremamente aterrorizante, repetiam: "Temos de chamar a polícia". Eu estava consciente de que aquilo equivalia a uma sentença de morte (...) Aquelas mulheres não estavam possuídas por um ódio incontrolável (...) Eram

mulheres normais, comuns, que não deixariam de ser flexíveis e decentes, mulheres que trabalhavam duro, sem a menor dúvida lutando muito para cuidar de suas famílias nas difíceis condições da ocupação. Nem excluiria eu a possibilidade de que fossem mães e esposas exemplares, talvez religiosas, possuindo toda uma série de virtudes. Viram-se numa situação que lhes parecia perturbadora e ameaçadora e, assim, queriam enfrentá-la diretamente. Não pensavam, porém, a que preço. Talvez isso transcendesse a imaginação delas – embora sem dúvida soubessem como a situação terminaria se realmente "os chamassem". Ou talvez isso simplesmente não estivesse dentro das fronteiras da reflexão moral acessível a elas.[38]

Por que essas mulheres estavam tão preocupadas com um menino judeu comendo tranquilamente um pão doce num cantinho afastado da confeitaria? Por que não poderiam ignorá-lo e continuar com a conversa fiada? Por que sentiam a necessidade de chamar a polícia? Será que não sabiam que isso podia significar a morte dele? Não acharam possível ficar de braços cruzados naquela situação – mas por que aquele menino judeu era uma ameaça tão grande para elas?

Indiferença

A maioria dos espectadores era indiferente ao destino dos judeus – com frequência negando que soubessem o que estava acontecendo, mesmo quando moravam perto de um campo. Isso é sempre surpreendente de nossa perspectiva – exemplificada pelo comentário de J. D. Salinger para sua filha pequena: "Nunca de fato se esquece inteiramente do cheiro de carne queimando; por mais tempo que se viva".[39]

As vítimas, ao contrário, estavam conscientes da vida fora de seus espaços limitados, como Eva Heyman, que enquanto vivia no gueto em Nagyvárad, Hungria, podia ouvir a velha carrocinha de sorvete passando do outro lado do muro.

Adina Szwajger recordava o incêndio do Gueto de Varsóvia na Páscoa de 1943, escrevendo: "Em Varsóvia, na praça Krasinski, defronte aos muros de um gueto que ardia naquela Páscoa terrível de 1943, o carrossel dava voltas e uma música alegre tocava. E as pessoas se divertiam". Ela menciona o poema *Campo dei Fiori*, escrito por Czelow Milosz e distribuído pela imprensa clandestina em 1943. Ele se refere à morte na fogueira, em 1600, do filósofo Giordano Bruno, no Campo dei Fiori, em Roma, enquanto os habitantes locais se divertiam nas tabernas da praça.[40]

> Alguém verá como moral
> Que o povo de Roma ou Varsóvia
> Discuta, ria, faça amor
> Enquanto eles passam pelas piras dos mártires.
> Alguém vai ler
> Da passagem das coisas humanas,
> Do esquecimento
> Nascido antes que as chamas tenham morrido.[41]

Num sonho ela vê o carrossel e atrás do muro do gueto "minha casa está ardendo. Porque é onde ela está. Bem junto da praça".[42]

A indiferença dos espectadores se dava porque não se importavam com os judeus ou com o que acontecia a eles. Uma polonesa descreveu seus sentimentos com relação aos judeus: "Essa minha culpa, que tocou as raias da crueldade, foi a indiferença para com o destino dos judeus. Eu era completamente indiferente aos seres humanos que estavam morrendo no gueto. Tratava-se 'deles' e não 'de nós'".[43] É o contraste entre os espectadores e os voluntários: os voluntários não diferenciavam entre eles próprios e os judeus. É por isso que ficam surpresos ao serem interrogados sobre seus motivos.

Em março de 2001, o professor Richard D. Heffner publicou uma série de entrevistas com Elie Wiesel, ganhador do Prêmio Nobel da Paz, ele próprio um sobrevivente do Holocausto. A primeira entrevista, "Acaso, sou eu tutor de meu irmão?", abordava a questão da indiferença. Heffner perguntou: "Você falou sobre aqueles que punham as pessoas nos campos da morte e que causavam diretamente suas mortes. Também falou sobre outros que ficavam parados, indiferentes. Você acha que isso está cada vez mais presente em nossa época?" Elie Wiesel respondeu:

> Oh, cada vez mais. Tenho a sensação de que tudo que faço é uma variação sobre o mesmo tema. Estou simplesmente tentando puxar o alarme e dizer: "Não

fique indiferente". Simplesmente porque acho que agora essa indiferença é igual ao mal. O mal – sabemos mais ou menos o que é. Mas a indiferença à doença, a indiferença à fome, a indiferença aos ditadores está de algum modo aqui e nós a aceitamos. E sempre achei que o oposto da cultura não é a ignorância; é a indiferença. E o oposto da fé não é o ateísmo; novamente é a indiferença. E o oposto da moralidade não é a imoralidade; é de novo a indiferença. E não percebemos o quanto somos indiferentes simplesmente porque não podemos deixar de ser um pouquinho indiferentes.[44]

Os perpetradores e os espectadores eram indiferentes – os voluntários não.

Decidindo Resgatar

Gerda Haas, quando era jovem e vivia com os pais na Alemanha, resgatou uma judia. Ela deixou claro para mim que havia apenas dois tipos de voluntários: a) aqueles que eram abordados pelo fugitivo (ou em nome dele); b) aqueles que ofereciam abrigo a uma pessoa perseguida por sua livre e espontânea vontade.

Gerda diz que não conhecia ninguém que tivesse se recusado a ajudar quando solicitado, mas que conhecia muitos que tinham sofrido como resultado disso, fosse a morte ou um período num campo de concentração. Ela revela que também não judeus eram escondidos, como um padre católico e um desertor do exército alemão. Afirma: "Praticamente numa em cada três casas na vila onde eu morava havia um fugitivo se escondendo das autoridades alemãs".[45]

Os pais de Henry Walton, Siegmund Weltlinger e Grete (*née* Gumpel), permaneceram durante toda a guerra em Berlim, onde foram escondidos por seis diferentes casais, cujos nomes Henry não sabe. Mas soube que eram todos não judeus que arriscaram as vidas e estavam dispostos a compartilhar suas magras rações de alimento. Sempre que os pais achavam que havia um risco de serem descobertos, mudavam-se para a casa de outro casal – "sempre amigos leais que os abrigavam momentos depois de solicitados...". Henry recorda que a última pessoa a abrigá-los foi uma certa sra. Hahn, que possuía um armazém e era, portanto, capaz de ajudar a rede com comida. Depois da guerra, seus pais, que viveram até depois dos 80 anos, mantiveram-se em contato com a sra. Hahn e ajudaram-na a reconstruir seu negócio. "Eram amigos que tínhamos cultivado durante muitos anos. Eles odiavam o que os nazistas estavam fazendo e estavam decididos a salvar vidas... era essa a única motivação." Os pais de Henry ficaram escondidos de 1942 até o final da guerra. Henry diz que muita gente foi assassinada durante a invasão das tropas russas, mas como o pai sabia falar um pouco de russo, foi capaz de salvar não apenas a esposa, mas as pessoas que os tinham escondido, dizendo que eram todos judeus.[46] Seus pais relutavam em conversar sobre essa época traumática. Ele me escreveu: "Eu só queria que você soubesse que havia alemães leais e decentes, que estavam dispostos a arriscar a vida para salvar as vidas dos 'inimigos' do estado".[47] O próprio Henry Walton foi capaz de fugir da Alemanha para a Inglaterra em junho de 1939, quando era rapaz, com a ajuda dos *quakers*.

O livro de Barbara Lowenheim, *Survival in the Shadows* documenta como sete judeus, de três famílias, se esconderam em Berlim em janeiro de 1943 e foram encontrados pelos soldados do Exército Vermelho em abril de 1945. Cerca de 50 alemães não judeus asseguraram a sobrevivência deles sem identidade ou cupons de racionamento. Barbara explica que escreveu o livro "como um lembrete de que nem mesmo o tirano mais desprezível pode erradicar plenamente a bondade".[48] Os pais de Henry Walton poderiam ter contado uma história semelhante.

Roman Halter descreveu como, em março de 1945, quando tinha 17 anos, ele e dois outros homens judeus fugiram de uma marcha da morte e foram abrigados por um casal sem filhos em Oberpoyritz, perto de Dresden. Ele permaneceu com Kurt e Hertha Fuchs até maio de 1945 quando, depois de ver as tropas russas, sonhou com o avô, que o mandou ir para casa. Roman decidiu de imediato retornar à sua casa na Polônia para tentar encontrar o resto da família. Em sua cidade natal, descobriu que era um dos quatro únicos judeus a sobreviver da comunidade judaica pré-guerra de oitocentas pessoas. Quando se sentiu assustado e ameaçado na Polônia, foi para Praga; lá conseguiu alguns suprimentos da Cruz Vermelha, que resolveu levar para os Fuchs como agradecimento.

No retorno a Oberpoyritz, levou um choque ao encontrar Hertha vestida de preto. Ela disse que, cinco dias após a partida dele, ex-integrantes da SS local ficaram sabendo que os Fuchs tinham abrigado judeus. Eles haviam baleado o sr. Fuchs e um dos outros dois judeus que também estavam abrigados na casa. O que sobreviveu havia ido para Israel. Em 2002, Roman retornou para visitar a sra. Fuchs com uma equipe de TV – ela estava com 94 anos. Perguntou-lhe então por que havia recolhido três judeus fugitivos, coisa que lhe custara tão caro com a perda do marido:

> A sra. Fuchs respondeu que tanto ela quanto o marido acharam que tinham de fazer aquilo. "Você entende, embora fôssemos alemães, não éramos nazistas; nossas mentes não estavam envenenadas pelos doze anos de propaganda e por todo o berreiro nazista contra os judeus. Foi nosso impulso fazer isso, pegá-los e salvá-los. Você faria o mesmo, eu acho, Roman."

Roman escreveu:

> Respondi que depois do maravilhoso exemplo que ela e Kurt tinham dado, eu gostaria de pensar que faria o mesmo. Mas sei que é mais fácil dizer do que fazer. Frequentemente me pergunto se teria a coragem, o senso do que é certo e do que é errado; a humanidade de recolher estranhos e salvá-los quando tal ato era punível com a morte de todos. Eu gostaria de acreditar que faria.[49]

O veterano repórter de guerra Max Hastings escreveu: "Alguns se sentem muito incertos sobre como eles próprios teriam se comportado sob a ocupação para emitir um julgamento impiedoso sobre os estetas da França por seus flertes com a tirania".[50]

Quando lemos sobre voluntários, presumimos sempre que não hesitaríamos em sermos um deles – mas seríamos mesmo? Também arriscaríamos a vida dos nossos filhos ou, como a esposa de Vytautas, protestaríamos contra o perigo de eles estarem sendo postos no jogo? Pessoalmente, em minha própria vida, me vi envolvida duas vezes numa discussão sobre esse tema, discussão não instigada por mim em nenhuma das ocasiões. Em ambas as vezes eu estava morando numa cidadezinha de Worcestershire e era conhecida como a mãe da única família judia. A certa altura, Vicky, uma cristã muito devota, confessou que ela e o marido poderiam ter escondido ou mesmo *não deixariam* de esconder a mim e aos meus filhos. Infelizmente ela morreu aos 45 anos, de câncer no seio. Em outra ocasião, uma mulher cujos filhos eram bons colegas dos meus três filhos e tinham mais ou menos a mesma idade comentou casualmente que não poria em risco seus garotos para proteger a mim e aos meus. É talvez um comentário perfeitamente razoável que qualquer mãe poderia fazer, mas sei que fiquei chocada e sem palavras. Com ou sem razão, jamais voltei a vê-la da mesma maneira.

Philip Gourevitch, filho de sobreviventes do Holocausto e colaborador regular do *New Yorker*, fez comentários sobre o Holocausto e os massacres de 1994 em Ruanda. Ele admite que foi muito crítico acerca da criação do Museu do Holocausto em Washington.[51] E declara que ninguém sabe como reagiria numa crise semelhante:

> Não se pode saber. As pessoas gostam de ir ao Museu do Holocausto e dizer: é com esse que eu me identifico, o cara que fez a coisa certa. Ou então se identificam de algum modo com a vítima e se entristecem com sua sorte, ficam com pena de si mesmas, veem aquilo como o lado bom. Muito pouca gente entra ali e diz: oh, claro, eu provavelmente não teria passado de um assassino nazista, comum e conformista, certo? Mas provavelmente a maioria das pessoas que atravessa aquele museu teria sido isso, porque foi isso que a maioria das pessoas na Europa era. Eram espectadoras, colaboradoras ou estavam em algumas outras posições também moralmente repreensíveis, sendo tudo isso muito compreensível.[52]

J. D. Salinger, autor de *O Apanhador no Campo de Centeio*, foi libertador de um campo de concentração, o que teve um impacto profundo sobre ele. Margaret Salinger cita-o dizendo: "Qualquer um poderia se revelar um nazista – seu vizinho, a babá, o homem do correio –, qualquer um. E qualquer um poderia ser um herói; só depois que aconteceu é que se soube quem seria herói e quem seria covarde ou traidor".[53]

Um professor norte-americano publicou algumas "perguntas maliciosas sobre o Holocausto", das quais a terceira era sobre a escassez, em virtude dos riscos, de voluntários:

> E agora, olhando para o nosso interior, se nos perguntarmos quem entre nossos parentes ou amigos (não estranhos, que os judeus frequentemente eram nos infortúnios da guerra, mas gente próxima a nós), se perguntarmos com quem

nesse nosso círculo poderíamos contar para tal ajuda se a punição fosse provavelmente a morte para a pessoa e possivelmente também para sua família: o quanto esse número seria grande? Até que ponto poderíamos honestamente nos incluir nisso?[54]

É importante, contudo, lembrar o contexto em que esses eventos ocorreram. Olhar distraidamente para trás a partir da segurança de 2010 pode nos induzir ao erro. Ian Kershaw nos lembra de que estamos estudando uma época extraordinária:

> Para um forasteiro, um não alemão que jamais conheceu o nazismo, é talvez fácil demais criticar, esperar padrões de comportamento que era perfeitamente impossível alcançar nas circunstâncias. Esforcei-me conscientemente para não fazer julgamentos demasiado simplistas, moralizantes. E onde fui crítico, ainda tentei sobretudo compreender com simpatia a posição de gente comum vivendo sob tal regime, reconhecer a arte do possível.[55]

Ele apresenta seu livro como um trabalho sobre a "confusa maioria, tanto de nazistas convictos quanto de francos oponentes":

> Mas eu afirmaria que isso está muito mais de acordo que a maioria das descrições da sociedade nazista com as atitudes pouco claras e o comportamento contraditório dos alemães comuns durante a tirania nazista. Eu prefiro pensar que, se tivesse vivido naquela época, teria sido um antinazista convicto engajado na luta clandestina de resistência. Contudo, sei realmente que teria ficado tão confuso e me sentido tão impotente quanto a maioria das pessoas sobre as quais estou escrevendo.[56]

Christopher Browning, um eminente historiador do Holocausto, escreveu sobre o comportamento do Batalhão 101 da Polícia de Reserva de Hamburgo, cuja tarefa era fuzilar judeus na Polônia em 1942 – ele conseguiu ver os documentos relativos a 210 homens entre os menos de 500 mandados para a Polônia em junho de 1942. Mostra que, no período que vai de julho de 1942 a novembro de 1943, o Batalhão foi responsável pelo fuzilamento de no mínimo 38 mil judeus e, no período que vai de agosto de 1942 a maio de

1943, pela deportação de um mínimo de 45.200 para Treblinka.[57] Os leitores devem ter em mente que, segundo se calcula, 50% das vítimas do Holocausto morreram nos seis principais campos de extermínio, 25% nos guetos, nos campos de trabalho e em outros campos, bem como nas marchas da morte;* e os restantes 25% foram fuzilados.[58] Browning escreveu:

> Nunca antes eu encontrara a questão da escolha tão dramaticamente regulada pelo curso dos acontecimentos e tão abertamente discutida por pelo menos alguns dos perpetradores. Nunca antes eu tinha visto os feitos monstruosos do Holocausto tão duramente justapostos às faces humanas dos matadores.[59]

Achei muito do que foi feito extremamente perturbador e preferi não reproduzir aqui. Há também descrições da abjeta "caça aos judeus" nas áreas rurais, onde quaisquer judeus descobertos eram obrigados a se deitar no chão sem roupa e levavam um tiro no pescoço.

> Tenho de reconhecer que, na mesma situação, eu poderia ter sido um matador ou um fugitivo (ambos eram humanos) se quero entender e explicar o comportamento de ambos o melhor que puder. Esse reconhecimento na verdade significa uma tentativa de experimentar empatia. O que não aceito, contudo, são os velhos clichês de que explicar é perdoar, compreender é esquecer. Explicar não é perdoar; compreender não é esquecer.[60]

Ele concluiu com dificuldade, visto que a história o deixava pouco à vontade:

> Essa história de homens comuns não é a história de todos os homens. Os policiais da reserva tiveram de fazer opções e a maioria deles cometeu atos terríveis. Os que mataram não podem ser absolvidos pela noção de que qualquer um na mesma situação teria feito o que fizeram. Pois mesmo entre eles, alguns se recusaram a matar e outros pararam de matar. A responsabilidade humana é, basicamente, um assunto individual.[61]

---

* As marchas da morte foram deslocamentos de prisioneiros, entre o outono de 1944 e fins de abril de 1945, de campos de concentração perto do *front* da guerra para campos no interior da Alemanha. (N. do T.)

Como a carta do administrador civil alemão regional Carl Slutsk demonstra, nem todos os alemães optaram por se envolver em tamanha barbaridade, muitos se recusaram. Inclusive, na primeira tarefa do Batalhão da Polícia de Reserva lidando com os 1.800 judeus de Josefow não houve compulsão. O comandante, major Wilhelm Trapp, estava lutando com as emoções quando disse aos seus comandados que eles teriam de levar os homens com idade para um campo de trabalho, mas "os judeus restantes – as mulheres, as crianças e os idosos – deveriam ser fuzilados ali mesmo pelo batalhão. Tendo explicado o que esperava de seus comandados, Trapp fez então uma oferta extraordinária: se algum dos homens mais velhos dentre eles não se sentisse capaz de cumprir a missão que tinha pela frente ficaria dispensado dela".[62]

Àquela altura, contudo, o uso de álcool e o fato de já terem se acostumado às suas tarefas tirara a sensibilidade dos homens. Browning admite a influência de pressões equivalentes sobre os homens que se desligaram da tarefa e sobre os que se dispuseram prontamente a executá-la.

Outro estudo se refere à desumanização dos judeus, que insensibilizava o perpetrador. Um voluntário chamado Otto descreveu que perguntou a um guarda num campo se ele já havia usado sua arma para matar alguém. O guarda disse: "Uma vez tive de atirar em seis judeus. Não gostei, mas quando se recebe uma ordem dessas é preciso ser duro". Acrescentou: "Você sabe, eles não eram mais humanos". Otto especulou que as condições de sujeira e fome nos campos, onde os judeus não tinham nomes nem dignidade, tornava-os "esqueletos com um vestígio de pele". O guarda tinha razão: "É muito mais fácil matar não humanos do que humanos".[63]

Esforços Institucionais

Podemos agora ler sobre indivíduos que tentaram mudar o curso da história e tentaram persuadir poderosas instituições a falar contra as atrocidades – hoje, é claro, sabemos que não foram bem-sucedidos, mas eles tentaram. Podemos apenas especular sobre o que teria acontecido se seus esforços tivessem tido êxito.

Tal covardia contrasta com a valentia encontrada nas ações de James Grover McDonald, um diplomata norte-americano que, de 1933 a 1935, foi alto comissário para os refugiados da Liga das Nações e que protestou contra a situação dos judeus em meados dos anos 30. Seus documentos foram doados pelas filhas, Barbara McDonald Stewart e Janet McDonald Barrett, em abril de 2004, ao Museu da Memória do Holocausto dos Estados Unidos. A importância dele é dupla – em parte porque sua longa carreira diplomática levou-o a conhecer, durante um longo período, a maioria dos atores-chave no palco mundial, mas também porque ele anotava cada encontro em diários que manteve assiduamente de 1922 a 1936, e depois de novo de 1946 a 1951. Ditava seus apontamentos a uma secretária e, assim, a coleção consiste de mais de 10 mil páginas datilografadas e 5 mil páginas de correspondência. O *The Times* publicou a nota de McDonald sobre as opiniões de Cosmo Lang, arcebispo de Canterbury (de 1928 a 1942), com quem ele se encontrou pouco antes da Segunda Guerra Mundial. Lang tinha sugerido que os próprios judeus "podiam ser responsáveis pelos excessos dos nazistas". Num estilo similar, Nancy Astor, a líder do "grupo de Cliveden" que tinha defendido o apaziguamento de Hitler, perguntou-lhe: "Será que no fundo não acredita que tem de haver algo nos próprios judeus para provocar a sua perseguição através de todas as épocas?" Ela sugeriu que a culpa era realmente deles. McDonald assinalou: "A isto eu me opus frontalmente".[64] Seu ponto de vista sobre Roosevelt era generoso, pois o descrevia como muito disposto a fazer o que pudesse, embora com a depressão e o elevado desemprego nos Estados Unidos fosse difícil abrir as portas a muitos imigrantes.

Bem cedo ele tomou consciência da realidade da política nazista. Em 4 de abril de 1933, uma terça-feira, seu diário registra um encontro com dois funcionários nazistas, aparentemente para discutir o programa econômico deles. Após uma discussão de quinze minutos, eles

> (...) voltaram ao tema dos judeus, que parece ser uma obsessão para muitos nazistas (...) As expressões informais usadas pelos dois ao falar dos judeus eram capazes de fazer qualquer um estremecer, pois ninguém falaria assim mesmo do povo mais degenerado.
>
> Quando mencionei minha descrença em suas teorias raciais, eles disseram que outros nazistas haviam comentado: "Mas certamente você, um perfeito tipo ariano, não poderia ser antipático a nossos pontos de vista"... Tive a impressão de que realmente dão uma importância inacreditável a características físicas como cabeças compridas e cabelo claro.[65]

McDonald não teria ficado surpreso com o controvertido comportamento posterior do papa Pio XII, pois ao encontrá-lo, em 1933, quando era o cardeal Pacelli, ele estava mais preocupado com os problemas dos católicos bávaros do que com os judeus alemães. O fato não mencionado no artigo do *The Times* foi que McDonald renunciou a seu posto de alto comissário para os refugiados vindo da Alemanha (judeus e outros) na Liga das Nações, em 27 de dezembro de 1935, em virtude da incapacidade da Liga em responder adequadamente à situação dos judeus na Alemanha.

Escrevera no seu diário em 25 de novembro:

> Então expliquei a ele [visconde Robert Cecil, um fundador da Liga das Nações] o que eu tinha em mente no tocante à minha carta de demissão [como alto comissário] para o secretário-geral, dizendo que nela pretendia falar com absoluta franqueza sobre incidentes na Alemanha que estão conduzindo à destruição de todo o povo judeu e, além disso, de certo número de outros não arianos.[66]

A carta de demissão foi publicada no dia em que ele a entregou e chegava a ter seis folhas tamanho ofício, explicando suas preocupações com o que estava acontecendo aos "não arianos" na Alemanha. Além disso, havia um anexo de 34 páginas que McDonald descrevia como "análise das medidas tomadas na Alemanha contra os 'não arianos' e de seus efeitos na criação de refugiados".[67] O anexo é bastante notável ao detalhar a privação gradual de direitos de cidadãos alemães encarados como membros da "raça não ariana" e dando detalhes de toda a legislação. Havia também dois quadros mostrando como a constituição judaica da pessoa seria determinada ante a existência de pais judeus batizados e de um casamento misto. De acordo com esses quadros, a quarta geração de pais batizados seria ariana, mas a terceira geração já seria ariana com um casamento misto.[68]

O pedido de demissão de James McDonald desencadeou uma resposta imediata de várias organizações internacionais sob a forma de uma petição à décima sétima assembleia plenária da Liga das Nações respaldando o pedido de McDonald para que a Liga usasse de sua autoridade moral para exigir uma alteração da política do governo alemão com relação aos não arianos.[69] Mas como a história nos mostrou, isso teve pouco efeito.

Em 1943, McDonald escreveu um ensaio, que foi publicado pela Agência Judaica, em que descrevia a situação medonha dos judeus na Europa. Ele disse:

> [Foi] estimado que já 2 milhões dos 7 milhões de judeus na Alemanha e nos territórios controlados pelos nazistas tenham perecido. Nenhuma simulação de humanidade ou legalidade esconde mais a selvagem carnificina de assassinatos em massa, a fome, o trabalho forçado extenuante e o amontoamento de pessoas, com o resultante tributo de enfermidades e epidemia, por meio do qual os nazistas estão deixando grandes porções da Europa "sem judeus".[70]

McDonald acabou se tornando o primeiro embaixador dos Estados Unidos em Israel, em 1948. No prefácio de suas memórias, escreveu que a aceitação do posto e o interesse pelos assuntos judaicos nasceram de uma experiência como presidente da Associação de Política Externa no início dos anos 30:

> Eu havia passado muito tempo na Europa, conversado muito, lido muito, ouvido ainda mais. Havia conhecido Hitler; e me convenci de que a batalha contra o judeu era a primeira escaramuça de uma guerra contra a cristandade, contra toda religião, na verdade contra toda a humanidade. E eu, um americano do Meio-Oeste de linhagem escocesa e alemã, professor e estudante por profissão e inclinação, vi-me cada vez mais envolvido numa carreira ativa, que me concedeu o privilégio de travar um bom combate. O direito dos judeus não apenas à vida mas à sua própria vida é, de certa maneira, um símbolo do direito de todo homem.[71]

Existe alguma ironia na referência de McDonald ao ataque dos nazistas aos judeus como prelúdio de um ataque à cristandade, à toda a religião e, em última análise, à própria humanidade. Em primeiro lugar, há ressonância entre isso e o famoso poema do pastor Niemoller em que primeiro "eles" vêm para os judeus, depois para os comunistas, depois para os sindicalistas e, quando vierem para ele próprio, já não terá sobrado ninguém para defendê-lo. Em segundo lugar, entre as não mais de dez organizações internacionais que foram signatárias da petição respaldando a carta de demissão de McDonald estava a Federação Internacional dos Sindicatos, cujo presidente na época era *sir* Walter Citrine.[72]

McDonald fez suas escolhas e apresenta suas razões, mas ninguém deu grande importância. Contudo, William Temple (1881-1944), arcebispo de Canterbury (de 1942 a 1944), fez um discurso apaixonado pleiteando ajuda para os judeus perseguidos. É irônico que tenha sucedido Cosmo Lang no posto. Ele trouxe uma resolução para a Câmara dos Lordes, em 23 de março de 1943, dizendo:

> Que em vista dos massacres e da morte pela fome de judeus e outros em países inimigos e ocupados pelo inimigo, esta Casa deseja assegurar ao Governo de Sua Majestade seu mais pleno apoio a medidas imediatas, na mais ampla e mais generosa escala compatível com as exigências de operações militares e segurança, para proporcionar auxílio e asilo temporário a pessoas sob risco de massacre que consigam deixar os países inimigos ou ocupados pelo inimigo.[73]

Falou com eloquência durante um tempo considerável e estava bem informado sobre as condições em que viviam os judeus, citando várias fontes diferentes. Pediu com insistência que a Casa evitasse as delongas, visto que uma conferência exploratória em Ottawa já estava há meses na pauta. Ele acentuou que:

> Os judeus estão sendo abatidos à taxa de dezenas de milhares por dia, durante muitos dias, mas há uma proposta para ser feita uma exploração preliminar com a disposição de encaminhar, depois disso, toda a matéria ao Comitê Intergovernamental sobre Refugiados. Meus senhores, deixem-nos pelo menos insistir para que, quando a conferência se reunir, ela o faça não apenas para exploração, mas para decisão (...)
> Neste momento, temos sobre nós uma tremenda responsabilidade. Estamos na barra do tribunal da história, da humanidade e de Deus.[74]

Antes mesmo de sua ordenação, William Temple se unira ao grande rabino Hertz (1872-1946) para ajudar a organizar o Conselho de Cristãos e Judeus (CCJ).[75] Infelizmente, sua paixão e eloquência na Câmara dos Lordes pareceu levar apenas à Conferência de Bermuda, de 19 a 29 de abril de 1943. Esta consistiu de discussões entre autoridades dos Estados Unidos e do Reino Unido, sem representação judaica, e "ali, por entre floreios de retórica", as autoridades concluíram que não podiam fazer muita coisa para socorrer os judeus:

Hoje, podemos olhar para trás e nos espantar de como a história poderia ter sido diferente se outros líderes religiosos, nos Estados Unidos e na Inglaterra, tivessem seguido o exemplo do arcebispo Temple. Ou se seu predecessor, Cosmo Lang, tivesse se manifestado em alto e bom som pelo resgate de refugiados judeus nos anos 30, antes que a perseguição nazista se transformasse em assassinato em massa.[76]

Podemos também aqui recordar o controvertido papel do papa Pio XI (papa de 1922 a 1939). Sua incapacidade em se manifestar claramente foi flagrante para Edith Stein que, embora tivesse nascido numa família judia ortodoxa em 1891, convertera-se ao catolicismo em 1922 e entrara para um convento carmelita em Colônia, em 1934. É bem conhecido que ela havia escrito ao papa Pio XI em 1933; a carta, contudo, datada de 12 de abril de 1933, só recentemente foi descoberta entre os papéis nos arquivos do Vaticano. Estes faziam parte da grande quantidade de pastas secretas de antes da guerra abertas pelo Vaticano em 15 de fevereiro de 2003. Uma equipe judeu-católica de acadêmicos pedira para ver a carta cerca de três anos antes, mas naquela época a autorização foi negada.[77]

Edith havia ocupado um cargo no Instituto Alemão de Pedagogia Científica em Münster, mas a legislação antijudaica fez com que fosse demitida.[78] Na Páscoa de 1933, suas preocupações com a provação dos judeus levaram-na a querer falar pessoalmente com o papa Pio XI numa audiência particular. Quando isso se mostrou impossível, Edith lhe escreveu narrando o impacto do boicote nazista sobre os negócios dos judeus. Disse que isso destruíra os meios de sobrevivência de muita gente e levara a muitos suicídios:

> Embora a maior parte da responsabilidade [por suas mortes] caiba àqueles que os impeliram a tais gestos, ela também cabe aos que guardaram silêncio.
>
> Não apenas os judeus, mas milhares de católicos leais na Alemanha – e acho que pelo mundo afora – aguardam com esperança que a Igreja faça ouvir sua voz contra tais abusos do nome de Cristo...
>
> Todos nós, que estamos vendo a situação atual na Alemanha como filhos leais da Igreja, tememos o pior para a imagem da própria Igreja se o silêncio se prolongar ainda mais. Estamos também convencidos de que esse silêncio não pode, a longo prazo, obter a paz do atual governo alemão.[79]

Em seu diário, Edith registrou que recebeu uma resposta do Vaticano enviando-lhe as bênçãos do papa e pedindo que Deus protegesse a Igreja, capacitando-a a reagir.[80] Nas memórias datadas de 18 de dezembro de 1938, ela escreveu:

> Sei que minha carta foi entregue fechada ao Santo Padre; algum tempo depois recebi sua bênção para mim e para meus parentes. Nada mais aconteceu. Mais tarde, eu frequentemente me perguntei se essa carta não poderia lhe ter vindo à mente de vez em quando. Ao longo dos anos que se seguiram, o que eu havia predito para o futuro dos católicos na Alemanha se transformou passo a passo em realidade.[81]

Edith foi presa pela Gestapo na Holanda, como resultado da ordem dada por Hitler para a prisão de todos os católicos romanos não arianos, datada de 26 de julho de 1942. Ela foi mandada para Auschwitz, onde foi para a câmara de gás em 9 de agosto de 1942, como "represália pela condenação oficial da Igreja Católica holandesa do antissemitismo nazista".[82] Edith foi beatificada pelo papa João Paulo II em 1986 e, a 11 de outubro de 1998, canonizada como mártir-santa. Isso causou controvérsia entre os judeus, porque os nazistas a mataram precisamente porque ela não era ariana.[83]

Quando se trata das opções feitas por instituições no Reino Unido, houve diferentes reações na Inglaterra, no período anterior à guerra, entre as mais preparadas do país. As instituições, contudo, não têm mente própria – são chefiadas por indivíduos e esses indivíduos decidem sobre a política.

Quando a perseguição dos nazistas aumentou, o governo britânico teve de refletir sobre como ia lidar com todos aqueles visitantes que chegavam a seus portos admitindo serem refugiados. A chegada de tantos refugiados levou o gabinete a rever sua posição. Medawar e Pyke examinaram os papéis do gabinete e constataram que, em 12 de abril de 1933, o gabinete tinha revisto a questão dos exilados judeus. Ficou decidido:

> "Tentar obter para este país judeus proeminentes que estavam sendo expulsos da Alemanha e que tinham alcançado distinção, fosse na ciência pura, na ciência aplicada – como na medicina ou indústria técnica –, fosse na música ou na arte". Isto, o gabinete considerou, iria "não apenas conquistar para este país os

trunfos do conhecimento e da experiência deles, mas também criaria uma impressão muito favorável no mundo, particularmente se nossa hospitalidade fosse oferecida com algum entusiasmo".[84]

Há ressonâncias entre isso e o trabalho de Varian Fry, que foi enviado com uma lista de duzentos nomes de artistas e intelectuais proeminentes, mas acabou salvando milhares de pessoas – na maior parte completamente desconhecidas e insignificantes. Em vez de receber louvores, Fry foi castigado ao retornar aos Estados Unidos por transgredir suas instruções e houve uma grande rixa com o ERC [Comitê de Resgate de Emergência]. Parece que tanto o ERC nos Estados Unidos quanto o gabinete britânico só estavam interessados nos proeminentes e famosos. Quando Varian foi expulso de Marselha, o chefe de polícia lhe disse que aquilo acontecia porque "você protegeu judeus e antinazistas".[85] Quando retornou aos Estados Unidos, ele foi expulso do ERC por ter ajudado antifascistas, que em sua maior parte eram judeus. Isso foi encoberto na versão original de seu livro *Surrender on Demand*, em 1941, embora uma versão modificada tenha sido publicada em 1945. Ainda em dezembro de 1942, seu artigo mais famoso, "O Massacre dos Judeus", defendia com insistência que a imigração devia ser aumentada e o procedimento para a emissão de vistos melhorado.[86]

Não sendo a Associação Médica Britânica (BMA, na sigla em inglês) muito simpática a seus colegas médicos refugiados nos anos do pré-guerra, lorde Dawson of Penn, presidente do Royal College of Physicians [Real Colégio de Médicos], disse ao ministro do interior, *sir* John Gilmour, em 1933, que "o número deles que poderia ser absorvido de forma útil ou nos ensinar alguma coisa podia ser contado nos dedos de uma só mão". Ele estava convencido de que os médicos que procuravam admissão não passavam de migrantes econômicos.[87]

É do conhecimento geral que a classe médica ficou muito agitada com as tentativas de permitir que médicos austríacos fossem para a Inglaterra em seguida ao *Anschluss*, em 1938, quando a Alemanha se apoderou da Áustria. O visconde Templewood, que era descendente de *quakers* pelo lado do pai, escreveu sobre seu tempo como ministro do interior (1937-1939) e de sua simpatia pelos desesperados judeus. Contudo, as tentativas que fez para ajudar causavam suspeitas – estaria deixando entrar espiões alemães ou "pondo em risco padrões profissionais e sindicais ao admitir mão de obra barata?" Em suas memórias, ele escreveu:

> Mais de uma vez recebi um choque desagradável para meus sentimentos humanitários. Quando, por exemplo, tentei abrir a porta para médicos e cirurgiões austríacos, defrontei-me com a resistência obstinada da corporação médica. Impassíveis ante a reputação mundial dos médicos de Viena, os representantes da profissão, aderindo à doutrina estrita dos mais rígidos sindicalistas, asseguraram-me que a medicina britânica nada tinha a ganhar com o sangue novo e tinha muito a perder com a diluição estrangeira. Só após discussões demoradas consegui contornar a oposição e fazer um acordo para que um número estritamente limitado de médicos e cirurgiões entrasse no país e praticasse sua profissão. Eu teria de bom grado admitido as escolas médicas austríacas em bloco. A ajuda que muitos desses médicos posteriormente deram ao nosso esforço de guerra, quer no tratamento de ferimentos, distúrbios nervosos e paralisia ou na produção de penicilina, logo ia provar como foi importante o ganho do país.[88]

Não obstante, ele teve de ser mais circunspecto quando respondeu a perguntas na Câmara dos Comuns. Em 7 de julho de 1938, foi interrogado sobre quais eram os efetivos de médicos, dentistas e oculistas refugiados que tinham sido autorizados a clinicar depois de se registrarem junto aos conselhos britânicos médicos e dentários, o que vinha ocorrendo desde 1933. A resposta foi 185 para os médicos e 93 para os outros.[89] Uma semana mais tarde, a questão seria levantada de novo e o ministro do interior foi a própria discrição; lendo as respostas que deu no debate jamais teríamos conhecido seus verdadeiros sentimentos. Referiu-se à cooperação entre a classe médica, os comitês de refugiados e o ministério do interior para conciliar as necessidades dos refugiados e os temores dos médicos "de se estar inundando a áreas com médicos que não são necessários ao país". Talvez ele devesse ter sido mais aberto em seus pontos de vista.

A falta de compreensão da verdadeira provação dos refugiados é exemplificada pela pergunta final feita naquele dia ao ministro do interior. *Mr* William Thorn, representante de Plaistow, no West Ham, disse: "Algo não está certo, Excelência. O cavalheiro acha que se fosse feita uma petição ao governo alemão eles não permitiriam que esses médicos parassem em seu próprio país?"[90]

Parece que os dentistas foram mais afortunados que os médicos, pois os que possuíam diplomas alemães foram autorizados a clinicar sem passar por curso de formação adicional.[91]

Uma reação positiva à sina dos acadêmicos europeus perseguidos veio do Conselho de Assistência Acadêmica (AAC)*, que foi criado principalmente por instigação de *sir* William Beveridge. Ele era então diretor da London School of Economics (LSE) e foi incentivado por um físico nuclear húngaro, dr. Leo Szilard, que queria fundar uma "Universidade no Exílio". O próprio Beveridge foi testemunha das primeiras demissões de acadêmicos judeus quando visitou Viena em março de 1933 com um colega da LSE, o professor Lionel Robbins.

> Essa eminente dupla de acadêmicos britânicos leu num jornal, enquanto estavam num café, sobre a suspensão de doze importantes cientistas judeus de universidades alemãs. Beveridge percebeu que todo aquele conhecimento e experiência tinham de ser salvos e que a dignidade dos acadêmicos alemães deveria ser preservada em benefício de todo o mundo da cultura.[92]

Szilard estava morando temporariamente num hotel em Viena e, sendo um tanto curioso, verificou o livro de registro e descobriu que Beveridge também estava hospedado lá. Szilard achou que Beveridge, um autêntico membro do *establishment* britânico, poderia ser seu aliado acerca daquela questão e fez contato com ele. Beveridge prometeu sem hesitar fazer alguma coisa quando voltasse a Londres. O próprio Beveridge descreveu sua preocupação ao ler que eminentes professores estavam sendo demitidos pelos nazistas "por motivos raciais ou políticos". Detalhou o medo que estava sendo criado quando retornou de Viena para a Inglaterra acompanhado de um professor alemão que conhecia superficialmente, um homem ainda não proscrito.

> Ele esteve permanentemente num estado de pânico porque no compartimento vizinho havia um rapaz, pouco mais que um garoto, que tomou por um agente nazista destacado para mantê-lo sob vigilância e entregá-lo à polícia. Os medos do meu amigo podem ter sido imaginários, mas seu pânico era real, algo que lhe destruía a mente e o espírito.[93]

---

* Sigla em inglês para Academic Assistance Council. (N. do T)

A carta ao *The Times*, com suas 41 assinaturas, foi o primeiro movimento de Beveridge.[94] Ele convidou o ilustre ganhador do Prêmio Nobel de Química de 1908, lorde Rutherford (1871-1937), para a presidência do Conselho. Embora com saúde precária e contra a orientação de seu médico e, talvez mais significativamente, da esposa, Rutherford concordou. Acabara de deixar a presidência da Royal Society e a chefia do famoso Laboratório Cavendish, em Cambridge – originalmente fundado por um antigo reitor da Universidade de Cambridge: William Cavendish, sétimo duque de Devonshire (1808-1991). Um descendente de William, Andrew Cavendish, décimo primeiro duque de Devonshire (1920-2004), foi um bom amigo dos judeus, como está registrado no obituário do *Jewish Chronicle*, de 28 de maio de 2004. Andrew me disse que foi o pai que lhe transmitiu tal respeito pelos judeus. O décimo duque desempenhara um papel fundamental no suporte ao sionismo nos anos que precederam a Declaração Balfour de 1917, e Chaim Weizmann era um visitante regular de sua casa em Londres. Andrew escreveu sobre o entusiasmo na casa quando era esperada uma visita dele: "Meu pai tinha uma enorme admiração pela contribuição da comunidade judaica à nossa vida nacional. Esforçou-se ao máximo para me fazer compartilhar sua estima e entusiasmo pela comunidade judaica".[95] Disse que o pai sempre lamentou que os Cavendishes não tivessem, como tinham os Cecils, sangue judeu.[96] Em resposta a uma pergunta que fiz, escreveu que o pai tinha "um considerável número de amigos que compartilhavam seus apaixonados pontos de vista sobre a necessidade de justiça para o povo judeu".[97]

Beveridge escolheu um ganhador do Prêmio Nobel mais novo e mais vigoroso, o professor A. V. Hill, para a vice-presidência do AAC. É irônico que o parceiro de Hill no recebimento do Prêmio Nobel de 1922 tenha sido Otto Meyerhof, que em 1941, juntamente com a esposa Hedwig e o filho Walter, recebeu ajuda de Varian Fry para fugir de Marselha. Walter Meyerhof (1922-2006) nasceu no ano em que o pai conquistava o Prêmio Nobel de Medicina. Quando se aposentou em 1992, Walter organizou a Fundação Varian Fry para homenagear o salvador de sua família. Deve ser lembrado que, numa primeira fase, não se imaginava os nazistas assassinando os judeus. Como A. V. Hill escreveu a Beveridge em 1934: "Não é que os acadêmicos morrerão como seres humanos, mas não serão mais ouvidos como estudiosos e cientistas, já que terão de arranjar algum outro trabalho para sobreviver".

Suas preocupações eram meramente que "o conhecimento e a instrução estavam ameaçados por decretos mesquinhos e vingativos de natureza racial, e trabalho científico muito importante corria o risco de ser perdido porque a oportunidade de trabalhar estava sendo negada a pessoas dedicadas, com mentes aguçadas. Que lhes fosse generosamente concedida essa oportunidade neste país deveria ser um fato a ser sempre lembrado como momento glorioso para a decência e a humanidade. Como sabemos perfeitamente bem, aqueles que não deixaram a Alemanha antes da deflagração da guerra em 1939 de fato pereceram".[98]

A. E. Housman (1859-1936) foi um dos 41 signatários da carta publicada no *The Times* em maio de 1933. Tentei avaliar o quanto ele foi ativo, mas sem muito sucesso. Encontrei três cartas dele – duas mandando desculpas por não ter comparecido a encontros (cartas de 1º de junho de 1933 e 21 de fevereiro de 1936) e outra com a data de 7 de maio de 1934 queixando-se ao secretário-geral de que fora relacionado no relatório anual como membro da Academia Britânica![99]

Encontrei, contudo, alguma coisa pungente em sua participação ao examinar alguns de seus versos mais famosos do *A Shropshire Lad* [Um Rapaz de Shropshire], estrofe XL:

Em meu coração um ar que mata
Sopra do mais distante país:
Que são essas colinas azuis lembradas
Que pastos, que propriedades são essas?

É a terra de conteúdo perdido,
Vejo-a brilhante e plana,
As felizes estradas por onde fui
E não posso vir mais.

Esses versos poderiam ter sido escritos por qualquer refugiado no exílio, em qualquer época, lembrando com nostalgia a terra natal. Mas acho que há uma intensidade particular nessa circunstância. Housman recorda a paisagem do lar e uma felicidade perdida com a qual não pode mais conviver. Apenas um ano ou pouco mais antes de morrer, minha tia Ibi, a última das três irmãs de minha mãe a falecer, ao me falar sobre a família, disse de repente: "Que bom se eu pudesse ir para casa!". Ela tivera uma vida realmente árdua. Com frequência, pergunto-me exatamente o que ela quis dizer: não acho que pretendesse dizer que queria apenas voltar para a Hungria; acho que queria voltar para aquele tempo seguro onde estava dentro da família, com os pais, com as irmãs, com toda a sua extensa família, antes que essa fosse tão tragicamente despedaçada.

Em agosto de 1933, o AAC tinha arrecadado 10 mil libras de acadêmicos britânicos e do Fundo Britânico Central judaico (Central British Fund – CBF), mais tarde Auxílio Judaico Mundial. Albert Einstein havia falado no Albert Hall em outubro de 1933 para ajudar a arrecadar dinheiro e posteriormente foi criado um fundo especial na LSE, onde os que lá trabalhavam doaram de 1 a 3% de seus salários para colegas alemães perseguidos. Esses fundos foram usados para prover a subsistência de refugiados que não conseguiam encontrar trabalho; acadêmicos casados recebiam 250 libras por ano enquanto os solteiros ficaram com 180. Em 1936, o AAC transformou-se na Sociedade para a Proteção da Ciência e da Instrução [Society for the Protection of Science and Learning – SPSL] e mais tarde no Conselho para a Assistência a Acadêmicos Refugiados [Council for Assisting Refugee Academics – CARA].[100]

Essas doações foram generosas, tendo em mente que as 10 mil crianças que vieram no Kindertransport em setembro de 1939 foram divididas em "abonadas" e "não abonadas". As abonadas eram aquelas cujas despesas parentes ou amigos se incumbiram de pagar, como já vimos Iris Origo fazendo com seis crianças judias. As não abonadas eram as patrocinadas por uma organização ou por comunidades locais.[101]

O Holocausto, Ruanda e Darfur

Podemos especular sobre o que mudou nos assuntos internacionais desde que as tentativas de McDonald para despertar a opinião mundial nos anos 30 foram tão mal-sucedidas. A Liga das Nações foi substituída pelas Nações Unidas, mas a violência e os massacres continuam pelo mundo. *Sir* David Frost entrevistou Bill Clinton em julho de 2004 para a BBC e perguntou o que ele gostaria de poder alterar em sua presidência. Clinton disse:

> Eu gostaria de ter me movido rapidamente em Ruanda. Gostaria de ter chegado lá mais depressa, sem ter esperado até que os campos estivessem instalados. Poderíamos ter sido capazes de salvar provavelmente nem mesmo a metade dos que foram perdidos, mas ainda assim um grande número de pessoas.
>
> Realmente lamento isso. Preocupo-me bastante com a África e não creio que essas... guerras sejam inevitáveis e que assassinatos desse tipo sejam inevitáveis. E passei um bom tempo nos últimos dez anos tentando me aproximar da África, em geral, e dos ruandeses, em particular – então lamento profundamente isso.[102]

Os ruandeses viram a ONU se pôr de lado em 1994 e Tom Ndahiro, da Comissão de Direitos Humanos, disse à BBC que a Iugoslávia foi tratada de modo diferente de Darfur e Ruanda – os países ocidentais não se movem a não ser que seus interesses nacionais estejam em jogo. Talvez ele quisesse dizer que na Iugoslávia não houve indiferença.[103]

O genocídio ruandês também produziu seus próprios resgatadores – Sara Karuhimbi escondeu mais de vinte pessoas, mas não acredita que tenha feito alguma coisa especial e não pode compreender por que os outros não fariam o mesmo. A história de Paul Rusesabagina foi contada no filme *Hotel Ruanda*.[104] Paul era gerente de hotel em Kigali e, quando o gerente do Hotel des Mille Collines, o melhor hotel da cidade, deixou o país, Paul, um hutu casado com uma mulher tutsi, foi trazido para administrá-lo. Quando os hutus começaram a matar os tutsis, mais de mil tutsis e hutus moderados buscaram refúgio no hotel, e ele os protegeu, usando o estoque de álcool para influenciar a milícia que convidou a entrar.[105] Além disso, ele e os hóspedes influentes telefonaram para todos que podiam, incluindo a Casa Branca, o ministério do exterior francês, o rei belga e a sede da Sabena. Paul foi um verdadeiro herói, e suas palavras modestas ecoam muito de perto das dos voluntários do Holocausto:

> Assim, de certo modo ele não quis ser considerado como excepcionalmente importante ou como um herói em qualquer sentido, porque o único padrão pelo qual foi excepcional surgiria por comparação com a dimensão aterradora do assassino. E por isso não quis aceitar que um homem fosse excepcional por não ter de se tornar um assassino. Queria pensar, isto sim, que as pessoas se

tornavam excepcionais por virarem assassinas. Mas tinha muita clareza a esse respeito. Ele ficou chocado ao ver quanta gente que conhecia havia cruzado a linha e cooperado com a ordem genocida sem muita resistência. E como ele sempre disse: "Podiam ter feito como eu se quisessem".[106]

Em 2005, o Dia da Memória do Holocausto (27 de janeiro) foi observado em Kigali, Ruanda. No memorial recentemente erguido às vítimas do genocídio ruandês, há um painel sobre o Holocausto. Teddy Mugabo, que perdeu os avós e inúmeros outros parentes em 1994, falou ao repórter Robert Walker da BBC sobre as semelhanças entre os nazistas e os hutus. Disse ela: "Isso mostra como os nazistas começaram a segregar pessoas e mostra o modo como mediam o nariz e os olhos delas para demonstrar que se tratava de gente diferente. Em Ruanda, quando estavam matando os tutsis fizeram o mesmo. Mediam o nariz. Estavam medindo os olhos, a estatura, e isso é muito parecido".

Além disso, em ambos os genocídios, as vítimas eram desumanizadas por seus inimigos, que as chamavam de vermes e baratas. É um recurso clássico:

> A desumanização ocorre quando membros de um grupo – geralmente o grupo dominante – nega a humanidade de outro. Isso pode ser feito equiparando as pessoas a animais, insetos, vermes ou enfermidades. Em Ruanda, os tutsis eram frequentemente mencionados como baratas e a propaganda nazista equiparava os judeus a (entre outras coisas) "cogumelos venenosos", aranhas, cobras com presas venenosas. As imagens da propaganda, particularmente a dos nazistas, costumavam exagerar os traços físicos para desumanizar ainda mais os membros do grupo alvo.[107]

Uma sobrevivente ruandesa, Beata Uwazaninka, declarou:

> Eu me achava em Kigali e as coisas estavam tensas: na primeira semana jogaram uma granada na rodoviária. Disseram que foram as "baratas", querendo se referir aos tutsis, mas na realidade era a Interahamwe,* que costumava se pôr a caminho com granadas na mão. Algumas pessoas foram mortas e todos os

---

* Uma das duas milícias hutus que mais se destacaram no massacre. (N. do T.)

tutsis se sentiram menos seguros. Na semana anterior ao início do genocídio, anunciaram em Kinyarwanda, na Rádio Mille Collines, que algo importante ia acontecer na semana seguinte (*Mube maso rubanda nyamwishi kuko icyumwerugitaha hazaba akantu!*). Foi o que levou ao genocídio de 1994.[108]

O Yad Vashem, reconhecendo o significado do genocídio de Ruanda, realizou um seminário inovador em novembro de 2005. Intitulado *O Genocídio em Ruanda: Aprendemos Alguma Coisa com o Holocausto?*, o seminário foi um momento decisivo na história do Yad Vashem, porque foi a primeira vez que uma questão não relativa ao Holocausto foi tratada em sua escola internacional de estudos do Holocausto. O seminário resultou da iniciativa de um grupo de sobreviventes tutsis que buscaram a ajuda do Yad Vashem para planejar seu próprio memorial e foi conduzido com a ajuda de uma ONG belga e ruandesa de base tutsi e do memorial francês à Shoá. Yolande Mukagasana, diretora do Nyamirambo Point d'Appui, foi uma das primeiras sobreviventes do genocídio de Ruanda a documentar o evento. Ela perdeu o marido, os irmãos, as irmãs e os três filhos nos massacres e tem dedicado sua vida a cuidar dos órfãos e a ajudar seu país, vítima da barbárie, a se reconstruir. Ela comentou: "Vocês sofreram antes de nós e têm lições importantes a nos ensinar... Precisamos de vocês para reconstruirmo-nos".[109]

Yolande tinha feito contato com o Yad Vashem e perguntado se "membros de diferentes organizações, empenhados em preservar a memória do genocídio ruandês, poderiam se dirigir ao Yad Vashem para aprender sobre a preservação da memória do Holocausto em Israel, bem como sobre atividades educacionais relacionadas ao Holocausto e às suas consequências pelo mundo afora, ações que poderiam servir de modelo para esforços similares por parte da tribo tutsi". A parte mais comovente do evento foi quando sobreviventes ruandeses conheceram sobreviventes do Holocausto e os últimos vieram ouvi-los. Isso encorajou os tutsis a falar sobre suas experiências, talvez pela primeira vez. Yolande disse: "O encontro com os sobreviventes do Holocausto ajudou-me mais que qualquer outra coisa a enfrentar o trauma que sofri. Outras pessoas, inclusive os psicólogos, sabem como lamentar. Estes encontros me ajudaram a compreender o que eu realmente sinto".[110]

Avner Shalev, *chairman* do Yad Vashem, comentou que os sobreviventes e a comunidade internacional, que não conseguira impedir nem o Holocausto nem, mais recentemente, o genocídio de Ruanda, estavam obrigados a criar um sistema de valores para a existência humana impedir essas catástrofes.

Contudo, no momento mesmo em que os sobreviventes desses dois genocídios procuravam consolar uns aos outros, outra catástrofe já vinha se revelando diante das televisões do mundo desde 2003: Darfur. O mundo, porém tem lhe voltado as costas, como fez com as advertências de James McDonald e como fez com Ruanda. Elie Wiesel tem se manifestado sobre a situação no Sudão desde 2004. Que voz tem mais credibilidade e autoridade que a desse sobrevivente de Auschwitz, quando ele diz:

> A tragédia brutal está continuando na região de Darfur, no Sudão. Agora seus horrores são mostrados nas telas de tevê e nas primeiras páginas de influentes publicações. Delegações de congressistas, enviados especiais e agências humanitárias repetem relatos cheios de horror do cenário dos acontecimentos. Um milhão de seres humanos, jovens e velhos, têm sido arrancados de sua terra, deportados. Milhares de mulheres estão sendo todo dia estupradas; crianças estão morrendo de enfermidades, fome e violência...
>
> Hoje o que mais me fere e dói é a simultaneidade dos acontecimentos. Enquanto estamos aqui sentados discutindo como devemos moralmente nos comportar, tanto em termos individuais quanto coletivos, lá, em Darfur e em outras partes do Sudão, seres humanos matam e morrem.[111]

Yosef "Tommy" Lapid (1931-2008), um companheiro sobrevivente do Gueto de Budapeste (que conheci brevemente no Knesset, em 2004, quando ele ainda era ministro da justiça), também falou sobre Darfur. No Yom Hashoah,[112] em 22 de abril de 2007, "Tommy" Lapid falou sobre a relação entre Darfur e o Holocausto. Perguntou por que não havia um clamor mundial contra o genocídio que estava sendo perpetrado em Darfur, no Sudão:

> A humanidade tem visto o genocídio desde tempos imemoriais. Depois do Holocausto, também fomos testemunhas do genocídio em Biafra, no Camboja e em Ruanda. Temos de erguer um clamor contra o genocídio que está agora sendo perpetrado em Darfur, no Sudão. Enquanto ele acontece, o mundo continua sentado de braços cruzados, enviando alguns sacos de farinha – mais para salvar a própria consciência do que para alimentar os famintos.[113]

Oona King, que combina duas etnicidades, escreveu sobre o impacto do genocídio ruandês na guerra no vizinho Congo e sobre a família de uma mulher, Monique. Depois que o genocídio já estava em marcha há 48 horas, Monique, de 36 anos, foi informada por uma amiga que seria morta. Ela ouviu aquilo e fugiu. Sua sobrinha Geraldine, de 12 anos, foi estuprada naquela noite e, como resultado de ter contraído AIDS, morreu anos depois. Monique perdeu 27 membros de seu círculo familiar mais próximo em 1994. Além disso, o avô fora assassinado em 1963, a tia estuprada e assassinada em 1973 e o pai atacado e interrogado em 1990, o que o fez morrer de um ataque cardíaco. "A família de Monique fornece um quadro horripilante de trinta anos de banhos de sangue cíclicos que pavimentaram o caminho para o genocídio." Oona ouviu a história de Monique e escreveu: "Por mais incompreensível que seja a escala da catástrofe, Monique me faz lembrar de que os indivíduos têm importância. Foi um indivíduo que a salvou".[114]

James e Stephen Smith, que vieram de uma família metodista, criaram o Centro do Holocausto em pleno Nottinghamshire rural em 1995, depois de ficarem muito impressionados com o que aprenderam sobre o Holocausto numa visita ao Yad Vashem em 1991. Enquanto montavam o projeto para preservar a memória do Holocausto e explicá-lo aos não judeus, a tragédia de Ruanda se revelou. Inicialmente, eles não viram a ligação entre Ruanda e o que estavam fazendo:

> Foi só mais no final do genocídio que percebemos que tínhamos deixado passar alguma coisa de enorme significado para nossa vida. Nossas críticas de que o mundo sabia e não fazia nada para ajudar agora se aplicavam a nós.
>
> Nesse meio-tempo, em Srebrenica, estava acontecendo um massacre bem na soleira de nossa porta, bem na beirada de nossa janela. Tínhamos o constrangimento de abrir um centro que se destinava a ser uma advertência da história enquanto o genocídio estava de novo em marcha na Europa.[115]

O trabalho dos Smiths sobre o Holocausto levou-os a serem convidados para ajudar a criar o memorial ruandês em Kigali, que foi inaugurado em 2004, e a ajudar na criação da Aegis Trust,* que tem como objetivo impedir novos

---

* A Aegis Trust (Confiança na Proteção) é uma ONG fundada em 2000, na Grã-Bretanha. (N. do T.)

genocídios e lutar contra o extremismo. O trabalho dos Smiths sobre o Holocausto levou-os diretamente a trabalhar em todas as novas áreas de desastre.

Isso nos faz voltar a refletir sobre as sábias palavras do rabino Hugo Gryn:

> Os que sobrevivem a uma tragédia como o Holocausto não podem ficar em silêncio, mas devem fazer tudo que estiver a seu alcance para dar testemunho do fato de que a vida é uma dádiva de Deus e que é sagrada. Eu recriei uma família. Tenho dedicado minha energia ao desenvolvimento de meu povo. Também me tornei e continuo sendo uma espécie de incômodo ético. Onde quer que haja opressão, fome ou brutalização, independentemente de cor ou credo, considero que é moralmente um território meu e a causa das pessoas é a minha causa. Preconceituosos, racistas e fanáticos são meus inimigos pessoais e tenciono combatê-los até que se tornem pessoas civilizadas, decentes, se preciso for pelo resto de minha vida.[116]

A Indiferença de Hoje ao Sofrimento

Todos nós sabemos que, mesmo na vida normal de todo dia, temos de fazer escolhas morais. Às vezes, as pessoas se sentem esmagadas pelo problema e por sua própria insignificância – mas se ninguém faz nada, nada vai mudar.

Muitos de nós ficaram impressionados com a resposta dos londrinos aos terríveis atentados a bomba em julho de 2005, pelo renascimento do que Tennessee Williams chamou "a generosidade de estranhos". Mas já no final desse mês estávamos lendo sobre o assassinato de Richard Whelan. Será que as pessoas agora se lembram de como ou por que ele morreu? Richard era o jovem de 28 anos que, em 29 de julho de 2005, foi atacado e esfaqueado por um homem que estivera atirando lascas de vidro nas pessoas, inclusive na namorada de Whelan, no alto de um ônibus nº 43 no norte de Londres. Depois do ataque, ninguém nesse ônibus pareceu disposto a ajudar a namorada ou o jovem sangrando e mortalmente ferido que caiu no chão do veículo. Só uma jovem se adiantou para ajudar e telefonou para a polícia. Quando ela pediu ajuda a outros passageiros, eles a recusaram e sumiram nas ruas. Ela escreveu sobre a experiência no *Guardian*, sob o pseudônimo de Tara McCartney, descrevendo como as pessoas desapareceram do ônibus e se recusaram até mesmo a dar roupas para cobrir Whelan. Não havia perigo, o agressor há muito se afastara. "Ouvi uma moça dizer que, como ele estava sendo levado na ambulância, ela não quisera lhe dar nenhuma de suas roupas. Eu perguntei: 'Por que, para não ficarem amarrotadas?' O rosto dela respondeu que sim." Houve um homem que Tara julgou ter subido no ônibus apenas para dar uma olhada. Estava bem vestido, de paletó. Tara perguntou se podia dar o paletó para pôr sobre o rapaz. Ele disse simplesmente que não. Tara não podia salvar Whelan, mas fez o que podia por ele, consolando-o em seus últimos momentos. Fez o que era certo. Por que os outros foram sumindo? Não havia nazistas a ameaçá-los![117]

Ainda recentemente, ficamos chocados ao ler sobre as trágicas mortes de Fiona Pilkington e da filha deficiente Frankie. A vida delas tinha se tornado um tormento em decorrência da atitude de intolerância dos jovens da vizinhança. Então uma noite, em outubro de 2007, a vulnerável mãe solteira, que não apenas sofria de depressão, mas também tinha ela própria dificuldade de aprendizagem, pôs Francesca, a filha com grave deficiência, que com 18 anos apresentava idade mental de 4, no carro. Mandou Frankie segurar o coelho de estimação da família para se sentir tranquila. Fiona dirigiu para a A47, derramou gasolina por cima do carro e ateou fogo. Mais tarde, naquela mesma noite, os corpos severamente queimados das duas foram encontrados. Como pôde essa mulher ser impelida a atos tão desesperados na Inglaterra de 2007? O inquérito realizado em setembro de 2009 descobriu que Fiona havia contatado 33 vezes a polícia durante os sete anos em que estava sendo vitimada. Nada foi feito para ajudar ela e a filha ante o estarrecedor comportamento de desrespeito e provocação dos vizinhos, alguns dos quais não tinham mais de 10 anos.[118]

A frase atribuída a Edmund Burke tornou-se um clichê: "Basta que o homem bom não faça nada para o mal triunfar". Mas não tão conhecida é outra citação de Burke: "Quando os maus se agrupam, os bons devem se associar; senão cairão, um a um, sacrifício inglório numa luta vil".[119] Os bons têm de agir – não podem ficar indiferentes ao mal. O que pode exigir que você ponha a cabeça acima do parapeito e, com isso, você pode levar um tiro.

Temos de lutar contra o negativismo da indiferença – os nazistas foram capazes de ter êxito com o Holocausto porque a maioria das pessoas era indiferente ao destino dos judeus e de outros. Do mesmo modo, a maioria das pessoas do ônibus ficou indiferente ao apuro de Richard Whelan.

Quando consideramos os pontos de vista de Elie Wiesel[120] sobre os perpetradores e a indiferença, como discutidos na página 223, talvez pensemos em Darfur ou no Congo ao ouvir essas palavras. Vemos as catástrofes na tela de nossa TV de plasma enquanto comemos nosso sushi ou ceia tailandesa. Podemos contribuir com algumas libras para o Children in Need, Live Aid, o Tsunami... não importa o que – entre uma garfada e outra. Não é difícil se você tem uma saudável conta bancária. Isso não representa realmente incômodo para nós e não arriscamos muito.

Lembramos a história do bom samaritano na Bíblia. Aqueles que foram para a escola nos anos 50, como eu, sabem tudo sobre *sir* Philip Sidney e suas palavras corajosas: "Tua necessidade é maior que a minha". Podemos não nos lembrar das circunstâncias – ele foi mortalmente ferido há mais de quatrocentos anos, em 1586, no campo de batalha de Zutphen, mas ainda assim passou sua garrafa de água a um companheiro, um soldado que estava morrendo. Ninguém sabe agora onde ficava Zutphen nem qual era razão da batalha, mas nos lembramos de Philip Sidney graças a seu ato de generosidade e coragem moral.

Cerca de oitenta anos mais tarde, em setembro de 1665 – perto de minha casa em Sheffield, no povoado de Eyam – o alfaiate George Viccars recebeu um pacote de tecidos que mandara vir de Londres. O alfaiate não sabia que a encomenda fora infectada com a peste em Londres e daí a alguns dias estava morto. A peste se espalhou rapidamente pelo povoado matando muita gente. Os habitantes locais entraram em pânico e quiseram fugir para Sheffield. Mas deram ouvidos a seu jovem pároco, William Mompesson, e corajosamente se isolaram do resto do mundo por cerca de doze meses, mantendo a peste dentro das fronteiras do povoado, impedindo que ela se disseminasse. De uma população de 350 pessoas, 257 morreram, incluindo a jovem esposa do pároco. A coragem moral e física deles é ainda hoje comemorada, quase 350 anos mais tarde.

Como tomamos essas decisões morais? Um companheiro húngaro, sobrevivente do Holocausto, Eugene Heimler, escreveu sobre um jornalista local (anteriormente de direita) que, enquanto se barbeava, decidiu imprimir cartazes com o *slogan* "O nacional-socialismo é a morte". Ele teve, num sentido bem literal, uma conversa consigo mesmo:

Estava parado na frente do espelho, ele disse, e de repente viu sua cara de um modo que nunca vira antes. Disse que era a cara de um traidor. A cara lhe perguntou: "O que você vai fazer a esse respeito? O que vai fazer acerca da injustiça que está na sua frente?". Ao acabar de se barbear, ele tinha a resposta na ponta da língua. Naquela noite, quando todos foram para casa, usou suas prensas para imprimir os cartazes, depois saiu e ele próprio os colou.[121]

Todos nós temos de nos olhar no espelho – falamos de "não sermos capazes de nos olhar no espelho". Heimler comentou: "Há algo simbólico nesse episódio: um homem está vendo seu rosto no espelho e o reflexo está lhe falando". Presumivelmente, os perpetradores não têm esse problema – ouvimos falar que voltam para casa como maridos amorosos e pais indulgentes após um dia de perseguição e crueldade. O Holocausto ensinou uma extraordinária lição:

> De repente, transpareceu que o mais horripilante mal na memória humana não resultou da dissipação da ordem, mas de um impecável, perfeito e incontestado domínio da ordem. Não foi obra de uma horda turbulenta e incontrolável, mas de homens uniformizados, obedientes e disciplinados, seguindo as regras e obedecendo de modo meticuloso ao espírito e à letra de suas instruções. Soube-se muito cedo que esses homens, sempre que tiravam os uniformes, não eram maus de modo algum. Comportavam-se exatamente como todos nós. Tinham uma esposa que amavam, filhos que acarinhavam, amigos que ajudavam e consolavam em caso de aflição. Parecia inacreditável que, assim que vestiam o uniforme, as mesmas pessoas fuzilassem, sufocassem por gás ou gerenciassem o fuzilamento e sufocamento por gás de milhares de outras pessoas, incluindo mulheres que eram esposas amadas de alguém e bebês que eram filhos acarinhados de alguém.[122]

Em seguida ao julgamento de Adolph Eichmann, em 1961, um psicólogo da Yale University concebeu uma série de experimentos que levam seu nome. Stanley Milgram examinou o fato de a defesa de Eichmann dizer que ele estava simplesmente cumprindo ordens quando determinou as mortes de tantos judeus. Em seu livro de 1974, *Obedience to Authority*, Milgram perguntou: "Pode ser que Eichmann e seu grande número de cúmplices no Holocausto estivessem apenas cumprindo ordens? Podemos chamar todos eles de cúmplices?". Os famosos experimentos de Milgram demonstraram uma relação muito perturbadora entre poder e autoridade. Milgram achava que o Holocausto e seus experimentos demonstraram que "frequentemente não é tanto o tipo de pessoa que um homem é, mas o tipo de situação em que ele se encontra que determina como agirá".[123]

Enquanto esses experimentos contestáveis estavam sendo examinados, a América foi sacudida pela história dos 38 espectadores do assassinato de Kitty Genovese, de 28 anos, em 1964, em Nova York. O caso fascinou os psicólogos sociais que tentaram explicar o comportamento dos espectadores, que segundo se alega estavam cientes do ataque mas não reagiram nem fizeram contato com a polícia.[124] Dois psicólogos sociais em particular, Bibb Latané e John Darley, conduziram experimentos adicionais sobre o que se tornou conhecido como "efeito espectador". Demonstraram que, quanto maior o número de pessoas presentes, menos provável será que as pessoas ajudem numa emergência.[125]

Esse é um campo de considerável pesquisa para os psicólogos, como Charles Garfield da San Francisco University diz: "O espectador é um arquétipo moderno, do Holocausto à crise ambiental atual passando pelo genocídio em Ruanda. Por que algumas pessoas respondem a essas crises enquanto outras não?". Kristen Monroe, uma cientista política, definiu o termo "pessoas de John Donne",* baseada nos escritos *Devotions XVII*:

> Nenhum homem é uma ilha, fechada em si mesma; cada homem é um pedaço do continente. Uma parte do principal (...) A morte de qualquer homem me abate, porque estou envolvida na humanidade; e portanto nunca mandes saber por quem os sinos dobram; eles dobram por ti.

Sua linguagem é muito especializada, mas Kristen conclui que os voluntários e heróis que entrevistou tinham uma visão clara de sua humanidade compartilhada, o que levava a um altruísmo instintivo. Ela cita Otto, um voluntário

---

* John Donne (1572-1631) foi um escritor e pregador inglês, autor de poemas e sermões. Em um de seus escritos, *Meditação XVII*, escreveu: "A morte de cada homem me abate porque sou parte da humanidade. Portanto, nunca procures saber por quem os sinos dobram; eles dobram por ti". Ele é também conhecido pela declaração: "Nenhum homem é uma ilha". (N. do T.)

tcheco-alemão: "Nunca tomei a decisão moral de resgatar judeus. Só fiquei furioso. Senti que tinha de fazer aquilo. Eu me deparei com muitas coisas que exigiam minha compaixão". Ela concluiu: "O que de fato explica as ações de todos os nossos generosos indivíduos é uma percepção comum de si mesmos como indivíduos fortemente ligados a outros por meio de uma humanidade compartilhada". Essa atitude é tão inerente à sua constituição que eles não têm opção em seu modo de reagir. "São pessoas de John Donne. Toda a vida os preocupa. Qualquer morte os abate. Porque são parte do gênero humano".[126]

Isso coincide com minha própria visão. Sejam quais forem as razões que os voluntários sobre os quais escrevi tenham dado para suas ações, acredito que, no fundo, eram todos humanitários. Todos nós podemos ter de responder ao perseguido, ferido, caçado, doente e assustado em nosso meio. Nunca sabemos o que vai acontecer – quando teremos de responder. Quando um ser humano nosso semelhante é atacado, vamos encará-lo como nosso irmão ou irmã e, como disse Yehuda Bauer, gritar: "Eu estou aqui"?[127]

Você seria um voluntário ou um espectador?

Apêndice I

Justos entre as Nações e o Yad Vashem

O Yad Vashem foi criado em 1953 como um memorial vivo do povo judeu aos 6 milhões de judeus vítimas do Holocausto. Foi idealizado para ser um centro mundial com quatro áreas principais: documentação, pesquisa, educação e homenagem às vítimas. O Yad Vashem é hoje um ponto dinâmico e vital de contato internacional e entre gerações. Ao mesmo tempo, uma de suas principais atribuições é demonstrar a gratidão do Estado de Israel e do povo judeu aos que ajudaram a resgatar judeus naqueles tempos de escuridão. Desde 1963, a instituição tem levado à frente seu programa, de âmbito mundial, do Justo entre as Nações. Ele é administrado por uma comissão pública encabeçada por um juiz da suprema corte.

Moshe Bejski, que como já vimos esteve na lista de Schindler, emigrou para Israel após a guerra e se tornou juiz. Não contou a ninguém sobre suas experiências do tempo da guerra até que, em 1961, serviu de testemunha no julgamento de Eichmann, em Jerusalém. Como resultado disso, se envolveu com a preservação da memória do Holocausto e posteriormente ingressou na Comissão dos Justos. Logo se tornou presidente e lutou com o dilema moral de quem deveria ser agraciado com o título de "justo" e quem não devia recebê-lo. Tomou providências para que seu próprio resgatador recebesse a homenagem, mas a questão era problemática, visto que havia uma discordância filosófica sobre que resgatadores seriam considerados dignos dela.

Ao que parece, havia uma dúvida em torno da homenagem a Schindler devido a seu estilo de vida. A presidência original da Comissão dos Justos, ocupada pelo juiz Moshe Landau, estava procurando heróis sem defeito, que tivessem salvo judeus e cujo estilo de vida fosse virtuoso. Bejski, com a intimidade que tinha com Schindler, conhecia-o a fundo, e ele estava procurando gente comum, com defeitos. Disse aos detratores de Schindler que, se ele não tivesse sido o tipo de homem que era, não teria tido a *verve* para realizar seu escandaloso resgate. Defendeu outros resgatadores "duvidosos" – uma prostituta que servia a oficiais nazistas, mas escondia judeus, e o oficial da SS George Duckwitz, adido comercial da embaixada alemã em Copenhague. Assim que ficou sabendo do plano de deportar os judeus dinamarqueses, ele informou as autoridades da Dinamarca, embora fosse nazista.[1] Contudo, o dr. Paldiel, ex-diretor do Departamento dos Justos, argumentou que Avner fora incorreto em seu artigo ao afirmar que Landau estava procurando o Justo perfeito. Disse que as objeções de Landau a Schindler "se originavam do fato de Schindler ter tomado de forma arbitrária duas firmas de judeus na Cracóvia durante o período inicial da ocupação nazista, chegando mesmo a ameaçar usar a força para levar a ação a cabo".[2]

Gabriele Nissim, um jornalista italiano, enquanto escrevia seu livro *Divine Grace*, passou três anos visitando Bejski, que morreu em março de 2007, aos 86 anos. Gabriele me falou da teoria de Bejski sobre a "coerência inerente do gesto do voluntário, que tem de ser desencadeado por um espírito genuinamente humanitário".[3]

O site do Yad Vashem dá detalhes muito completos sobre a concessão do título "Justo entre as Nações". As distinções podem ser consideradas um tanto arbitrárias, na medida em que dependem dos relatos sobre o resgatador feitos por sobreviventes ao Yad Vashem e de fornecerem eles a devida documentação. É um fato trágico, mas inevitavelmente só os participantes de resgates bem-sucedidos podem vir a participar do processo. Houve sem a menor dúvida muitos, muitos resgatadores corajosos cujas tentativas fracassaram e, consequentemente, eles e os que estavam a seu cargo foram descobertos e pagaram com suas vidas.

A maioria dos Justos foi reconhecida como resultado de pedidos feitos pelos judeus resgatados por eles. Mas, às vezes, os sobreviventes não puderam superar as dificuldades de lidar com o passado doloroso e não tomaram qualquer iniciativa. Outros não estavam cientes do programa ou estavam impossibilitados de requerer uma participação nele, particularmente os que viviam atrás da Cortina de Ferro durante os anos do comunismo no Leste Europeu. Em outros casos, os sobreviventes podem ter morrido antes de conseguir fazer a solicitação. Contudo, 75 anos após o fim da guerra, títulos e medalhas estão sendo ainda concedidos, como aconteceu com Soeur St. Cybard, reconhecida em novembro de 2009.

Apêndice II

Quadros

Quadro 1: Detalhes de Resgatadores e Informantes

Código:

1. Entrevista cara a cara; anotações feitas durante a entrevista, posteriormente digitadas e confirmadas pelo entrevistado.
2. Memórias não publicadas ou memórias e cartas; acompanhadas de correspondência ou telefonemas. Notas feitas e arquivadas.
3. Vídeo; acompanhamento como em 2.
4. Correspondência por carta ou e-mail; acompanhamento como em 2.
5. Livro ou artigos de jornal; acompanhamento como em 2.

Resgatadores	Informante	Local de residência do informante	Condição	Fonte de Dados Primários
Bracey, Bertha	Pat Webb e Joan Bamford (falecida)	Reino Unido	Ambas sobrinhas da resgatadora	1
van Dyk, Jelle e Elizabeth	Miriam Dunner	Londres	Resgatada	1
Holger, Hilde	A própria/Filha	Londres	Filha	1/4

Resgatadores	Informante	Local de residência do informante	Condição	Fonte de Dados Primários
Keen-Thiryn, Claire	A própria	Blackburn*	Resgatadora	1
Ladigiené, Stefanija	Irena Veisate	Vilna, Lituânia	Resgatada	1
Lutz, Carl	Agnes Hirschi	Berna, Suíça	Enteada do resgatador	1
Rina (sobrenome não conhecido)	Lidia Sciama	Oxford	Resgatada com os pais	1
Schindler, Oskar	Juiz Bejski	Tel Aviv	Resgatado	1
Borciñska, Pani	Margarita Turkov	Estados Unidos	Resgatada	2
Fawcett Charles	O próprio	Londres	Resgatador	2
Maas, Hermann	Ron Mower	Hertfordshire	Esposa foi resgatada	2
van Proosdij, Jaap	O próprio	Pretória, África do Sul	Resgatador	2
Petras, Charles	Hilde Holger e filha Primavera	Londres	Filha	1
Petras, Charles (Karl)	Primavera Boman	Londres	Filha do resgatador	2
Rinkevicius, Vytautas	Sra. Margaret Kagan	Huddersfield	Resgatada	2
Família Stenzel (primeiros nomes não conhecidos)	Doris Stiefel	Seattle, Estados Unidos	Prima de segundo grau de Else Pintus, que foi escondida	2
Strauch, Richard	Lea Goodman	Londres	Resgatada	2
Tóth, János	Naomi Szinai	Londres	Resgatada	2
Guicherd, Victor e Josephine	Betty Eppel	Jerusalém	Resgatada	3
Barczynski, Józef	Olympia Barczynska	Leeds	Sobrinha	4
Costaguti, Achille e Guilia	Milton Gendel	Roma	Amigo da família resgatada	4
Ho, Feng Shan	Manli Ho	São Francisco, Estados Unidos	Filha do resgatador	4
Huffener, Henk	O próprio	Guildford	Resgatador	4 (visitou-o)

Resgatadores	Informante	Local de residência do informante	Condição	Fonte de Dados Primários
Klerk, Jacob e Hendrika	Henri Obstfeld	Londres	Resgatado	4
Saidler, Maria "Mitzi"	Otto Fleming	Sheffield	Mitzi foi cozinheira dos pais de Otto em Viena	4
St. Cybard, Soeur	Josie Martin	Califórnia, Estados Unidos	Resgatada	4
Weltinger, Siegmund e Grete**	Henry Walton	Cheshire	Filho do resgatado	4
Hahn-Beer, Edith	Angela Schluter	Londres	Filha da resgatadora	5
Sousa Mendes, dr. Aristides de	João Paulo Abranches	Califórnia, Estados Unidos	Filho do resgatador	5
Maistriau, Robert	Rose Marie Guilfoyle	Bruxelas, Bélgica	Entrevistou-o em francês em meu nome	5
Origo, Iris	Benedetta Origo	Toscana, Itália	Filha da resgatadora	5
Rácz, Vali	Monica Porter	Londres	Filha da resgatadora	5
Schoen, Joost e Anna	John Schoen	País de Gales	Filho dos resgatadores	5
Família Van der Velde	Willi Buntinx	Bélgica	Filho do resgatado	4
Comentadores não resgatadores:			
Devonshire, duque de	O próprio	Chatsworth, Derbyshire	Pontos de vista sobre o antissemitismo no Reino Unido	1
van Rijswijk, Ed	O próprio	Amsterdã	Informação sobre a Resistência holandesa salvando crianças judias	4
Sanders, Ria	A própria	Poole, Dorset	Morou nos Países Baixos durante toda a Segunda Guerra Mundial	4

* Era em Blackburn quando a informação foi fornecida. Agora é na Bélgica.
** Resgatada – resgatadores desconhecidos.

Quadro 2: Justos entre as Nações e Populações Nacionais

País	Nº de Justos[1]	População Nacional em 1939[2]	Notas
Polônia	6.195	34.775.700	
Países Baixos	5.009	8.729.000	
França	3.158	40.000.000	
Ucrânia	2.272	41.340.000	
Bélgica	1.537	8.386.600	
Lituânia	772	3.037.100	
Hungria	743	9.129.000	
Buelo-Rússia	608	5.568.000	
Eslováquia	498	3.577.000	
Itália	484	44.394.400	
Alemanha	476	69.622.500	
Grécia	306	7.221.900	
Rússia	164	108.377.000	
Iugoslávia (Sérvia)	131	7.583.000	estimativa de 1960
Letônia	123	1.994.500	
República Tcheca	108	9.679.400	estimativa de 1960
Croácia	102	4.140.000	estimativa de 1960
Áustria	87	6.652.700	
Moldávia	79	2.468.000	estimativa de 1940
Albânia	69	1.073.000	
Romênia	60	19.933.800	
Noruega	45	2.944.900	
Suíça	45	4.210.000	
Bósnia	40	3.240.000	estimativa de 1960
Dinamarca	22**	3.795.000	
Bulgária	19	6.458.000	

País	Nº de Justos[1]	População Nacional em 1939[2]	Notas
Grã-Bretanha	14	47.760.000	
Armênia	13	1.281.600	
Suécia	10	6.341.300	
Macedônia	9	1.392.000	estimativa de 1960
Eslovênia	6	1.331.000	
Espanha	4	25.637.000	
Estônia	3	1.134.000	
EUA	3	131.028.000	
Brasil	2	40.289.000	
China	2	517.568.000	
Chile	1	4.914.000	
Geórgia	1	3.542.000	
Japão	1	71.380.000	
Luxemburgo	1	295.000	
Montenegro	1	400.000	estimativa 1948*
Portugal	1	7.627.000	
Turquia	1	17.370.000	
Vietnã	1	20.268.000	

1 Dados do Yad Vashem, Departamento dos Justos entre as Nações, 1º de janeiro de 2010 – www1.yadvashem.org/righteous_new/statistics.html.
2 Dados estatísticos da população – www.library.uu.nl (acessado em 2004); www.populstat.info (Vietnã, Chile, Geórgia); http://www.tacitus.nu/historical-atlas/population (Montenegro).

* Estimativa 1939 (n/d).
** O movimento clandestino dinamarquês pediu que os participantes em seus resgates fossem indicados como um só.

Quadro 3: Detalhes de Resgatadores e Resgatados

Coluna 1. Resgatador	2. Nome do informante vínculo com o resgatador	3. País de origem do resgatador	4. País onde o resgate ocorreu	5. Idade do resgatador na época	6. Resgatados	7. Resgatador único
Barczynski, Józef	Olympia Barczynska – sobrinha	Polônia	Polônia	39-45	250 pessoas	Não
Borciñska, Pani	Margarita Turkov – escondida	Polônia	Polônia	Desconhecida	Menina de 8 anos	Família – ver coluna 10
Bracey, Bertha	Joan Bamford e Pat Dunn – ambas sobrinhas	Inglaterra	Alemanha	45	Crianças do Kindertransport: cerca de 10.000	Não – membro dos quakers
Afan de Rivera Costaguti, Achille e Giulia	Milton Gendel – amigo	Itália	Itália – Roma	Desconhecida	Famílias – 18 pessoas de 4 famílias	Casal e seus criados
Denner, Christl	Angela Schluter – filha da resgatada	Áustria	Áustria	18	Edith Hahn-Beer	Sim
van Dyk, Jelle e Elizabeth	Miriam Dunner – resgatada	Holanda	Holanda	Ambos com 30 em 1942	16 meses	Casal
Fawcett, Charles	O próprio	Estados Unidos	Vichy – França	22	Vários – mulheres em idade para casar	Não
Guicherd, Victor e Josephine	Betty Eppel – resgatada	França	França	30-40	7 e 5	Casal
Ho, Feng Shan	Manli Ho – filha	China	Áustria	30s	Cerca de 12.000	Sim
Huffener, Henk	O próprio	Holanda	Holanda	18	Todas as idades	Não – com a família

264

8. Fotos	9. Como foi feito o contato com o informante	10. Religião ou outra motivação básica	11. Ano do Prêmio dos Justos se concedido	12. Notas, incluindo data da morte se for o caso
Sim	HSFA Leeds	Senso de justiça muito forte – criado para cuidar dos outros – experiência de desalojamento na infância.	1993	Józef morreu em setembro de 1980. Não aceitaria o reconhecimento como Justo entre as Nações em seu tempo de vida, porque dizia que só cumpriria seu dever.
Não	Li sobre ela no *Journal of the Child Survivors' Association*.	Sua resgatadora foi paga tanto pela organização judaica quanto pelo movimento clandestino polonês.		Ela não foi bondosa com Margarita, que ficou bastante traumatizada pela experiência.
Sim	Por meio de um *quaker* de Sheffield que conhecia um parente de Bertha morando em Sheffield.	*Quaker* muito devota e tinha também interesses místicos.		Bertha morreu em 1989, com 95 anos.
Não	Por meio da filha de Iris Origo, que me pôs em contato com Milton Gendel.	Humanitarismo e civilidade. Não realmente pró-judaicos. Era a coisa certa a fazer.	2002	Mantiveram boas relações após a guerra. Achille como voluntário na milícia fascista. Ambos morreram algum tempo atrás.
Não	Por meio de carta.	Puro humanitarismo – ela tinha apenas 18 anos e não hesitou em ajudar.	1985	Permaneceram boas amigas até a morte de Christl em 1992. Edith morreu em 2009.
Não	Por meio de um contato mútuo.	Protestantes muito religiosos.		Traumatizada pelo retorno à família. Jelle 1912-93 e Elizabeth 1912-92. Miriam morreu em 2006.
Sim	Por meio de trabalho de mestrado.	Criado como episcopal – ainda tem muita fé.		Casou-se com 6 mulheres judias para resgatá-las dos campos. Ajudou pessoas após a guerra. Charles morreu em 2008.
Vídeo	Artigo em *Jewish Chronicle*.	Compaixão e amor.	1979	Os pais dela vieram da Polônia há muitos anos. Seus resgatadores foram um pobre casal de lavradores.
Sim	Por meio de cobertura da mídia e contatos pessoais.	Sofreu quando criança, o que juntamente com sua educação fizeram dele um humanitário.	2000	Morreu em 1997, com 96 anos.
Não	Artigo no *The Times*.	Família envolvida na Resistência.	1998	Ainda ajudou pessoas após a guerra. Henk morreu em 2006.

Coluna 1. Resgatador	2. Nome do informante – vínculo com o resgatador	3. País de origem do resgatador	4. País onde o resgate ocorreu	5. Idade do resgatador na época	6. Resgatados	7. Resgatador único
Karsay, Dean Dezsö	Maria Agostini – irmã do resgatado	Hungria	Hungria	Desconhecida	Moça de 17 anos	Família
Keen-Thiryn, Claire	A própria	Bélgica	Bélgica	19	Uma menina de 13 ou 14; casal idoso	Não – com a família e Mme Hardy
Klerk, Jacob e Hendrika	Henry Obstfeld – resgatado	Holanda	Holanda	50s	Menino de 2 anos e meio	Casal
Ladigiené, Stefanija	Irena Veisate – resgatada	Lituânia	Lituânia	32	14 ou 15	Não – amigos dos pais fizeram o contato
Lutz, Carl	Agnes Hirschi – enteada	Suíça	Hungria	49	60.000	Não – esposa Gertrud e outros colegas
Maas, Hermann	Ron Mower – sua esposa foi resgatada	Alemanha	Alemanha	67	Muitos	Não
Maistriau, Robert	Rose-Marie Guilfoyle	Bélgica	Bélgica	22	231	Com 2 outros
Petras, Charles (Karl)	Primavera Boman-Behram	Áustria	Índia/ Áustria	Desconhecida	Desconhecidos	Não
van Proosdij, Jaap	O próprio	Holanda	Holanda	22	240	Não
Rácz, Vali	Monica Porter – filha	Hungria	Hungria	33	5 ou 6	Não
Rina (sobrenome desconhecido)	Lidia Sciama – resgatada com os pais	Itália	Itália – Veneza	35	Lidia de 11 anos, sua mãe e 5 outros, incluindo o amante de Rina	Sim
Rinkevicius, Vytautas	Sra. Margaret Kagan – resgatada	Lituânia	Lituânia	37	Com o marido e a sogra	Não – com outros colegas

8. Fotos	9. Como foi feito o contato com o informante	10. Religião ou outra motivação básica	11. Ano do Prêmio dos Justos se concedido	12. Notas, incluindo data da morte se for o caso
Não	Contato com o ECJC.	Ministro protestante.		Dizia trabalhar como criada, embora eles soubessem que era judia.
Não	Centro Cultural Judaico em Londres.	Membros da Resistência e o irmão dela morreu como trabalhador escravo.		Família muito ligada à ordem vigente – o pai era oficial do exército belga. Auxiliar judeus era parte da resistência aos nazistas.
Sim	Jornal AJR.	Maçons e batistas. Senso de justiça.	1999	Organizado pelos maçons.
Não	Participou da RFTF 2000.	Católica romana – muito humana e constrangida com o comportamento da Lituânia.	1992	Stefanija morreu em 1967 nos braços de Irena.
Sim	Por meio do contato de um comitê de emissários.	Metodista – influência da mãe para ajudar pessoas e ficou muito chocado com o que via.	1964 com Gertrude	Diplomata – morreu em 1975, aos 80 anos. Correspondência e encontro com sua enteada Agnes Hirschi. Reconhecido como Justo entre as Nações.
Sim	Jornal AJR.	Pastor luterano.	1964	Trabalhou com os *quakers* na Inglaterra para tirar pessoas da Alemanha. Morreu em 1970.
Não	Livro sobre ele e cobertura da imprensa.	Antialemão e queria resistir.	1994	Morreu em 26 de setembro de 2008.
Não	Hilde Holger respondeu ao jornal AJR, mas morreu antes que eu pudesse visitá-la.	Presumo que amizade – não há informação clara.		Ele morreu em 1951. Hilde morreu em 2001.
Não	Contato sul-africano.	Protestante – o pai foi uma influência muito forte.	1997	Disse que seus pais o criaram com elevados padrões éticos.
Não	Artigo no *Jewish Chronicle*.	Católica, fortemente influenciada por uma vida profissional passada com judeus.	1991	Correspondência com sua filha Monica Porter. Vali morreu em 1997. Tinha muita compaixão pelos que precisavam de ajuda.
Não	Encontrei Lidia num fim de semana de música Klezmer em Cambridge.	Generosidade humana, afeto pelo amante, desejo de ser aceita e senso de justiça.		A família não gostava dela porque não era judia e era um pouco antipática.
Sim	Por meio da prima Irena Veisate que participou da RFTF 2000.	Católico romano – homem muito decente.	1976	Vytautas morreu em 1988.

Coluna 1. Resgatador	2. Nome do informante – vínculo com o resgatador	3. País de origem do resgatador	4. País onde o resgate ocorreu	5. Idade do resgatador na época	6. Resgatados	7. Resgatador único
Saidler, Maria "Mitzi"	Resgatador	Áustria	Áustria	40	Casal de meia-idade	Sim
Schoen, Joost e Anna	John Schoen – filho	Holanda	Holanda	21	Menina de 5 anos chamada Suze	Não – com os pais
Sousa Mendes, dr. Aristides de	João Paulo Abranches – filho	Portugal	França	55	30.000	Sim
Família Stenzel (primeiros nomes desconhecidos)	Doris Stiefel – prima de segundo grau de Else Pintus, que eles esconderam	Polônia	Polônia	50s	Else Pintus	Família
St Cybard, Soeur	Josie Martin – resgatada	França	França	49	Josie, de 5 anos	Sim
Strauch, Richard	Lea Goodman	Polônia	Polônia	Desconhecida	Um bom número	Não – dirigia um campo de trabalho fabril
Tóth, János	Naomi Szinai – resgatada	Hungria	Hungria	Desconhecida	18	Não relevante
Weltinger, Siegmund e Grete	Henry Walton – filho	Alemanha	Alemanha	Desconhecida, provavelmente a mesma do resgatado.	Provavelmente na faixa dos 40 – tinha um filho adulto	6 casais diferentes
Desconhecido Oficial nazista e família Van der Velde	Willi Buntinx – filho	Desconhecido, presume-se que era belga	Bélgica	Pais de família jovem – na época, a mãe estava grávida do oitavo filho.	Giselle, de 6 anos	Sim

8. Fotos	9. Como foi feito o contato com o informante	10. Religião ou outra motivação básica	11. Ano do Prêmio dos Justos se concedido	12. Notas, incluindo data da morte se for o caso
Sim	Otto Fleming é um amigo de Sheffield.	Lealdade a empregadores e decência.	1978	Mitzi foi cozinheira dos pais de Otto Fleming. Ela se ofereceu para escondê-los e, quando eles não aceitaram a oferta, escondeu outra pessoa.
Sim	Jornal *CCJ*.	Não religiosos – sempre ajudando pessoas. Faziam objeção à política nazista sobre os judeus e à invasão.		Participavam do movimento subterrâneo – a menina resgatada foi Suze, com 5 anos de idade. Posteriormente foi para os Estados Unidos e morreu em maio de 1999. Visitava todo ano Anna Schoen na Holanda.
Não	Mostra de Vistos do LJCC	Católico devoto.	1966	Ele morreu em 3 de abril de 1954. O contato é seu filho João Paulo Abranches, que mora na Califórnia.
Sim	Por meio de Gerda Haas, que me escreveu sobre os resgatadores – Jornal *AJR*.	Lealdade – ela havia emprestado dinheiro aos Stenzels.		Else morreu em 1975. Eles se esconderam durante dois anos e três meses. Pessoas decentes, não pró-nazistas, mas provavelmente não teriam ajudado outro judeu.
Sim, 2	Artigo de *Jewish Chronicle*.	Mulher religiosa, bondosa.	2009	Soeur St. Cybard morreu em 1968.
Não	Jornal *AJR*.	Oportunista como Schindler.		Tiveram de pagar para ficar no campo – dirigido por Richard Strauch – mas isso ofereceu proteção.
Não	Papéis encontrados na Biblioteca Wiener.	Lealdade e boa pessoa.	1999	O pai dela, que fora o médico local.
Sim	Jornal *AJR*.	Pessoas decentes que queriam ajudar.		Henry fugiu em 1939, chegando à Inglaterra com a ajuda dos *quakers*. Os pais viveram até a faixa dos 80, na Alemanha.
Não	Visita a Bruxelas e conversa com secretário bilíngue da UE sobre Robert Maistriau.	Decência e civilidade. Família cristã.		Giselle ainda está viva, mas traumatizada, e Willi nunca tocara no assunto. Ela tinha relações difíceis com Willi e os filhos dele, seus netos.

Notas

Introdução e Voluntários com Motivos Religiosos

1. George Eliot, *Middlemarch* (Londres, Penguin, 1994), p. 838.
2. "The Ethics of the Fathers", capítulo II, versículos 20-21, em *The Authorised Daily Prayer Book*, trad. rev. S. Singer (Londres, Eyre and Spottiswood, 1962), p. 258.
3. Varian Fry, *Surrender on Demand* (Boulder, Johnson Books, 1997), p. xii.
4. *Ibid.*, p. xiii.
5. *Ibid.*
6. *Ibid.*
7. Mary Jayne Gold, *Crossroads Marseilles 1940* (Nova York, Doubleday, 1980), p. xvi.
8. www.yadvashem.org/yv/en/about/index.asp
9. Yad Vashem's Department for the Righteous among Nations, 1º de janeiro de 2010.
10. Marilyn Henry, "Who, exactly, is a Righteous Gentile?", em *Jerusalem Post Internet Edition*, 29 de abril de 1998, www.jpost.com/com/Archive/29.Apr.1998/Features/Article-6.html, acessado em 13 de dezembro de 2002.
11. Walter Meyerhof, Prospectus for the Varian Fry Foundation, Stanford University, agosto de 1997, p. 1.
12. Walter Meyerhof, notas do encontro com a escritora em Londres, 22 de setembro de 1997.
13. Ver p. 69.
14. Ver p. 44.
15. Ver p. 157.
16. Quakers'Humanitarian Efforts Assisted Thousands of Refugees, p. 3, 18 de fevereiro de 2002, www.holocaust-heroes.com/quakers.html, acessado em 18 de dezembro de 2002.
17. Hans A. Schmitt, *Quakers and Nazis: Inner Light in Outer Darkness* (Columbia, University of Missouri Press, 1997), p. 1.
18. Brenda Bailey, "Bertha's Work for German Jewish Refugees", palestra não publicada dada no Armscote General Meeting em 8 de agosto de 1993, pp. 4-5.
19. Alma Cureton, sobrinha de Bertha, em conversa telefônica com a autora, 7 de janeiro de 2003.
20. Brenda Bailey: *A Quaker Couple in Nazi Germany: Leonhard Friedrich Survives Buchenwald* (York, The Ebor Press, 1994), p. 42.

21. Bertha L. Bracey, "Germany: April, 1933" em *Quaker World Service*, vol. 7, nº 5 (1º de maio de 1933), pp. 9-10.
22. Bailey, *A Quaker Couple in Nazi Germany*, p. 7.
23. *Ibid.*, p. 9.
24. *Ibid.*, p. 10.
25. Naomi Shepherd, *A Refuge from Darkness: Wilfrid Israel and the Rescue of the Jews* (Nova York, Pantheon Books, 1984), p. 73.
26. Michael Smith, *Foley: The Spy who Saved 10.000 Jews* (Londres, Hodder & Stoughton, 1999), pp. 63-4.
27. Shepherd, *A Refuge from Darkness*, p. 90.
28. *Ibid.*, pp. 146-47.
29. *Ibid.*, p. 148.
30. Bertha L. Bracey, Work of the Society of Friend for Refugees from the Hitler Regime in Central Europe, nota datilografada assinada por Miss Bracey, mas sem data, encontrada no Arquivo G15 da The Wiener Library.
31. Hensley Henson, Introdução ao *The Yellow Book* (Londres, Victor Gollancz Ltd, 1936), p. 8.
32. Documentos relativos ao Tratamento dos Cidadãos Alemães na Alemanha, 1938-39. Ordem 6120 (Londres, HMSO, 1939), pp. 3-4.
33. Andrew Sharf, "The British Press and the Holocaust", em *Yad Vashem Studies V* (Jerusalém, Yad Vashem, 1963), pp. 169-91, 179.
34. Alex Bryan, "Bertha L. Bracey: Friend of the Oppressed", em *Friends' Quarterly* (janeiro de 1991) pp. 238-39.
35. Victor J. Burch, "A Testimony to the Grace of God in the Life of Bertha Lilian Bracey", em nome de Banbury & Evesham Monthly Meeting, 15 de abril de 1989, pp. 1-4.
36. *Ibid.*, p. 4.
37. *Ibid.*, p. 2.
38. Bryan, "Bertha L. Bracey: Friend of the Oppressed", pp. 233-41, p. 240.
39. Pat Webb (sobrinha-neta de Bertha), carta à autora datada de 13 de janeiro de 2003.
40. Alma Cureton (sobrinha de Bertha) para Pat Webb, carta cedida à autora, 12 de agosto de 2002.
41. Norman Coxon para Bertha Bracey, carta datada de 1º de abril de 1988, emprestada à autora por Pat Webb.
42. Burch, "A Testimony to the Grace of God in the Life of Bertha Lilian Bracey", p. 4.
43. Christopher Robbins, esboço biográfico não publicado de Charles Fawcett, pp. 7-8.
44. Charles F. Fawcett, conversa com a autora, 17 de junho de 2002, na casa dele em Chelsea.
45. Robbins, esboço biográfico não publicado de Charles Fawcett, p. 9.
46. Charles Fawcett, obituário em *The Daily Telegraph*, 9 de fevereiro de 2008.

47. April Fawcett, e-mail para a autora, 23 de novembro de 2009.
48. Philippe Olivier, "The Fate of Professional French Jewish Musicians under the Vichy Regime", no site da Orel Foundation, www.orelfoundation.org/index.php/journal/journalArticle/the_fate_of_professional_french_jewish_musicians_under_the_vichy_regime/#112909_19, acessado em 1º de janeiro de 2010.
49. Sheila Isenberg, *A Hero of Our Own: the Story of Varian Fry*, p. 33.
50. Site oficial de Josephine Baker: www.cmgww.com/stars/baker/about/biography.html, acessado em 1º de janeiro de 2010.
51. Isenberg, *A Hero of Our Own*, pp. 32-3.
52. Fry, *Surrender on Demand*, pp. 37-8.
53. Gold, *Crossroads Marseilles 1940*, p. 163.
54. *Ibid.*, p. 164.
55. *Ibid.*, p. 173 e p. 256.
56. Andy Marino, *American Pimpernel: the Man who Saved the Artists on Hitler's Death List* (Londres, Random House, 1999), pp. 234-35.
57. Fry, *Surrender on Demand*, p. 131.
58. Charles Fawcett, entrevista com a autora na casa dele, 15 de novembro de 1997, p. 4.
59. Marino, *American Pimpernel*, pp. 232-33.
60. *Ibid.*, p. 239.
61. Gold, *Crossroads Marseilles 1940*, p. 258.
62. Agnes Spier, *Affected by Atrocity: The impact and motives of Varian Fry, Charles Fawcett and the Emergency Rescue Committee*, dissertação de mestrado não publicada da Universidade de Sheffield, outubro de 1998, p. 59. Notas da conversa com Charles Fawcett em 21 de fevereiro de 1998 no The Gay Hussar, Londres.
63. Marino, *American Pimpernel*, p. 140.
64. Robbins, esboço biográfico não publicado de Charles Fawcett, pp. 25-6.
65. Carta sem data de Charles Fawcett para a autora, recebida em 4 de setembro de 1998.
66. Carta de Charles Fawcett para a autora, com a data de 29 de setembro de 1997.
67. Deb Richardson-Moore, "Unlikely Hero" em *Greenville News*, 9 de novembro de 1997.
68. "A Book of Tribute to Varian Fry", United States Holocaust Memorial Council, 10 de abril de 1991, p. 11.
69. April Fawcett, e-mail, 23 de novembro de 2009.
70. Eric Margolis, "A real gentleman adventurer", *The Toronto Sun*, 2 de novembro de 1995.
71. Andy Marino, "You couldn't make it up" em *Telegraph Magazine*, novembro de 1999, pp. 28, 30, 31.
72. Carta de lorde Salisbury a April Fawcett, datada de 21 de maio de 2008.
73. Obituário no *Telegraph*, fevereiro de 2008.
74. Carta de Tony Blair a April Fawcett, 2008.

75. Agnes Hirschi (enteada de Carl Lutz), notas do encontro com a autora em Londres, 14 de abril de 2002.
76. Theo Tschuy, *Dangerous Diplomacy: the Story of Carl Lutz, Rescuer of 62.000 Hungarian Jews* (Grand Rapids: Eerdmans, 2000), p. 27.
77. *Ibid.*, p. 29.
78. *Ibid.*, p. 33.
79. *Ibid.*, p. 34.
80. Yehuda Bauer, *Jews for Sale? Nazi-Jewish Negotiations, 1939-1945* (Yale, Yale University Press,1994), p. 162.
81. *Ibid.*, p. 158.
82. Obituário do professor Tibor Barna (1919-2009), economista, *The Times*, 12 de agosto de 2009. Lembro de minha mãe dizendo que muitos rapazes que ela conhecia não puderam entrar em universidades húngaras e foram para a Alemanha.
83. Tschuy, *Dangerous Diplomacy*, pp. 116-17.
84. *Ibid.*, p. 117.
85. Bernard Wasserstein, *Britain and the Jews of Europe 1939-1945* (Londres, JPR, 1999), p. 271.
86. Ian Kershaw, *Popular Opinion and Political Dissent in the Third Reich: Bavaria 1933-1945* (Oxford, OUP, 1988), pp. 158-59.
87. Bauer, *Jews for Sale?*, pp.181-82.
88. Tschuy, *Dangerous Diplomacy*, p. 107.
89. Agnes Hirschi, e-mail para a autora, 30 de outubro de 2002.
90. Charles R. Lutz, "The Rescue Work of a Swiss in World War II" em *Neue Zuercher Zeitung*, nº 2464, 30 de junho de 1961, pp. 5-8.
91. Bauer, *Jews for Sale?*, p. 235.
92. Lutz em *NZZ*, p. 8.
93. Agnes Hirschi, e-mail para a autora, 15 de março de 2001.
94. Ruth Rothenberg, "Belated honour for Swiss diplomat who saved Jews" em *Jewish Chronicle*, 7 de abril de 2000.
95. Alfred Werner, "A Saintly German Pastor" em *Congress Weekly* (publicado pelo Congresso Sionista nos Estados Unidos), 27 de outubro de 1952, vol. 19, nº 26, pp. 5-7.
96. Schmitt, *Quakers and Nazis*, p. 41.
97. *Ibid.*, p. 41.
98. Christine King, "Jehovah's Witnesses During the Holocaust", em *Perspectives: Journal of the Holocaust Centre, Beth Shalom*, outono de 2002, pp. 36-7.
99. *Ibid.*, p. 37.
100. Citado em Schmitt, *Quakers and Nazis*, pp. 41-2.
101. Reginald Pringle, "Paul Rosenzweig", memórias não publicadas escritas em 1990. Enviadas para a autora pelo cunhado de Pringle, Ron Mower, p. 1.
102. Ron Mower, carta para a autora, recebida em 7 de agosto de 2000.

103. Pringle, "Paul Rosenzweig", p. 18.
104. Ibid., p. 20.
105. Mower, carta para a autora, 7 de agosto de 2000.
106. Pringle, "Paul Rosenzweig", p. 39.
107. Ibid., p. 41.
108. Ibid., p. 42.
109. Ibid., p. 43.
110. Ibid., p. 44.
111. Ibid., p. 45.
112. A mezuzá é um indicador de uma casa judaica e um indicador da presença de Deus e da santificação do local de moradia. É um pequeno estojo que contém um pedaço de pergaminho no qual foram escritas determinadas preces. Afixar uma mezuzá é um mandamento bíblico do Deuteronômio 6, 9: "E tu as escreverás nos umbrais de tua casa e em teus portões".
113. "In dark days a brave friend to the Jews", em Rheim-Neckar Heiliggeist Newsletter, 8 de novembro de 1995.
114. Richard Gutteridge, *Open the Mouth for the Dumb!: The German Evangelical Church and the Jews 1879-1950* (Oxford: Basil Blackwell, 1976), pp. 214-15.
115. Kenneth Slack, *George Bell* (Londres: SCM Press Ltd, 1971), p. 56.
116. Ibid., pp. 58-9.
117. Ronald C. D. Jasper, *George Bell: Bishop of Chichester* (Londres: OUP, 1967), p. 141.
118. Bailey, *A Quaker Couple in Nazi Germany*, p. 82.
119. Schmitt, *Quakers and Nazis*, p. 182.
120. H. D. Leuner, *When Compassion was a Crime: Germany's Silent Heroes 1933-1945* (Londres: Oswald Wolff, 1966), p. 114.
121. Werner, "A Saintly German Pastor", p. 7.
122. William W. Simpson e Ruth Wehl, *The Story of the International Council of Christians and Jews* (Londres, CCJ, 1988), p. 23.
123. Ibid., p. 21.
124. Hermann Maas, tradução de uma carta a Martha datada de 14 de agosto de 1947, copiada para a autora por Ron Mower.
125. Rheim-Neckar Newsletter.
126. Citado por seu marido, Ron Mower, numa conversa telefônica com a autora, 19 de dezembro de 2002.
127. Rheim-Neckar Newsletter.
128. Monica Porter, *Deadly Carousel: A Singer's Story of the Second World War* (Londres: Quartet, 1990), p. 8.
129. Ibid., pp. 10-2.
130. Ibid., p. 16.
131. Ibid.
132. Ibid., p. 17.

133. Vali Rácz, obituário em *The Daily Telegraph*, 27 de fevereiro de 1997.
134. Porter, *Deadly Carousel*, pp. 19-20.
135. *Ibid.*, p. 25.
136. *Ibid.*, p. 27.
137. *Ibid.*, p. 28.
138. *Ibid.*, pp. 29, 142.
139. Monica Porter, filha de Vali, e-mail para a autora, 30 de outubro de 2002.
140. Porter, *Deadly Carousel*, p. 10.
141. Monica Porter, e-mail para a autora, 15 de novembro de 2002.
142. Porter, *Deadly Carousel*, p. 185.
143. Vali Rácz, obituário em *The Daily Telegraph*, 27 de fevereiro de 1997.
144. "Parents and Heroes", *Home Truths* na BBC Radio 4, setembro de 2002, www.bbc.co.uk/radio4/hometruths/0240heroes.shtml, acessado em 28 de dezembro de 2009.
145. Monica Porter, e-mail para a autora, 22 de dezembro de 2009.
146. Jane Marks, *The Hidden Children: the Secret Survivors of the Holocaust* (Bantam: Londres, 1997), p. 251.
147. Tom Tugend, "French village honours 'hidden child' survivor of Holocaust" em *Jewish Chronicle*, 24 de novembro de 2000.
148. Marks, *The Hidden Children*, p. 252.
149. *Ibid.*, pp. 252-53.
150. Josie Martin, e-mail para a autora, 11 de março de 2001.
151. Janine Morant-Mestradie, memórias da Institution Saint-André em Angoulême, redigidas em caráter reservado, datadas de junho de 2001, pp. 5-7. Traduzidas do francês pelo prof. Hamish Ritchie.
152. Tom Tugend, artigo no *Jewish Chronicle*, 24 de novembro de 2000.
153. Josie Martin, e-mail para a autora, 11 de março de 2001.
154. Marks, *The Hidden Children*, p. 258.
155. Josie Levy Martin, *Never Tell your Name* (1st Books Library, 2002), p. 197.
156. Bernadette Landréa, carta à autora, 18 de novembro de 2003. Bernadette traduziu o livro de Josie Martin para o francês, *Ne Dis Jamais Ton Nom*.
157. Louis Lacalle, carta a madame Landréa, 10 de dezembro de 2003. Madame Landréa traduziu a carta da autora para o francês e depois a resposta de Louis para o inglês. Agradeço-lhe profundamente por isso.
158. Lacalle, carta de 10 de dezembro de 2003.
159. Bernadette Landréa, carta para a autora, 29 de dezembro de 2003.
160. Martin, *Never Tell your Name*, p. iii.
161. *Ibid.*, p. 199.
162. Martin, e-mail para a autora, 27 de novembro de 2009.
163. Martin, e-mail para a autora, 25 de novembro de 2009.
164. João Paulo Abranches, carta para a autora, 12 de agosto de 2002, p.1. Era o nono filho de Aristides, nascido em 1932, na Bélgica. Foi presidente internacional do

comitê de homenagem ao pai e trabalhou incansavelmente para que a obra do pai fosse reconhecida.

165. Maria Júlia Cirurgião & Michael D. Hull, "Aristides de Sousa Mendes (1885-1954)" em *Lay Witness*, publicado por Catholics United for Faith (CUF), em outubro de 1998, p. 3.
166. José-Alain Fralon, *A Good Man in Evil Times* (Londres, Viking, 2000), p. 46.
167. Abranches, carta para a autora, 12 de agosto de 2002, p. 2.
168. Eric Silver, *The Book of the Just: the Silent Heroes who Saved Jews from Hitler* (Londres: Weidenfeld & Nicolson, 1992), p. 52.
169. Fralon, *A Good Man in Evil Times*, p. 57.
170. *Ibid.*, p. 47.
171. Cirurgião & Hull, "Aristides de Sousa Mendes (1885-1954)", p. 6.
172. Fralon, *A Good Man in Evil Times*, p. 48.
173. Cesar Mendes, "Memories of Cesar Mendes", memórias sem data dos anos 60, p. 2.
174. *Ibid.*, p. 1.
175. Cirurgião & Hull, "Aristides de Sousa Mendes (1885-1954)", p. 7.
176. Fralon, *A Good Man in Evil Times*, p. 60.
177. *Ibid.*, p. 62.
178. *Ibid.*, pp. 73-4.
179. João Paulo Abranches, carta para a autora, 12 de agosto de 2002, p. 2.
180. Fralon, *A Good Man in Evil Times*, p. 118.
181. "A Protest" datado de 10 de dezembro de 1945, enviado à autora por JPA, 12 de agosto de 2002.
182. João Paulo Abranches, carta para a autora, 15 de maio de 2003.
183. Henrie Zvi Deutsch, "The Many Marvelous Mitzvot of Aristides de Sousa Mendes", no site do Grupo Português de História Sefardita, www.saudades.org/500yrs2.htm, acessado em 27 de dezembro de 2002.
184. *Ibid.*
185. Silver, *The Book of the Just*, pp. 52-3.
186. Sebastião Mendes, e-mails para a autora, 21 de dezembro de 2009.
187. JPA, 12 de agosto de 2002.
188. Miriam Dunner, entrevista com a autora, 18 de novembro de 2001, na casa de Miriam.
189. Abraham Dunner, conversa telefônica com a autora, 20 de dezembro de 2009.
190. Max Arpel Lezer, "Shame on this Dutch Law" em *Mishpocha*, verão de 2002, newsletter da World Federation of Jewish Child Survivors of the Holocaust e e-mail para a autora, 10 de março de 2003.

Voluntários com Motivos Humanitários

1. Olympia Barczynski, carta para a autora, 31 de agosto de 2000. Olympia é sobrinha de Józef.

2. Olympia Barczynski, *Józef Robert Barczynski*, notas biográficas datadas de 2 de março de 2001 enviadas à autora, p. 2.
3. *Ibid.*, p. 2.
4. Olympia Barczynski, conversa telefônica com a autora, 11 de março de 2001.
5. Barczynski, notas biográficas, p. 2.
6. Barczynski, carta à autora, 31 de agosto de 2000, p. 3.
7. *Ibid.*, p. 4, e e-mail de 6 de janeiro de 2010.
8. Barczynski, notas biográficas, p. 2.
9. Pasta nº 5846 sobre Józef Barczynski, no Yad Vashem.
10. Barczynska, e-mail para a autora, 6 de janeiro de 2010.
11. Milton Gendel, e-mail para a autora, 29 de dezembro de 2003.
12. Vivo Vivanti, "The Righteous are not Forgotten" em *Shalom (Journal of the Jewish Community of Rome)*, nº 12, dezembro de 2002, p. vi do suplemento. Traduzido por Phil Jacobs of Nottingham, janeiro de 2003.
13. Pasta nº 9707 da Comissão do Yad Vashem para a Seleção dos Justos entre as Nações, 2002.
14. *Ibid.*
15. *Ibid.*
16. *Ibid.*
17. Duquesa Clotilde Capece Galeota, e-mail para a autora, 6 de novembro de 2002.
18. Milton Gendel, e-mail para a autora, 27 de fevereiro de 2003.
19. Vivanti, "The Righteous are not Forgotten", dezembro de 2002.
20. *Ibid.*
21. Edith Hahn-Beer, *The Nazi Officer's Wife* (Londres: Little Brown, 2002), p. 151. Ao que parece, como fez isto várias vezes, Plattner deve ter pensado que era a coisa certa a fazer. Ele era responsável por verificar os papéis comprovando a base racial de qualquer um que quisesse se casar: conversa telefônica com a filha de Edith, Angela Schluter, 4 de julho de 2003.
22. Angela Schluter, e-mail para a autora, 17 de agosto de 2003 e conversa ao telefone de 12 de janeiro de 2010.
23. Hahn-Beer, *The Nazi Officer's Wife*, p. 153.
24. Angela Schluter, conversa ao telefone com a autora, 12 de janeiro de 2010.
25. Edith Hahn-Beer, obituário no *Jewish Chronicle*, 7 de maio de 2009.
26. Angela Schluter, conversa ao telefone com a autora, 4 de julho de 2003.
27. Lewis Smith, "Last dream of Jewish survivor who fell in love with a Nazi", *The Times*, 24 de maio de 2004, p. 11.
28. A informação para esta seção vem principalmente do Vídeo nº 639204 da Survivors of the Shoah Visual History Foundation, gravado em 13 de maio de 1998 em Jerusalém por Betty Eppel.
29. David Eppel, "Key to Righteousness" em *Jewish Chronicle*, 28 de julho de 2000.
30. *Ibid.*

31. Betty Eppel, e-mail para a autora, 10 de fevereiro de 2004.
32. Victor Guicherd, carta ao Yad Vashem, c. 1980. Traduzida do francês por David Eppel.
33. Betty Eppel, notas de conversa telefônica com a autora, 6 de março de 2004.
34. Eppel, "Key to Righteousness", 28 de julho de 2000.
35. Betty Eppel, e-mail para a autora, 24 de fevereiro de 2004.
36. Betty Eppel, notas de conversa telefônica com a autora, 1º de março de 2004.
37. *Ibid.*, 19 de dezembro de 2009.
38. Manli Ho, "Dr Ho Feng Shan", memórias não publicadas, 2001, p. 1.
39. Gail Lichtman, "The People's Hero", *Jerusalem Post*, 1º de março de 2004, p. 2.
40. Mark O'Neil, "The angel of Austria's Jews", *South China Morning Post*, 2000.
41. *Ibid.*
42. Manli Ho, memórias não publicadas, p. 2.
43. Marion Koebner, "Charles Peter Carter", AJR Information, Vol. LV, nº 12, dezembro de 2000, p. 2.
44. Otto Fleming, e-mail para a autora, 1º de julho de 2004.
45. Otto Fleming, conversa ao telefone com a autora, 1º de julho de 2004.
46. Lotte Marcus, "Letter to ex-Viennese Shanghailanders", 8 de agosto de 2003, p. 2, www.chgs.umn.edu/Visual_Artistic_Resources/Diplomat_Rescuers, acessado em 5 de setembro de 2004.
47. Manli Ho, memórias não publicadas, p. 3.
48. *Ibid.*
49. Marcus, "Letter to ex-Viennese Shanghailanders", p. 2.
50. Manli Ho, memórias não publicadas, p. 4.
51. *Ibid.*, p. 5.
52. Anthea Lawson, "Ho the hero in line for Israeli award", *The Times*, 10 de fevereiro de 2000.
53. Manli Ho, e-mail para a autora, 22 de junho de 2004, baseado num discurso intitulado "Remembering my Father, Dr. Ho Feng Shan", p. 1.
54. *Ibid.*, p. 2.
55. Manli Ho, memórias não publicadas, p. 5.
56. Manli Ho, e-mail para a autora, 22 de junho de 2004, p. 1.
57. Lichtman, "The People's Hero", p. 1.
58. Manli Ho, e-mail para a autora, 22 de junho de 2004, p. 2.
59. Manli Ho, memorias não publicadas, p. 5.
60. Manli Ho, "Remembering my Father, Dr. Ho Feng Shan" em *China Daily*, 26 de setembro de 2007.
61. Lichtman, "The People's Hero", p. 2.
62. Ellen Cassedy, "We are all Here: Facing History in Lithuania", pp. 77-85, Bridges Association 2007, www.judaicvilnius.com/repository/dockumentai/cassedy_bridges.pdf?, acessado em 27 de dezembro de 2009.

63. A maior parte desta narrativa está baseada na entrevista da autora com Irena Veisaite em Huddersfield, em 23 de dezembro de 2000.
64. Michail Erenburg and Viktorija Sakaité, *Hands Bringing Life and Bread*, Vol. 1 (Vilna, 1997). *64i* Irena corrigiu esta tradução para dizer "o amor por seu semelhante", e-mail para a autora, 6 de novembro de 2001. *64ii* Paneriai é uma cidade a cerca de 10 km de Vilna, onde todos os judeus de Vilna foram mortos pelos nazistas. Agora existe lá um memorial do Holocausto.
65. Irena Veisaite, carta para a autora, 23 de julho de 2003.
66. O ginásio na Europa é o equivalente aos dois últimos anos do ensino médio ou a uma *grammar school* para jovens entre 14 e 18 anos em preparação para a universidade. O termo vem da Grécia antiga, onde era usado tanto para a instrução intelectual quanto para a educação física. Na Grã-Bretanha é usado exclusivamente para atividade física.
67. Irena Veisaite, entrevista com a autora, 23 de dezembro de 2000.
68. Cassedy, "We are All Here: Facing History in Lithuania", p. 78.
69. www.humanrights.gov.sc/stockholmforum/2001/page1272.html, acessado em 26 de dezembro de 2009.
70. Cassedy, "We are All Here: Facing History in Lithuania", p. 79.
71. *Ibid.*, p. 80.
72. Erenburg e Sakaité, *Hands Bringing Life and Bread*, p. 61.
73. Iris Origo, *Images and Shadows: Part of a Life* (Londres: John Murray, 1998), p. 88.
74. Richard Owen, "To the Tuscan manor born" em *The Times* (Register), 25 de julho de 2002.
75. Origo, *Images and Shadows*, p. 226.
76. *Ibid.*, pp. 228-9.
77. *Ibid.*, p. 227.
78. Amy Gottlieb, *Men of Vision: Anglo-Jewry's Aid to Victims of the Nazi Regime 1933-1945* (Londres: Weidenfeld & Nicolson, 1998), p. 99.
79. Walter Block, "Anna Essinger and Bunce Court School" em *Gathered Stories: Commemorating the Kindertransport* (Friends House, 2008).
80. Frank Auerbach, carta para a autora, 30 de novembro de 2009.
81. Robert Hughes, *Frank Auerbach* (Londres: Thames and Hudson, 1990), p. 17. Por "stetl" se pretende dizer "shtetl" – a palavra ídiche para uma pequena cidade na Europa Oriental predominantemente ocupada por judeus ortodoxos. Essas cidades foram destruídas pelo Holocausto. Os habitantes são frequentemente contrastados com os judeus urbanos, assimilados, que predominavam na Europa Central.
82. Hughes, *Frank Auerbach*, p. 18.
83. Origo, *Images and Shadows*, p. 228.
84. Harris e Oppenheimer, *Into the Arms of Strangers* (Londres: Bloomsbury, 2000), p. 277.

85. Louise London, *Whitehall and the Jews, 1933-1948: British Immigration and the Holocaust* (Cambridge, CUP, 2000).
86. Iris Origo, *War in Val d'Orcia: An Italian War Diary, 1943-1944* (Londres: Allison and Busby, 1999), p. 25.
87. Origo, *Images and Shadows*, p. 241.
88. Origo, *War in Val d'Orcia*, p. 100.
89. *Ibid.*, p. 101.
90. Benedetta Origo, e-mail para a autora, 1º de agosto de 2002.
91. *Ibid.*, 28 de setembro de 2002.
92. *Ibid.*, 30 de setembro de 2002.
93. Caroline Moorehead, *Iris Origo: Marchesa of Val D'Orcia* (Londres: John Murray, 2000), pp. 215-16.
94. Lady Margaret Kagan, http://collections.ushmm.org/artifact/image/boo/oo/boooo 246.pdf, acessado em 23 de dezembro de 2009.
95. Lady Margaret Kagan, "Remembering Vytautas", memórias não publicadas escritas nos anos 90, cedidas à autora em junho de 2001, p. 4.
96. *Ibid.*, p. 7.
97. *Ibid.*, pp. 7-8.
98. Stephen Goodell, "The Story of Avraham Tory and his Kovno Ghetto Diary", www.eilat-gordinlevitan.com.
99. Kagan, conversa telefônica com a autora, 1º de novembro de 2001.
100. Kagan, boooo246.pdf, p. 2.
101. Kagan, "Remembering Vytautas", p. 10.
102. *Ibid.*, p. 12.
103. *Ibid.*, p. 13.
104. *Ibid.*
105. *Ibid.*, p. 14.
106. *Ibid.*, p. 15.
107. Kagan, boooo246.pdf.
108. Kagan, pp. 19-20.
109. Tam Dalyell, obituário para Lord Kagan em *The Independent*, 19 de janeiro de 1995.
110. Kagan, carta à autora, 3 de julho de 2001.
111. Jaap van Proosdij, memórias não publicadas datadas de fevereiro de 1996, enviadas à autora em março de 2001, p. 6.
112. Jaap van Proosdij, entrevista com a jornalista sul-africana Paula Siler, 4 de dezembro de 1998, p. 1.
113. Jaap van Proosdij, conversa telefônica com a autora, 17 de dezembro de 2009.
114. Jaap van Proosdij, carta para a autora, 28 de dezembro de 2003.
115. Lucy Dawidowicz, *The War Against the Jews 1933-45* (Londres: Penguin, 1990), p. 438.

116. Martin Gilbert, *Holocaust Atlas*, p. 106.
117. Peta Krost, "At last, saviour of 240 Jews gets recognition", entrevista no *Saturday Star* (jornal sul-africano), 7 de março de 1998.
118. Van Proosdij, entrevista com Paula Siler, p. 1.
119. *Ibid.*, p. 2.
120. *Ibid.*, pp. 2-3.
121. *Ibid.*, p. 3.
122. Prof. Shirley Kossick, "Pretoria's Own Righteous Gentile" em *Pretoria Jewish Chronicle*, agosto de 1994, p. 5.
123. Krost, "At last, saviour of 240 Jews gets recognition", 7 de março de 1998.
124. *Ibid.*
125. *Ibid.*
126. Van Proosdij, carta para a autora, 23 de dezembro de 2003.
127. Krost, "At last, saviour of 240 Jews gets recognition", 7 de março de 1998.
128. Van Proosdij, entrevista com Paula Siler, p. 2.
129. Van Proosdij, carta para a autora, 25 de março de 2001.
130. Jaap van Proosdij, carta para a autora, 4 de julho de 2001.
131. Krost, "At last, saviour of 240 Jews gets recognition", 7 de março de 1998.
132. Van Proosdij, entrevista com Paula Siler, p. 1.
133. Van Proosdij, carta para a autora, 12 de janeiro de 2004.
134. Van Proosdij, entrevista com Paula Siler, p. 1.
135. Jewish Agency Press Release, 27 de maio de 2003, www.jafi.org.il/press/2003/may/may27.htm.
136. John Schoen, carta para a autora, 20 de janeiro de 2001.
137. John Schoen, conversa telefônica com a autora, 14 de março de 2001.
138. *Ibid.*, 17 de janeiro de 2001.
139. Notas de John Schoen sobre Suze, enviadas para a autora com uma carta, 20 de maio de 2001.
140. Ed van Rijswijk, notas de 1º de janeiro e e-mail de 2 de janeiro de 2010.
141. Dutch Famine of 1944, http://everything2.com/title/Dutch+Famine+of+1944, acessado em 2 de janeiro de 2010.
142. Ria Sanders, notas de 2 de abril e carta de 8 de abril de 2002 enviadas para a autora.
143. Richard Evans, "I want Spielberg to tell how we hid little Suze from Nazis" em *Wales on Sunday*, 12 de setembro de 1999, p. 8.
144. Notas de John, 20 de maio de 2001, p. 1.
145. Richard Evans, "I want Spielberg to tell how we hid little Suze from Nazis", p. 8.
146. Conversa com Josie Martin em Londres, 17 de novembro de 2003.
147. John Schoen, conversa telefônica com a autora, 14 de março de 2001.
148. Notas de John, 20 de maio de 2001.
149. John Schoen, "Life Under the Nazis" no *Cardiff Post*, 15 de maio de 1986.
150. Ed van Rijswijk, notas de 1º de janeiro de 2010.

151. Richard Evans, "I want Spielberg to tell how we hid little Suze from Nazis", p. 9.
152. Arnold Brown, conversa telefônica com a autora, 22 de novembro de 2001.
153. Peter Schoen, notas para a autora e e-mail datado de 2 de janeiro de 2010.
154. Peter Schoen, conversa telefônica com a autora, 17 de dezembro de 2009.
155. Van Rijswijk, notas de 1º de janeiro de 2010.
156. Van Rijswijk, e-mail para a autora, 2 de janeiro de 2010.
157. *Ibid.*, 8 de janeiro de 2010.
158. Bert Jan Flim, *Saving the Children: History of the Organized Effort to Rescue Jewish Children in the Netherlands 1942-1945* (Bethesda: Maryland, CDL Press), pp. 40-2; enviado por Ed van Rijswijk, 8 de janeiro de 2010. A família de Bert Flim estava envolvida com estes grupos da Resistência.
159. Arleen Kennedy, e-mail para a autora, 4 de janeiro de 2010 (14:46).
160. Van Rijswijk, notas de 1º de janeiro de 2010.
161. Arleen Kennedy, e-mails de 4 de janeiro de 2010 (14:46, 15:14 e 16:08).

Voluntários com Outros Motivos

1. Michelle Quinn, "The Artists' Schindler" em *San Jose Mercury News*, G-1, 29 de março de 1999, p. 10.
2. Grace Bradberry, "Survey's own Oskar Schindler" em *The Times*, 1º de março de 1999, p. 15.
3. Teresa Watanabe, "Japan's Schindler" em *The Los Angeles Times*, 1994.
4. *Chinese People's Daily*, 10 de setembro de 2001.
5. Dominic Kennedy, "British Schindler saved 1000 Jews from Nazis" em *The Times*, 5 de abril de 2002, p. 6.
6. Dr. Bal-Kaduri, "1.100 Jews Rescued by a German" em *Yad Vashem Bulletin*, dezembro de 1957, nº 2, pp. 12-3.
7. Linley Boniface, "Saved from Death by Schindler's List" em *Hampstead & Highgate Express*, 5 de maio de 1995, p. 50.
8. Judith Simons, obituário para Victor Dortheimer 1918-2000, *Jewish Chronicle*, 26 de maio de 2000.
9. Ron Fisher, *A Schindler Survivor – The Story of Victor Dortheimer*, Carlton TV, 1995.
10. Svitavy em tcheco, Zwittau em alemão.
11. Herbert Steinhouse, "The Man Who Saved a Thousand Lives", 1949, em *Oskar Schindler and His List* (Forest Dale, Vermont: Eriksson, 1995), ed. Thomas Fensch, p. 13.
12. *Ibid.*, p. 35.
13. Luitgard N. Wundheiler, "Oskar Schindler's Moral Development During the Holocaust" em *Humboldt Journal of Social Relations*, Vol. 13, nºs 1 e 2, 1985-86, pp. 335-56, 340.

14. Eric Silver, *The Book of the Just: The silent heroes who saved Jews from Hitler* (Londres: Weidenfeld & Nicolson, 1992), pp. 147-48.
15. Wundheiler, "Oskar Schindler's Moral Development During the Holocaust", p. 333.
16. *Ibid.*, pp. 340-41.
17. Dina Rabinovitch, "Schindler's Wife" em *Guardian Weekend*, 5 de fevereiro de 1994.
18. Robin O'Neil, "Schindler – An Unlikely Hero – the Man from Svitavy", Introdução, p. ix, dissertação de mestrado não publicada sobre Schindler, 1996, University College London, Dept. for Hebrew and Jewish Studies. O'Neil cita sua entrevista com o dr. Moshe Bejski em Tel Aviv, 1995.
19. Emilie Schindler, *Where Light and Shadow Meet: A Memoir* (Nova York, Norton, 1996), p. 46.
20. Obituário de Emilie Schindler, *The Independent*, 7 de outubro de 2001.
21. Schindler, *Where Light and Shadow Meet*, p. 58.
22. *Ibid.*, p. ix.
23. *Ibid.*
24. *Ibid.*, p. 162.
25. Allan Hall, "Widow fights to retrieve Schindler's original list" em *The Times*, 27 de abril de 2001.
26. Dina Rabinovitch, "Schindler's Wife" em *Guardian Weekly*, 5 de fevereiro de 1994.
27. Steinhouse, "The Man Who Saved a Thousand Lives", pp. 17-18.
28. Rachel Fixsen, "Spielberg's Hero Died Alone and Forgotten", Reuters News Service, 10 de fevereiro de 1994, em *Oskar Schindler and his List*, pp. 250-51.
29. Testemunho de Yitzhak Stern, maio de 1962, www1.yadvashem.org/righteous_new/germany/germany_shindler_testimony_1print.html.
30. Martin Gilbert, *The Boys* (Londres, 1996), glossário, p. 482.
31. Dr. Moshe Bejski, notas de conversa telefônica com a autora em Jerusalém, 3 de janeiro de 2004.
32. Bradberry, "Surrey's own Oskar Schindler", 1º de março de 1999.
33. Henk Huffener, conversa telefônica com a autora, 1º de julho de 2002.
34. Huffener, memórias não publicadas escritas para a autora, datadas de 10-11 de maio de 1999.
35. Bradberry, "Surrey's own Oskar Schindler", 1º de março de 1999.
36. Huffener, carta para a autora, 2 de julho de 2002.
37. Brenda Bailey, *A Quaker Couple in Nazi Germany* (York: William Sessions, 1994), p. 36.
38. Henk Huffener, carta para a autora, 21 de outubro de 2002.
39. *Ibid.*
40. *Ibid.*, 29 de dezembro de 2002.

41. Discurso do embaixador de Israel ao entregar a Henk Huffener o prêmio de Justo entre as Nações na embaixada israelense em Londres, 3 de fevereiro de 1999.
42. Bradberry, "Survey's own Oskar Schindler",1º de março de 1999.
43. Carol Ann Lee, *The Hidden Life of Otto Frank* (Londres: Viking, 2002), p. 15 e Naomi Shepherd, *Wilfrid Israel: Germany's Secret Ambassador* (Londres, Weidenfeld & Nicolson, 1984), p. 26.
44. Erna Paris, *Long Shadows: Truth, Lies and History* (Londres: Bloomsbury, 2001), p. 72.
45. Theo Richmond, "How German Can you Get?" na revista *The Sunday Times Culture*, 9 de março de 2003.
46. Victoria J. Barnett, *Bystanders: Conscience and Complicity During the Holocaust* (Westport, Greenwood Press, 1999), p. 99.
47. Else Pintus, "The Diary of Else Pintus: The Story of a Holocaust Survivor, 1947", diário não publicado traduzido por Doris Stiefel (*née* Pintus), junho 1998 e enviado para a autora, p. 33.
48. Barbara Lovenheim, *Survival in the Shadows: Seven Hidden Jews in Hitler's Berlin* (Londres, Peter Oven, 2002), pp. 24-6. Foto e citação entre pp. 124-25.
49. Jew Count, http://en.allexperts.com/e/j/je/jew_count.htm, acessado em 3 de janeiro de 2010.
50. Citação do Yad Vashem, enviada por e-mail, 16 de dezembro de 2009.
51. Huffener, carta para a autora, 6 de junho de 1999, p. 14b.
52. *Ibid.*
53. *Ibid.*, 14 de abril de 2000, pp. 3-4.
54. *Ibid.*, 6 de junho de 1999, p. 14b.
55. Tanya Harrod, obituário de Maria Sax Ledger, *The Independent*, 11 de abril de 2006.
56. *Cipher Caput* by Treatment, 1993.
57. Philip Hardaker, e-mail para a autora, 10 de janeiro de 2010.
58. Hardaker, conversa telefônica com a autora, 11 de janeiro de 2010.
59. Sua Excelência Dror Zeigerman, discurso homenageando Henk Huffener na embaixada israelense, 3 de fevereiro de 1999.
60. Bradberry, "Surrey's own Oskar Schindler", 1º de março de 1999.
61. Claire Keen-Thiryn, e-mail para a autora, 23 de março de 2001.
62. Keen-Thiryn, entrevista com a autora em Bolton, 21 de abril de 2001, p. 1.
63. *Ibid.*
64. *Ibid.*, p. 2.
65. John Clinch, *Escape & Evasion Belgium WW2*, www.belgiumww2.info,section7, acessado em 28 de dezembro de 2009.
66. *Ibid.*
67. Guido Zembsch-Schreve, *Pierre Lalande: Special Agent* (Londres, Pen & Sword Books Ltd, 1998), p. 297.

68. Folheto sobre a mostra comemorativa do quinquagésimo aniversário da libertação de Dora, fornecido por Claire Keen-Thiryn.
69. Obituário de Guido Zembsch-Schreve, membro das Operações Executivas Especiais (SOE), em *The Times*, 3 de abril de 2003.
70. Keen-Thiryn, e-mail para a autora, 3 de maio de 2001.
71. Freddie Knoller, "A History of the Dora Camp" em *Perspectives*, outono de 2004, p. 35.
72. "Une base intéressante de 1944 (prisonniers politiques)" – Forums Généalogie – www.genealogie.com/v4/forums/recherches-genealogiques-benelux, acessado em 28 de dezembro de 2009.
73. Evert Kwaadgras, e-mail para a autora, 16 de janeiro de 2004. O Sr. Kwaadgras é o arquivista, bibliotecário e curador da Grande Loja dos Países Baixos dos Maçons Holandeses, com sede em Haia.
74. Henri Obstfeld, e-mail para a autora, 6 de maio de 2001.
75. Henri Obstfeld, "A Bridge Too Far" em *Zachor: Child Survivors Speak* (Londres: Elliott & Thompson, 2005), pp. 89-96 (89-90).
76. Obstfeld, e-mail para a autora, 25 de abril de 2001.
77. *Ibid.*, 6 de maio de 2001.
78. *Ibid.*, 1º de dezembro de 2009.
79. *Ibid.*, 28 de dezembro de 2003 (10:34).
80. *Ibid.*
81. *Ibid.* (18:24).
82. *Ibid.*, 25 de abril de 2001.
83. Obstfeld, *Zachor*, p. 95.
84. Obstfeld, e-mail para a autora, 6 de maio de 2001.
85. *Ibid.*, 16 de abril de 2001.
86. Lena Berggren, "Elof Eriksson (1883-1965): A Case-study of Anti-Semitism in Sweden", *Patterns of Prejudice*, Vol. 34, nº 1, janeiro de 2000, pp. 39-48 (46).
87. Museum of Tolerance, Multimedia Learning Center, http://motlc.wiesenthal.com/text/xo7/xro776.html, acessado em 26 de dezembro de 2003.
88. Matthew Scanlan, "The KGB's Masonic Files Returned to France" em *Freemasonry Today*, número 18, outubro de 2001.
89. Estou grata a Evert Kwaadgras pela informação prestada sobre os maçons; e-mail de 16 de janeiro de 2004.
90. Evert Kwaadgras, e-mail para a autora, 16 de janeiro de 2004.
91. *Ibid.*, 12 de janeiro de 2004.
92. *Ibid.*, 16 de janeiro de 2004.
93. Obstfeld, e-mail para a autora, 16 de dezembro de 2009.
94. *Ibid.*, 14 de setembro de 2002.
95. *Ibid.*, 1º de dezembro de 2009.

96. Marion Schreiber, *Silent Rebels* (Londres: Atlantic Books, 2003), Apêndice, pp. 269-308.
97. Ian Blac, "The Heroes of Mechelen", *Guardian*, 19 de junho de 2003.
98. Schreiber, *Silent Rebels*, pp. 242-4.
99. Hephzibah, Anderson, "Survivors of heroic raid on train 801" em *Jewish Chronicle*, 20 de junho de 2003.
100. Rose-Marie Guilfoyle, e-mail para a autora, 3 de agosto de 2004. Estou grata a Sra. Guilfoyle que entrevistou M. Maistriau em meu nome, pois ela é bilíngue e ele não falava inglês. Maistriau ficou visivelmente muito satisfeito por meu interesse pela sua história.
101. Paul Spiegel, prefácio de *Silent Rebels* de Schreiber, p. ix. Paul Spiegel era presidente do Conselho Central de Judeus na Alemanha e foi ele próprio salvo por ter sido escondido, quando menino, por uma família belga. Morreu em 30 de abril de 2004, aos 68 anos.
102. Steve Jelbert, e-mail para a autora, 24 de julho de 2003.
103. Steve Jelbert, "A great escape" em *The Times* Play Section, 19 de julho de 2003 (resenha de *Silent Rebels*).
104. Jelbert, e-mail para a autora, 25 de julho de 2003.
105. Schreiber, *Silent Rebels*, p. 89.
106. *Ibid.*, p. 90.
107. Black, "The Heroes of Mechelen", 19 de junho de 2003.
108. Schreiber, *Silent Rebels*, p. 4.
109. Robert McCrum, "What ho, Adolf", *The Observer Review*, 18 de novembro de 2001, p. 2.
110. Spiegel, prefácio a *Silent Rebels*, de Schreiber, p. ix.
111. Simon Kuper, *Ajax, the Dutch, the War: Football in Europe During the Second World War* (Londres: Orion, 2003), p. 137.
112. Hannah Arendt, *Eichmann in Jerusalem* (Londres: Penguin, 1994), pp. 169-70.
113. Rose Marie Guilfoyle, e-mails para a autora, 6, 7 e 10 de setembro de 2004.
114. Robert Maistriau, encontro com Rose Marie Guilfoyle em Bruxelas, 2 de agosto de 2004.
115. "Belgium bids farewell to resistance hero who saved Jews", Haaretz, 2 de outubro de 2008.
116. "Arianização" é o termo para a tomada compulsória de propriedade judaica por não judeus.
117. Otto Fleming, notas sobre Mitzi, 21 de maio de 1997.
118. Otto Fleming, conversa telefônica com a autora, 12 de março de 2001.
119. Dorothy Fleming, e-mail para a autora, 12 de dezembro de 2009.
120. Otto Fleming, "A Jewish Family in Hietzing", memórias não publicadas, dezembro de 2002.
121. *Ibid.*, pp. 7-8.

122. *Ibid.*, p. 9.
123. Dorothy Fleming, e-mail para a autora, 26 de dezembro de 2009 (12:46).
124. *Ibid.* (13.01).
125. Otto Fleming, conversa telefônica com a autora, 25 de maio de 1997.
126. A área foi parte da Alemanha até 1918, quando se tornou polonesa.
127. Doris Stiefel, e-mail para a autora, 19 de março de 2001.
128. Else Pintus, "The Diary of Else Pintus: The Story of a Holocaust Survivor", 1947, diário não publicado traduzido por Doris Stiefel (*née* Pintus), junho de 1998, e enviado à autora, p. 43.
129. *Ibid.*, pp. 43-4.
130. *Ibid.*, p. 44.
131. Judith Marton, *The Diary of Eva Heyman* (Nova York: Yad Vashem, 1988), p. 20.
132. *Ibid.*, pp. 94-5.
133. Adina Blady Szwajger, *I Remember Nothing More* (Londres: Collins Harvill, 1990), p. 164.
134. Pintus, "The Diary of Else Pintus", p. 45.
135. *Ibid.*, p. 49.
136. *Ibid.*, p. 52.
137. *Ibid.*, p. 58.
138. Else Pintus, carta a Erich Pintus datada de 26 de setembro de 1949, enviada por Doris Stiefel; traduzida do original pelo professor Hamish Ritchie.
139. Zsoka Mayer, "The History of the Mayer Family", memórias não publicadas escritas pela irmã de Naomi Szinai em 1997, p. 1. Enviadas para a autora por Naomi em junho de 2003. (Elizabeth era conhecida como Zsoka.)
140. *Ibid.*, p. 3.
141. Naomi Szinai, "My Moment of Truth: A Summernight's Journey", 1997, memória não publicadas encontradas na Biblioteca Wiener [K4b (1)H], p. 1.
142. Naomi Szinai, conversa telefônica com a autora, 9 de março de 2003.
143. Szinai, "My Moment of Truth", p. 2.
144. *Ibid.*, p. 4.
145. *Ibid.*, p. 5.
146. *Ibid.*, pp. 7-8.
147. Mayer, "The History of the Mayer Family", p. 4.
148. Sr. e Sra. Bela Grunfeld, depoimento ao Yad Vashem, em Tel-Aviv, 26 de dezembro de 1967. Traduzido do húngaro pelo dr. Tom Keve.
149. Depoimento dos Grunfeld.
150. János Tóth, memória sem data enviadas pelo Yad Vashem, 18 de fevereiro de 2004. Pasta nº 8588. Traduzido do húngaro pelo dr. Tom Keve.
151. *Ibid.*
152. *Ibid.*

153. Dvora Weis, e-mail para a autora, 2 de março de 2004, do Departamento dos Justos, Yad Vashem.
154. Hilde Holger, carta para a autora, 22 de agosto de 2000.
155. Julia Pascal, obituário de Hilde Holger, *Guardian*, 26 de setembro de 2006.
156. Hilde Holger, "Hilde Holger History Notes", memórias não publicadas escritas por volta de 1990, p. 9. Estou grata a Primavera Boman, filha de Hilde, por compartilhar este material comigo em 2009.
157. *Ibid.*
158. *Ibid.*, p. 10.
159. Primavera me disse que sua prima Mimi Schwartz lhe disse que o número era 25, mas Hilde escreveu 14.
160. Dra. Margit Franz, e-mail para a autora, 6 de dezembro de 2009 (21:39).
161. www.mkghandi.org/articles/ginterview.htm. O interno mais famoso de Dehra Dun foi Heinrich Harrer, que após várias tentativas conseguiu fugir em 1944. Ele narrou seu período no campo em *Seven Years in Tibet* (Rupert Hart-Davis, 1953) e *Beyond Seven Years in Tibet: my life before, during and after* (Labyrynth Press, 2007).
162. "Cultural Activities of Delhi I. F. L. Centre", *The Evening News*, 13 de fevereiro de 1951.
163. Franz, e-mail para a autora, 6 de dezembro de 2009 (21:48).
164. Pascal, obituário de Hilde Holger, 26 de setembro de 2001.
165. Margarita Turkov, "When Darkness Prevailed: A Holocaust Memoir", memórias não publicadas com a data de 2003, enviadas para a autora do Oregon, Pt 2, p. 26.
166. *Ibid.*, pp. 1 e 4.
167. *Ibid.*, pp. 6-7.
168. *Ibid.*, p. 10.
169. *Ibid.*, p. 11.
170. *Ibid.*, pp. 12-13.
171. *Ibid.*, p. 14.
172. *Ibid.*, p, 17.
173. *Ibid.*, p. 37.
174. E-mail de Margarita Turkov para a autora, 11 de dezembro de 2003.
175. *Ibid.*, 9 de dezembro de 2003.
176. Lea Goodman, carta autobiográfica para sua sobrinha Laura, maio de 1992, p. 1.
177. Lea Goodman, "In Slovakia and in Poland" em *Zachor*, pp. 75-7.
178. Goodman, carta autobiográfica para a sobrinha, maio de 1992, p. 4.
179. *Ibid.*, p. 3.
180. Robert Rozett, "From Poland to Hungary, Rescue Attempts 1943-44", Yad Vashem Studies, v. 24, 1995, pp. 177-93, citado em Goodman, carta autobiográfica, maio de 1992, p. 5.
181. Goodman, carta para a autora, recebida em 8 de janeiro de 2010.

Conclusões

1. Monica Porter, e-mail para a autora, 17 de novembro de 2002.
2. Jaap van Proosdij, carta para a autora, 12 de janeiro de 2004.
3. Andy Marino, *American Pimpernel: The man who saved the artists on Hitler's death list* (Londres: Hutchinson, 1999), p. 337.
4. Agnes Spier, *Affected by Atrocity*, p. 87.
5. Agnes Hirschi, e-mail para a autora, 15 de março de 2001.
6. Agnes Hirschi, notas do encontro com a autora em Londres, 14 de abril de 2002.
7. Arnold Brown, notas de conversa telefônica com a autora, 22 de novembro de 2001.
8. Jane Marks, *The Hidden Children: The Secret Survivors of the Holocaust* (Londres: Bantam, 1993), p. 253.
9. Zygmunt Bauman, *Modernity and the Holocaust* (Cambridge: Polity Press, 1991), pp. 5-7.
10. Michael Burleigh, resenha do livro "The Chill of Evil", na revista *Sunday Times Culture*, 25 de julho de 2004.
11. Dr. Moshe Bejski, "The Righteous Among the Nations" em *Rescue Attempts during the Holocaust*, org. Y. Gutman e E. Zuroff (Jerusalém, 1977), baseado nas Atas da Segunda Conferência História Internacional do Yad Vashem, abril de 1974, pp. 634-35.
12. Hubert Locke, "My Professional and Spiritual Journey", *Perspectives*, outono de 2003, p. 22.
13. Thomas Powers, "The everyday life of tyranny" em *The London Review of Books*, Vol. 20, nº 18, 21 de setembro de 2000, pp. 3-7.
14. Hugo Gryn, *Chasing Shadows: Memories of a Vanished World* (Londres: Viking, 2000), pp. 236-37.
15. Monia Avrahmi, *Flames in the Ashes*, escrito em 1985 para o filme. Monia trabalhava no museu.
16. H. D. Leuner, *When Compassion was a Crime: Germany's Silent Heroes 1933-45* (Londres: Wolff, 1966), p. 71.
17. Ewa Berberyusz, "Guilt by Neglect" in *My Brother's Keeper? Recent Polish Debates on the Holocaust*, org. Antony Polonsky (Londres: Routledge, 1990), pp. 69-71 (70).
18. Leonard Baker, *Days of Sorrow and Pain: Leo Baech and the Berlin Jews* (Nova York: OUP, 1981), pp. 156-57.
19. Dra. Frances Henry, "Were All Bystanders Indifferent or Malevolent?" em *Dimensions: A Journal of Holocaust Studies*, outono de 1985, Vol. 1, nº 2, pp. 7-10 (8).
20. Victoria J. Barnett, *Bystanders; Conscience and Complicity During the Holocaust* (Westport, Greenwood Press, 1999), p. 2.
21. *Ibid.*, p. 3.
22. *Ibid.*, p. 4.

23. *Ibid.*, p. 5.
24. Henry, "Were All Bystanders Indifferent or Malevolent?", p. 10.
25. Yehuda Bauer, *The Holocaust in Historical Perspective* (Londres: Sheldon Press, 1978), pp. 91-2.
26. Bauer, "Jew and Gentile: The Holocaust and After" em *The Holocaust in Historical Perspective*.
27. *Ibid.*, pp. 77-8.
28. Adam LeBor e Roger Boyes, *Surviving Hitler: Choices, Corruption and Compromise in the Third Reich* (Londres: Simon & Schuster, 2000), p. 306.
29. Nechama Tec, *When Light Pierced the Darkness; Christian Rescue of Jews in Nazi-Occupied Poland* (Oxford: OUP, 1987), p. 65.
30. *Ibid.*, pp. 64-6.
31. *Ibid.*, pp. 66-8.
32. Michal Grynberg (org.), *Words to Outlive Us: Eyewitness Accounts from the Warsaw Ghetto* (Londres: Granta, 2003), p. 19.
33. Irene Gut Opdyke, *In My Hands: Memories of a Holocaust Rescuer* (Nova York: Knopf, 1999), p. 83.
34. Piotr Wilczek, "Michal Glowinski, Czarne Sezony", *Chicago Review*, 2000, 3/4, Vol. 46, pp. 383-85 (383).
35. Marci Shore, prefácio do tradutor em *The Black Seasons*, enviado para a autora por e-mail, 8 de julho de 2004, p. 1.
36. Michal Glowinski, *The Black Seasons*, trad. Marci Shore, p. 77 (estou grata por Marci ter me enviado o manuscrito traduzido completo antes da publicação em dezembro de 2004).
37. *Ibid.*, p. 79.
38. Michal Glowinski, "A Quarter-Hour Passed in a Pastry Shop", citado em Jan T. Gross, *Neighbours* (Woodstock: PUP, 2001), pp. 135 e 241.
39. Margaret A. Salinger, *Dream Catcher* (Nova York: Washington Square Press, 2000), p. 55.
40. Adina Blady Szwajger, *I Remember Nothing More* (Londres: Collins Harvill, 1990), p. 164.
41. Czeslaw Milosz, *Campo dei Fiori*, 1943, em *Holocaust Poetry* (Londres, Fount, 1995), p. 168, estrofe 5. Esse poeta polonês recebeu o prêmio Nobel de literatura em 1980.
42. Szwajger, *I Remember Nothing More*, p. 87.
43. Barnett, *Bystanders*, p. 112.
44. Elie Wiesel e Richard D. Heffner, *Conversations with Elie Wiesel* (Nova York: Schocken Books, 2001), p. 14.
45. Gerda Haas, carta para a autora, 29 de abril de 2000.
46. Henry Walton, carta para a autora, 20 de agosto de 2000.
47. *Ibid.*, 10 de agosto de 2000.

48. Barbara Lovenheim, *Survival in the Shadows: Seven Hidden Jews in Hitler's Berlin* (Londres: Peter Owen, 2002), p. 19.
49. Roman Halter, "The Kindness of Strangers", em *Perspectives: Journal of the Holocaust Centre*, Beth Shalom, outono 2003, pp. 10-1.
50. Max Hastings, "The Shameful Peace: How French Artists and Intellectuals Survived the Nazi Occupation" em *The Sunday Times*, 23 de novembro de 2008.
51. Philip Gourevitch, "Behold now Behemoth: The Holocaust Memorial Museum: one more American Theme Park", *Harper's Magazine*, julho de 1993.
52. "Reporting the Story of a Genocide", conversa com Philip Gourevitch, Institute of International Studies, UC Berkeley, 11 de fevereiro de 2000, p. 6.
53. Salinger, *Dream Catcher*, p. 45.
54. Berel Lang, "Uncovering Certain Mischievous Questions About the Holocaust", Ina Levine Scholar-in-Residence Annual Lecture, 12 de março de 2002, p. 11.
55. Ian Kershaw, *Popular Opinion & Political Dissent in the Third Reich: Bavaria 1933-1945* (Oxford: Clarendon Press, 1988), p. vii.
56. *Ibid.*, p. viii.
57. Christopher Browning, Quadros 1 e 2, *Ordinary Men*, pp. 191-92.
58. Raul Hilberg, *The Destruction of the European Jews* (Nova York, 1985), citado por Browning, p. 194.
59. Browning, *Ordinary Men*, p. xvi.
60. *Ibid.*, p. xx.
61. *Ibid.*, p. 188.
62. *Ibid.*, p. 2.
63. Kristen Renwick Monroe, *John Donne's People*, pp. 427-28.
64. Nicholas Wapshott, "Archbishop of Canterbury blamed the Jews for excesses of the Nazis", em *The Times*, 23 de abril de 2004, p. 11.
65. Arthur Berger, Papéis do embaixador James G. McDonald, Record Rise of Nazism to Creation of Israel, Washington Holocaust Museum Press Release, 22 de abril de 2004, p. 2; www.ushmm.org/museum/press/archive/collections/mcdondiary/htm, acessado em 2 de maio de 2004.
66. *Ibid.*
67. James G. McDonald, carta de demissão ao secretário-geral da Liga das Nações (Londres, 1935).
68. *Ibid.*, p. 5.
69. "Petition in Support of James Grover McDonald's Letter of Resignation", prospecto sem data de impressão na Biblioteca Britânica, ref: 20087 b.38.
70. James G. McDonald, *Palestine to the Rescue* (Londres: Jewish Agency, 1943), p. 3. Documento na Biblioteca Britânica, ref: 4035.aa.15.
71. James G. McDonald, *My Mission in Israel 1948-1951* (Londres: Gollancz, 1951), p. xi.
72. *Ibid.*, p. iii.

73. House of Lords, *Relatório dos Debates*, Coluna 811-21, 858-60.
74. House of Lords, Colunas 820-21.
75. Site do CCJ, www.ccj.org.uk/history.html, acessado em 3 de janeiro de 2010.
76. David Wyman, "Remembering William Temple" em *Jerusalem Post*, 20 de fevereiro de 2006.
77. "Stein plea to Pius XI" em *Jewish Chronicle*, 28 de fevereiro de 2003.
78. John Cornwell, *Hitler's Pope: The Secret History of Pius XII* (Londres: Penguin, 1999), p. 140.
79. Susanne M. Batzdorff, *Edith Stein: Selected Writings* (Illinois, 1990), pp. 16-17. A Sra. Batzdorff é sobrinha de Edith Stein.
80. "Stein plea to Pius XI", 28 de fevereiro de 2003.
81. Batzdorff, *Edith Stein*, p. 17.
82. Epstein e Rosen, *Dictionary of the Holocaust* (Westport: Greenwood Press, 1997).
83. Abraham H. Foxman e rabino Leon Klenicki, *The Canonization of Edith Stein: An Unnecessary Problem*, www.adl.org/opinion/edith_stein.asp, outubro de 1998, pp. 1-3 (3).
84. Jean Medawar e David Pyke, *Hitler's Gift: Scientists Who Fled Nazi Germany* (Londres: Piatkus, 2002), pp. 53-4.
85. Fry, *Surrender on Demand*, p. 224.
86. Varian Fry, "The Massacre of the Jews" em *The New Republic*, 21 de dezembro de 1942.
87. Amy Z. Gottlieb, *Men of Vision: Anglo-Jewry's Aid to Victims of the Nazi regime 1933-1945* (Londres: Weidenfeld & Nicolson, 1998), p. 44.
88. Viscount Templewood, *Nine Troubled Years* (Londres, 1954), p. 240.
89. Relatório dos Debates, 7 de julho de 1938 – Respostas Escritas (Câmara dos Comuns), http://hansard.millbanksystems.com/written_answers/1938/jul/07/refugees, acessado em 5 de janeiro de 2010.
90. Relatório dos Debates, 14 de julho de 1938. William Thorn (1857-1946) era membro do parlamento desde 1906.
91. Gottlieb, *Men of Vision*, p. 45.
92. Dr. Ralph Kohn, *Nazi Persecution – Britain's gift: A personal reflection* (Londres: The Royal Society and Cara, maio de 2009), pp. 6 e 7.
93. Lord Beveridge, *A Defence of Free Learning* (Londres: OUP, 1959), p. 1.
94. R. M. Cooper, *Refugee Scholars: Conversations with Tess Simpson* (Leeds: Moorland Books, 1992), p. 33.
95. Carta do duque de Devonshire para a autora, 7 de abril de 2000.
96. Notas do encontro da autora com o duque de Devonshire no escritório dele em Chatsworth, 25 de outubro de 2000.
97. Carta do duque de Devonshire para a autora, 13 de abril de 2000.
98. Prospecto da CARA, p. 4.

99. Archie Burnett (org.), *The Letters of A. E. Housman* (Oxford: Clarendon Press, 2007), 2 vols.
100. Prospecto da CARA, pp. 13 e 15.
101. Norman Bentwich, *They Found Refuge* (Londres: The Cresset Press, 1956), p. 67.
102. BBC *Breakfast with Frost*, sir David Frost entrevistou Bill Clinton no domingo, 18 de julho de 2004.
103. Robert Walker, "Rwanda Remembers the Holocaust", BBC News, 27 de janeiro de 2005.
104. As histórias de Sula e Paul estão no site do Holocaust Memorial Day Trust: www.hmd.org.uk.
105. Stefan Lovgren, "'Hotel Rwanda' Portrays Hero Who Fought Genocide", National Geographic News, 9 de dezembro de 2004, http://news.nationalgeographic.com/news/pf/44550124.html.
106. Philip Gourevitch, "Reporting the Story of a Genocide", na Universidade de Berkeley, 11 de fevereiro de 2000, http://globetrotter.berkeley.edu/people/Gourevitch/gourevitch-con4.html.
107. Site do Holocaust Memorial Day Trust: www.hmd.org.uk.
108. *Ibid.*
109. Etgar Lefkovits, "Rwandan genocide survivors look to Israel" no *Jerusalem Post*, 3 de novembro de 2005.
110. Yifat Bachrach-Ron, "Shaping Remembrance: Seminar for Survivors of the Rwandan Genocide" em *Yad Vashem Quaterly Magazine*, Vol. 40, inverno de 2006.
111. Elie Wiesel, discurso na Reunião de Cúpula de Emergência sobre Darfur, 14 de julho de 2004, em Nova York (www.ajws.org), citado em *Darfur: A Jewish Response* (Londres: The Pears Foundation, 2007), pp. 11-2.
112. Yom Hashoah é o Dia da Memória do Holocausto em Israel, estabelecido por lei em 1951, quando Ben Gurion era primeiro-ministro. Está fixado em 27 de nisan, que cai por volta de abril ou maio.
113. "IsraCast: Darfur and the Holocaust", domingo, 22 de abril de 2007, www.isracast.com/article.aspx?id=546, acessado em 15 de dezembro de 2009. 114. Oona King, "With fragile optimism" no *Guardian*, 19 de abril de 2006.
115. Simon Round, entrevista com James Smith, *Jewish Chronicle*, 2 de setembro de 2009.
116. Rabino Hugo Gryn, *Chasing Shadows: Memories of a Vanished World* (Londres: Viking, 2000), p. 258.
117. Tara McCartney, "I kept saying, 'Help me, help me'. But no one did", *Guardian*, 4 de agosto de 2005.
118. Peter Walker, "Police errors contributed to suicide of tormented mother Fiona Pilkington", *Guardian*, 28 de setembro de 2009.
119. Edmund Burke, *Thoughts on the Cause of the Present Discontents* (1770), p. 71.
120. Elie Wiesel e Richard D. Heffner, *Conversations with Elie Wiesel* (Nova York: Schocken Books, 2001), p. 14.

121. Eugene Heimler, *Resistance Against Tyranny* (Londres: Routledge & Kegan Paul, 1966), p. xi.
122. Zygmunt Bauman, *Modernity and the Holocaust* (Cambridge: Polity Press, 1993), p. 151.
123. Stanley Milgram, *Obedience to Authority: An Experimental View* (Tavistock Publications, 1974).
124. Desde que o famoso caso de Genovese foi matéria do *New York Times*, em 1964, vários artigos sugeriram que o caso estava consideravelmente deturpado devido às imprecisões do texto.
125. J. M. Darley & B. Latané, "Bystander Apathy" em *American Scientist*, 1969, 57, pp. 244-68.
126. Kristen Renwick Monroe, "John Donne's People" em *Journal of Politics*, Vol. 53, nº 2, maio de 1991, pp. 394-433.
127. Yehuda Bauer, *The Holocaust in Historical Perspective*, pp. 91-2.

Apêndice I – Justos entre as Nações e o Yad Vashem

1. Avner Shapiro, "Beisky's court of the righteous", www.haaretz.com, 17 de abril de 2007.
2. Mordecai Paldiel, Haaretz, Talkback, 17 de abril de 2007.
3. Moshe Bejski no parlamento italiano, Gardens of the Righteous Worldwide, site do GARIWO: www.forestadeigiusti.net/attivita.

Bibliografia

Arendt, Hannah, *Eichmann in Jerusalem* (Londres, Penguin, 1994).

Bailey, Brenda, *A Quaker Couple in Nazi Germany: Leonard Friedrich Survives Buchenwald* (York, Ebor Press, 1994).

Baker, Leonard, *Days of Sorrow and Pain; Leo Baeck and the Berlin Jews* (Nova York, OUP, 1981).

Barnett, Victoria J., *Bystanders, Conscience and Complicity During the Holocaust* (Westport, Greenwood Press, 1999).

Batzdorff, Susanne M., *Edith Stein: Selected Writings* (Illinois, 1990).

Bauer, Yehuda, *The Holocaust in Historical Perspective* (Londres, Sheldon Press,1978).

_____, *Jews for Sale? Nazi-Jewish Negotiations, 1939-1945* (Yale, Yale UP, 1994).

Bauman, Zygmunt, *Modernity and the Holocaust* (Cambridge, Polity Press, 1991).

Bejski, dr. Moshe, "The Righetous among the Nations", *Rescue Attempts During the Holocaust* (orgs.) Y. Gutman e E. Zuroff (Jerusalém, 1977), Proceedings of the Second Yad Vashem International Historical Conference, abril de 1974.

_____, *Solution in Poland* (Nova York: HarperCollins, 1992).

Cornwell, John, *Hitler's Pope: The Secret History of Pius XII* (Londres, Viking, 1999).

Dawidowicz, Lucy S., *The War Against the Jews 1933-45* (Londres, Penguin, 1990).

Devonshire, Andrew, *Accidents of Fortune* (Norwich, Michael Russell Ltd, 2004).

Donne, John, *Devotions upon Emergent Occasions (1624), Meditation XVII.*

Dwork, Debórah. *Children with a Star: Jewish Youth in Nazi Europe* (New Haven, Yale UP, 1991).

Dying We Live: The final messages and records of some Germans who defied Hitler (Londres, Fontana, 1960).

Eliot, George, *Middlemarch* (Londres, Penguin, 1994).

Erenburg, Mikhail e Sakaitè, Viktorija, *Hands Bringing Life and Bread* (Vilna, Vilna Gaon Jewish State Museum, 1997), 2 vols.

"Ethics of the Fathers", the *Authorised Daily Prayer Book,* capítulo II, versículos 20-21 (Londres, Eyre and Spottiswood, 1962).

Fensch, Thomas (org.), *Oskar Schindler and His List* (Vermont, Eriksson, 1995).

Fogelman, Eva, *Conscience & Courage: Rescuers of Jews During the Holocaust* (Londres, Cassell, 1995).

Fralon, José-Alain, *A Good Man in Evil Times* (Londres, Viking, 2000).

Fry, Varian, *Surrender on Demand* (Boulder, Johnson Books, 1997).

Gilbert, Martin, *The Boys* (Londres, Orion, 1996).

Glowinski, Michal, *Czarne Sezony*, trad. Marci Shore.

_____, "A Quarter-Hour Passed in a Pastry Shop", citado em Jan T. Gross, *Neighbors: The Destruction of the Jewish Community in Jedwabne, Poland* (Princeton, PUP, 2001).

Gold, Mary Jayne, *Crossroads Marseilles 1940* (Nova York, Doubleday, 1980).

Gottlieb, Amy, *Men of Vision: Anglo-Jewry's Aid to Victims of the Nazi Regime 1933-1945* (Londres, Weidenfeld & Nicolson, 1998).

Gryn, rabino Hugo, *Chasing Shadows: Memories of a Vanished World* (Londres, Viking, 2000).

Grynberg, Michal (org.), *Words to Outlive Us: Eyewitness Accounts from the Warsaw Ghetto* (Londres, Granta, 2003).

Gutteridge, Richard, *Open the Mouth for the Dumb! The German Evangelical Church and the Jews 1879-1950* (Oxford, Blackwell, 1976).

Hahn-Beer, Edith, *The Nazi Officer's Wife* (Londres, Little Brown, 2000).

Harris & Oppenheimer, *Into the Arms of Strangers* (Londres, Bloomsbury, 2000).

Henson, Hensley, Introdução ao *Yellow Book* (Londres, Victor Gollancz Ltd, 1936).

Hilberg, Raul, *Perpetrators, Victims, Bystanders: The Jewish Catastrophe 1933-1945* (Londres, Lime Tree, 1993).

Hughes, Robert, *Frank Auerbach* (Londres, Thames and Hudson, 1990).

Isenberg, Sheila, *A Hero of Our Own: The Story of Varian Fry* (Random House, 2001).

Jasper, Ronald C. D., *George Bell: Bishop of Chichester* (Londres, OUP, 1967).

Kershaw, Ian, *Popular Opinion & Political Dissent in the Third Reich: Bavaria 1933-1945* (Oxford, Clarendon Press, 1988).

King, Christine, "Jehovah's Witnesses under Nazism" em *A Mosaic of Victims: Non-Jews Persecuted and Murdered by the Nazis* (org.), Michael Berenbaum (Londres, Tauris, 1990).

Kohn, dr. Ralph, *Nazi Persecution – Britain's gift* (Londres, The Royal Society & CARA, 2009).

Kuper, Simon, *Ajax, the Dutch, the War: Football in Europe During the Second World War* (Londres, Orion, 2003).

Latané, Bibb & Darley, John M. *The Unresponsive Bystander: Why doesn't he help?* (Nova York, ACC, 1970).

LeBor, Adam e Boyes, Roger, *Surviving Hitler: Choices, Corruption and Compromise in the Third Reich* (Londres, Simon & Schuster, 2000).

Lee, Carol Ann, *The Hidden Life of Otto Frank* (Londres, Viking, 2002).

Leuner, H. D., *When Compassion was a Crime: Germany's silent heroes* (Londres, Wolff, 1966).

Levi, Primo, *If this is a Man* (Londres, Abacus, 1979).

London, Louise. *Whitehall and the Jews, 1933-1948: British Immigration and the Holocaust* (Cambridge, CUP, 2000).

London, Perry, "The Rescuers: Motivational Hypotheses About Christians Who Saved Jews from the Nazis" em *Altruism and Helping Behaviour*, (orgs.) Macauley e Berkowitz (1970).

Lovenheim, Barbara, *Survival in the Shadows: Seven Hidden Jews in Hitler's Berlin* (Londres, Peter Owen, 2002).

Marino, Andy, *American Pimpernel: The man who saved the artists on Hitler's death list* (Londres, Hutchinson, 1999).

Marks, Jane, *The Hidden Children: The Secret Survivors of the Holocaust* (Londres, Bantam, 1997).

Martin, Josie Levy, *Never Tell Your Name* (First Books, 2002).

Marton, dr. Judah, *The Diary of Eva Heyman* (Nova York, Shapolsky, 1998).

Medawar, Jean & Pyke, David, *Hitler's Gift: Scientists Who Fled Nazi Germany* (Londres, Piatkus, 2002).

Moorehead, Caroline, *Iris Origo: Marchesa of Val D'Orcia* (Londres, Murray, 2000).

Oliner and Oliner, *The Altruistic Personality* (Nova York, Free Press, 1988).

Opdyke, Irene Gut, *In my Hands: Memories of a Holocaust Rescuer* (Nova York, Knopf, 1999).

Origo, Iris, *Images and Shadows: Part of a Life* (Londres, John Murray, 1998).

_____, *War in Val d'Orcia: An Italian War Diary, 1943-1944* (Londres, Allison & Busby, 1999).

Paldiel, Mordecai, *The Face of the Other: Reflections on the Motivations of Gentile Rescuers of Jews*, RFTF 2000.

_____, *The Path of the Righteous: Gentile Rescuers of Jews During the Holocaust* (Nova Jersey, KTAV, 1993).

Paris, Erna, *Long Shadows: Truth, Lies and History* (Londres, Bloomsbury, 2001).

Polonsky, Antony, *My Brother's Keeper: Recent Polish Debates on the Holocaust* (Londres, Routledge, 1998).

Porter, Monica, *Deadly Carousel: A Singer's Story of the Second World War* (Londres, Quartet, 1990).

Quakers, *Gathered Stories: Commemorating the Kindertransport* (Londres, Quakers, 2008).

Rittner, Carol & Myers, Sondra, *The Courage to Care: Rescuers of Jews During the Holocaust* (Nova York, Nova York UP, 1986).

Rosenthal, A. M., *Thirty-Eight Witnesses* (Berkeley, University of California Press, 1999).

Salinger, Margaret A., *Dream Catcher: A Memoir* (Nova York: Washington Square Press, 2000.

Schindler, Emilie, *Where Light and Shadow Meet: A Memoir* (Nova York, Norton, 1996).

Schmitt, Hans A., *Quakers and Nazis: Inner Light in Outer Darkness* (Colúmbia, University of Missouri Press, 1997).

Schreiber, Marion, *Silent Rebels* (Londres, Atlantic Books, 2003).

Sharf Andrew, "The British Press and the Holocaust" em *Yad Vashem Studies V* (Jerusalém, Yad Vashem, 1963).

Shepherd, Naomi, *A Refuge from Darkness: Wilfrid Israel and the Rescue of the Jews* (Nova York, Pantheon, 1984).

Silver, Eric, *The Book of the Just: The Silent Heroes who Saved Jeus from Hitler* (Londres, Weidenfeld & Nicolson, 1992).

Simpson, William W. & Wehl, Ruth, *The Story of the International Council of Christians and Jews* (Londres, CCJ, 1988).

Slack, Kenneth, *George Bell* (Londres, SCM Press Ltd, 1971).

Smith, Michael, *Foley: The Spy Who Saved 10,000 Jews* (Londres, Hodder & Stoughton, 1999).

Spiegel, Paul, prefácio de *Silent Rebels* (Londres, Atlantic Books, 2003).

Steinhouse, Herbert, "The Man Who Saved a Thousand Lives" em *Oskar Schindler and His List* (org.) Thomas Fensch (Forest Dale, Vermont, Eriksson, 1995).

Szwajger, Adina Blady, *I Remember Nothing More* (Londres, Collins Harvill, 1990).

Tec, Nechama, *When Light Pierced the Darkness: Christian Rescue of Jews in Nazi-Occupied Poland* (Oxford, OUP, 1987).

The Child Survivors' Association of Great Britain, *Zachor* (Londres, Elliott & Thompson, 2005).

"The Ethics of the Fathers", em *Authorised Daily Prayer Book*, trad. Rev. S. Singer (Londres, Eyre and Spottiswood, 1962).

Tschuy, Theo, *Dangerous Diplomacy: The Story of Carl Lutz, rescuer of 62,000 Hungarian Jews* (Grand Rapids: Eerdmans, 2000).

Wasserstein, Bernard, *Britain and the Jews of Europe 1939-1945* (Londres, Leicester UP, 1999).

Wiesel, Eli & Heffner, Richard D., *Conversations with Elie Wiesel* (Nova York, Schocken Books, 2001).

Zembsch-Schreve, Guido, *Pierre Lalande: Special Agent* (Londres, Pen & Sword Books Ltd, 1998).

Índice

Abranches, João Paulo 22, 70, 76-8
Adenauer, Konrad (1876-1967) 138
África do Sul 120-2
Amsterdã 118, 127-9, 144, 152
Anschluss 87, 95-6, 164, 197, 237
Arcebispo
    de Bombaim 195
    de Canterbury 47, 231, 233
        Cosmo Lang (1928-42) 231, 234-5
        William Temple (1942-44) 235
Arndt, dr. Arthur 143
Ariano 51, 53, 56-7, 87, 143, 195, 204, 220-1, 231-2, 236
Arnhem, Países Baixos 120, 144, 152-5, 183
Ariano 51, 53, 56-7, 87, 143, 195, 204, 220-1, 231-2, 236
Astor, Nancy 231
Atlantis Arts Centre 145
Auerbach, Frank 13, 107-13, 208
Auschwitz-Birkenau 15, 22-4, 48, 55, 83, 90, 92, 109, 123, 127-8, 132-3, 157-8, 161, 163, 165, 168, 194, 196, 203, 213, 236, 246
Avrahami, Monia 213

Baeck, rabino Leo 31, 51, 58, 214-5
Bailey, Brenda 30, 57
Baker, Josephine 38
Barbie, Klaus 92-3
Barczynski, Józef 81-4, 205, *lâminas* 17-8
Barna, Tibor 47

Basileia, Suíça 51
Bauer, Yehuda 75, 217-8, 253
Beit Lohamei Haghetaot, Museu 213
Bejski, juiz Moshe 134-5, 139, 210, 255-60
Bell, George, bispo de Chichester (1929-58) 56
Berberyusz, Ewa 214
Bergen-Belsen, campo de 109, 162
Berlim 13, 18, 28, 30-3, 38, 54, 56-7, 97, 107-8, 113, 142-4, 151, 185, 187, 193, 224-5
Beveridge, *sir* William 239-40
Bilthoven 140
Blair, Tony, 44, 152, *lâmina 3*
Blake, Naomi 35
Boicote econômico, 30, 211, 215, 235
Bombaim 194-8
Bonhoeffer, Dietrich 20, 56
Borcińska, Pani 13, 198-202
Bordéus 69-71, 73-4, 77
Bracey, Bertha 24-36, 57, *lâmina 1*
Brandenburgo 89
Brandt, Willy 217
Brinlitz, fábrica em 139
Browning, Christopher 228-30
Bruxelas 12, 22, 147-50, 157-8
Buchenwald, campo de 95, 150, 162
Budapeste 15, 45-50, 60-4, 207, 246, *lâmina 12*
Bunce Court School 107-8
Buntinx, Willi 161

Cahn, Lore (*née* Grünberger) 109

Campo dei Fiori 223
Casa de Vidro, A, *lâmina* 7
Casals, Pablo 38
católicos 66, 101, 140, 213, 216, 232, 235-6
Cavendish, Andrew, 11º duque de Fevonshire 240
China 95-100
Comitê de Resgate de Emergência (ERC) 17, 237
Conselho de Assistência Acadêmica (AAC) 20, 239
Conselho de Cristãos e Judeus (CCJ) 21, 57-8, 126, 234
Costagutis 85-7, 205, 207
Cracóvia 82, 83, 131, 152, 202-4, 256
Crianças "escondidas" 80, 153
Crianças Sobreviventes (WFJCSH) 157
Cruz de Ferro, detentores judeus 63, 142-3
Cruz Flechada (fascistas húngaros) 49, 191-2
Cruz Vermelha 88, 105, 154, 225

Dachau, campo de 53, 57, 95
Dantzig (Gdansk) 143, 165, 186
Darfur 242-3, 246, 250
David, sr. 143
Deferre, Gaston 42
Dehra Dun Camp (Índia) 195
Denner, Christl 87-8
Diplomatas 22, 49, 70, 78, 98, 209
Dora-Mittelbau, campo de 150
Dortheimer, Victor 132-3
Duckwitz, George 256
Dullin, povoado dos Guicherds 89-91
Dunner, Miriam (*née* Cohen) 78, 80, 208

Eichmann, Adolf 57, 210, 251, 255
Eppel, Betty & David, 93-4, *lâminas* 19-22
Essinger, Anna 107

Eyam, Derbyshire 250

Fawcett, April, 36, 43, *lâmina* 3
Fawcett, Charles, 19, 36, 39, 41-4, 206, *lâminas* 2-4
Fawcett, Lilian 42-3
Fittko, Lisa e Hans 40
Fleischners, Hermann & Camilla 163, 165
Fleming, Dorothy 12
Fleming, Otto, 97, 163, 165 *lâmina* 24
Foce, La 105-6, 110-12
Foley, Frank 31
Frank, Otto 142
Frankfurt 29, 55, 137-8
Franz, dra. Margit 195, 197
Friedrich, Leonhard e Mary 29-30
Frim, família 84
Fry, Annette, *lâmina* 5
Fry, Varian 17-20, 38-9, 42-3, 131, 206-7, 210, 237, 240
Fuchs, Kurt e Hertha 225-6

Gendel, Milton 86
Genovese, Kitty 252
Glowinski, Michal 220
Gold, Mary Jayne 18, 39, 207
Goodman, Lea 202-4
Gourevitch, Philip 227
Greenville, Carolina do Sul 36
Grüber, pastor Heinrich 56-7
Grunfeld, Bela 190
Gryn, rabino Hugo 213, 248
Guetos 23, 29, 83-6, 88, 101-2, 113-6, 138, 157, 168, 185, 188-90, 199, 202-3, 214, 222-3, 229
Guicherd, Victor & Josephine, 89, 91-4, *lâminas* 19-22

Haas, Gerda 224, 269
Hahn-Beer, Edith 87, 261, 264
Hajdudorog, Hungria 187, 190, 191

Halter, Roman 225
Hamburgo 108, 151, 228
Hardaker, Philip 146
Hardy, madame (Edith Bagshaw) 148-50, 266
Hastings, Max 226
Heidelberg 50, 51, 54, 57-9
Heimler, Eugene 250
Henry, dra. Frances 215-6
Henson, Hensley, bispo de Durham (1920-39) 32
Herzl, Theodore 51
Heyman, Eva 167, 222
Hill, professor A. V. 20, 240
Hirschi, Agnes, 22, 50, *lâmina* 10
Hoare, Samuel 31-2
Ho, dr. Feng Shan, 95, *lâmina* 26
Ho, Manli 98-101, 208, 260, 264
Holger, Hilde 16, 192-3, 196
Hoover, presidente 29
"Hora da Mulher" 151
Hortense, Helen 36-7, 44
Housman, A. E. 241
Huffener, Henk 24, 131, 139-42, 146-7, 207

Ilha de Man 33
Índia 122, 192-8
International Council of Christians and Jews (ICCJ) 208
Israel 43, 58-9, 64, 84, 89, 93, 94, 104, 134, 138, 190
Israel, Wilfrid 30, 31, 142

Jerusalém 46, 51, 52, 57, 64, 93, 95, 100, 138, 255
Jewish Chronicle 22, 240

Kagan, Margaret & Joseph 113-4, 116-7, 208, 220
Kartuzy (Karthaus) 165, 186
Kaunas (*ver* Kovno) 101

Keen-Thiryn, Claire 147
Kennedy, Arleen 129
Kershaw, Ian 228
Kindertransport 28, 30, 35, 55, 107, 109, 110, 165, 242
Klein, Armin 24-5
Klemperer, Victor 212-3
Klerk, Jacob & Hendrika, 152-7, *lâminas* 33-34
Knesset, parlamento de Israel 104, 246
Kovno 102
Kruger, rabino Chaim 71, 74, 75
Kwaadgras, Evert 155-6

Lacalle, Louis 67-8, 209
Ladigiené, Stefanija 101-2
Landau, juiz Moshe 256
Landréa, Bernadette 67-8
Lapid, Yosef (Tommy) 246
Ledger, Maria Sax 146
Lesterps 65-6, 69
Lezer, Max Arpel 80
Liga das Nações 230, 232, 242
Lisboa 42-3, 69-76, 90, 131
Locke, Hubert 211
Londres 16, 22, 24, 28, 31, 35, 45, 54, 58, 64, 78, 80, 96, 111, 117-8, 140-1, 145, 147, 152, 156-7, 188, 190, 193, 195, 198, 204, 207, 239, 240, 248, 250
L'Or, Josie 65,
Lutz, Carl 22, 44-50, 69, 207, 209
Lvov, gueto de 84

Maas, Hermann 50-9, 208-9
maçons 152, 154-6
Maistriau, Robert 22, 157-62
Malines, campo de trânsito de (Mechelin) 22, 90, 157, 161
Marselha 18, 38, 40, 43, 194, 207, 237, 240
Martin-Levy, Josie 64-9, 208

Mauthausen, campo de 149, 150, 190
McDonald, James GroverMehring, Walter 230-3
Mendes, Sebastião 74, 78
Metodistas 52
Meyerhof, Otto 20, 240
Meyerhof, Walter 20, 240
Mezuzá 55
Milgram, Stanley 251-2
Milosz, Czelow 223
Monroe, Kristen 252
Moscou 117, 155
Mower, Martha 58, 209
Mower, Ron 58-9
Munique 64, 88, 133
Mussolini, Benito 105, 106, 110

Nagyvárad, gueto de 168, 222
Não ariano 51, 53, 56-7, 232, 236
Nissim, Gabriele 256
Nobel, prêmio 20, 27, 223, 240
Noite dos Cristais 53n, 55
Nova York 252
numerus clausus 46
Nuremberg 28, 29, 143

Obstfeld, Henri, 152, 211, *lâminas* 33-34
Öhler, grande rabino e sra. 163-5
Opdyke, Irene 220
Origo, Benedetta 209
Origo, Íris 105-13, 242

Pacelli, cardeal (mais tarde papa Pio XII) 232
Paldiel, Mordecai 98, 256
Papa Pio XI 235
Paris 37-9, 42, 60, 65, 93, 147, 149, 155, 194, 196
Pastré, condessa Lily 38
Petras, Charles (Karl) 192-7
Pilkington, Fiona 249
Pintus, Else 143, 165-6, 187, 208, 213

Pirineus 20, 83
Porter, Mônica 63-4
Portugal 43, 69-77, 141
Praga 32, 106, 165, 204, 225
Pringle, Reginald 53
Proosdij, Jaap van 117, 120, 122, 206-7
Protestantes 47-8, 51-3, 78, 118, 140, 210, 213, 216, 218
Prycskowska, Dorota 187

Quakers, Sociedade de Amigos 27-31, 36, 52, 54, 57, 107, 109, 140-1, 225, 237

Rácz, Vali, 59, 206, *lâminas* 12-13
Ravasz, Laszlo 47
Ravensbrück, campo de 150
Raza, Sayed Haider 196
Resistência 20, 23, 38, 40, 41, 63, 65, 69, 83, 92, 101, 117, 124, 127, 128, 139, 140, 146-51, 158, 160, 162, 199, 207
Rijswijk, Ed van 127
Rinkevicius, Elia 117, 220
Rinkevicius, Vytautas, 113-4, 211, *lâminas* 29-30
Roma 22, 37, 44, 84-6, 105, 205,223
Roosevelt, Eleanor 17
Rosenzweig, Paul 52, 53, 55, 208
Roterdã 78, 79
Royal Society, The 20, 240
Ruanda, genocídio em 227, 242-7, 252
Rusesabagina, Paul 243
Rutherford, lorde 240

Saidler, Marie (Mitzi) 162, 165
Salazar, presidente 69, 70, 75-7
Salinger, J. D. 222, 227
Sanders, Ria 124
Schindler, Emilie 133, 136-7
Schindler, Lista de 19, 131, 137
Schindler, Oskar 5, 19, 83, 131-8, 206, 210

Schoen, John 122, 125-6, 207, 211
Schutzpass, lâminas 7-8
Shumate, tia Lily 36
Sibéria 81-2, 89, 104
Sidney, *sir* Philip 250
Sobibor, campo de 127
Sommer, sra. 163, 165
Sousa Mendes, Aristides de 69-78, 209
Spiegel, Paul 161
Spielberg, Steven 19, 131, 134, 136
St Cybard, Soeur, 64-9, 207-9, 257, *lâminas* 14-15
Stein, Edith 235-6
Steinhouse, Herbert 133, 137
Stenzels (primeiros nomes desconhecidos) 166-7, 185-7, 205, 208, 213
Stern, Yitzhak 138-9
Stiefel, Doris 166, 187
Strauch, Richard 202
Svitavy 133
Szilard, dr. Leo 239
Szinai, Naomi 187
Szwajger, Adina Blady 185, 222

Tarfon, Rabbi 16
Temple, William 233-5
Templewood, visconde 237
Testemunhas de Jeová 52
Theresienstadt (Terezin), gueto de 32, 109, 162-5, 214
Times, The 22, 111, 231, 232, 240, 241
Tory, Avraham 114
Tóth, János 187-92, 205, 217
Trabalho forçado 40, 46, 62, 81, 87, 188, 233
Treatment (grupo musical) 146
Turkov, Margarita 198

Uganda, Congresso de 51
Utrecht 140, 144

van der Bijl, Suze, 127, *lâmina* 31
van der Velde, família 161
van Dyk 78-9
Veisaite, professora Irena 101-5, 208
Viccars, George 250
Vichy, França 17, 40, 64
Viena 28, 87, 95-100, 152, 163-5, 194-7, 238-9
Vilna 101-5
"Vistos para a Vida", exposição 22, 78

Wallenberg, Raoul 46
Walton, Henry 212, 224-5
Varsóvia 83, 214, 220, 222, 223
Varsóvia, Gueto de 157, 185, 222

Washington, Museu do Holocausto de 162, 227
Webb, Pat, 24, *lâmina* 1
Weizmann, Chaim 51, 240
Westerbork, campo de trânsito de 119, 127
Whelan, Richard 248-9
Wiesel, Elie 223, 246, 250
Willemsen, Els, 152-3, *lâmina* 34
Wundheiler, Luitgard 134

Xangai, 95, 97, 98, 164, 166, *lâmina* 27

Yad Vashem 15, 19, 20, 69, 84-5, 89, 93-4, 98, 122, 138, 147, 154, 163, 165, 188, 192, 245, 247, 255-6,

Zeigerman, Dror, Sua Excelência 5, 147
Zembsch-Schreve, Guido 150-1
Zwittau 133, 139